Christian Schüle
Wir haben die Zeit

Christian Schüle

Wir haben die Zeit

Denkanstöße
für ein gutes Leben

Bibliografische Information der Deutschen Nationalbibliothek

Die Deutsche Nationalbibliothek verzeichnet diese Publikation
in der Deutschen Nationalbibliografie; detaillierte bibliografische
Daten sind im Internet über http://dnb.d-nb.de abrufbar.

© edition Körber-Stiftung, Hamburg 2017
Umschlag: Groothuis, www.groothuis.de
Covergestaltung und Illustration: Ralf Nietmann/ralfnietmann.de
Herstellung: Das Herstellungsbüro, Hamburg |
www.buch-herstellungsbuero.de
Druck und Bindung: CPI – Clausen & Bosse, Leck
Printed in Germany

ISBN 978-3-89684-197-1

www.edition-koerber-stiftung.de

Tempora mutantur, nos et mutamur in illis
(Die Zeiten ändern sich, und wir ändern uns in ihnen)
SPRICHWORT, 16. JAHRHUNDERT

Inhalt

Vorwort

Wie gelingt das Leben? Das ist seit jeher die Frage, um die sich alles dreht. Immer schon ging es um nichts anderes als das gute Leben. Auf der Suche nach seinen Bedingungen wandelten die antiken Griechen tagelang in ihren Säulenhallen und spürten ihm, dem guten Leben, in ihren Gärten der Lüste nach. *Wann* aber gelingt das Leben? Jeder wird darauf eine eigene Antwort haben, eigene Erfahrungen, Sehnsüchte und Vorstellungen. Und doch lassen sich allgemeinverbindliche Kriterien eines guten, gelingenden Lebens in der späten Moderne unserer Tage formulieren – auch wenn sie nicht für jedefrau und jedermann gleichermaßen gelten. Wenn die meisten durch stilles Einverständnis und Einsicht in die Güte dieser Kriterien übereinkommen, sie immer wieder und dauerhaft zu bestätigen und somit zu beglaubigen, werden sie irgendwann zu sittlichen Ideen, ethischen Kategorien und normativen Perspektiven dessen, was man Kultur nennt – und erfüllen damit das, was man oft pathetisch als unsere »Werte« bezeichnet.

Mit großer Dringlichkeit ist die Sehnsucht nach Sinnstiftung in den vergangenen Jahren der Verunsicherung, Haltlosigkeit und Entgrenzung ins zeitgenössische

Leben zurückgekehrt. Was, fragt sich der Zeitgenosse, stelle ich mit meinem Leben an? Das scheint heute die Leitfrage jener beinahe total individualisierten Existenzen zu sein, die den Wertewandel der vergangenen vier Jahrzehnte durch sich selbst verkörpern. Die Organisation des guten Lebens setzt die gute Organisation von Arbeit voraus, die wiederum auf die gelingende Organisation von Zeit angewiesen ist. So sind diese drei großen Variablen – Arbeit, Zeit und Leben – wie Zahnräder untrennbar miteinander verbunden.

Es gibt Legionen von Literatur, die sich mit Veränderungen des Arbeitsmarktes und der Zukunft der Arbeit beschäftigen, Konvolute über Work-Life-Balance-Coaching und Abertausende Texte über die Vereinbarkeit von Familie und Beruf. Bei allem Respekt für diese Arbeiten will das vorliegende Buch kein weiteres in einer endlosen Reihe sein, sondern etwas anderes versuchen. Die drei Bereiche Leben, Arbeit und Zeit sollen auf neue Art in eins gedacht werden. Das Buch wählt dafür einen dezidierten Einflugwinkel, einen bestimmten Fokus und einen engen Zuschnitt, um der unerhörten Komplexität der Thematik angemessen sein zu können. Die Ausführungen, Analysen und Ableitungen könnten als geradezu anmaßend empfunden werden, weil sie sich zum Ziel setzen, eine Utopie zu formulieren – eine Utopie in utopiefremden Zeiten freilich, da die meisten sagen werden: Utopien sind ohnehin nicht zu realisieren. Oder: Wir glauben an nichts mehr. Oder: Utopien sind Geschwätz. Und gerade deshalb: eine Utopie, die in mittlerer Zukunft sogar umsetzbar sein könnte. Was sich nach Träumerei anhört, könnte in zwanzig Jahren Wirklichkeit sein. Könnte. Und darum geht es: Was müsste sich ändern, damit aus dem Konjunktiv ein Indikativ wird? Welche Stellschrauben müssten gedreht, welche Rahmenbedingungen gezimmert werden?

Bei aller Bescheidenheit will dieses Buch sogar noch ein bisschen mehr. Es will das zeitgemäße Leben erfassen. Es will eine prototypische Biografie von morgen skizzieren. Es will über den künftigen Menschen in Leben, Arbeit und Zeit reflektieren. Es will die Organisation von Arbeit analysieren und den größten Luxus, den der Mensch zur Verfügung hat, ins Zentrum der Betrachtung stellen: Zeit. Es geht also um das Große und das Kleine zugleich, um das Verhältnis zwischen Individuum und Gesellschaft. Und es wird eine Antwort auf die Frage zu geben versucht, wie unter permanent sich wandelnden Sozial- und Kulturverhältnissen, bei steigender Lebenserwartung und ausbleibenden Geburten neue Lebensentwürfe denkbar werden und Leben, Arbeit und Zeit auf eine bisher nicht bekannte Weise austariert, organisiert und aufeinander bezogen werden können. Die Frage nach dem guten, dem gelingenden Leben lautet heute variiert: Wie gut findet sich eine schrumpfende Gesellschaft mit der Langlebigkeit ihrer Mitglieder zurecht? Seit 1950 haben die Deutschen rund 15 Jahre Lebenszeit hinzugewonnen? Statistisch gesehen gewinnt also jeder Bürger täglich fünf weitere Stunden (Frauen mehr als Männer) hinzu; eine Grenze nach oben ist nicht in Sicht.

Alles beginnt und endet mit Kultur. Kultur umfasst

die Wert- und Normvorstellungen einer Epoche, sie erschafft die Werte, die sie dann repräsentiert. Ökonomie ist ebenso Kultur wie unser Umgang mit Zeit und unsere Vorstellungen vom Leben. Eine Veränderung der Arbeitswelt setzt deshalb einen Kulturwandel voraus, da der Mensch sich an Kulturmustern orientiert, die alle miteinander teilen. Die Frage, wie soziale Normen entstehen, ist nicht nur eine der faszinierendsten Aufgaben der anthropologischen Forschung, sondern eine der wichtigsten Herausforderungen zukunftsfähiger Organisation von Gesellschaft.

Nehmen wir also Abschied vom herkömmlichen Drei-Phasen-Modell des Lebens: Ausbildung, Arbeit, Ruhestand. Beschreiben wir die Lebenswelt der nahen und mittleren Zukunft und fragen leise, aber bestimmt: Ist es planbar, ist es gestaltbar, das gute Leben von morgen?

Teil I

Phänomenologie der Gegenwart

Arbeit und Sein

In der Falle der Rushhour

Betrachten wir der Einfachheit halber zwei besonders verhaltensauffällige Typen der Menschheit: Typ A und Typ B. Die meisten Deutschen sind Typ A in der M-Zeit-Kultur eines der schnellsten Länder der Welt. Man könnte folgende These aufstellen: Der deutsche Individualist ist ein westeuropäischer Workaholic in der ewigen Rushhour des Lebens, die mittlerweile nicht mehr nur eine Phase, sondern einen Dauerzustand bezeichnet. Ein M-Zeit-Kultur-Mensch (M für monochrom) arbeitet in linearer Abfolge vom festgesetzten Anfang bis zum festgesetzten Ende.

Ein P-Zeit-Kultur-Mensch hingegen (P für polychrom) widmet sich einem Ereignis so lange, bis die Neigung zu einem neuen Ereignis auftaucht. M-Zeit-Kultur-Länder wie Amerika, Deutschland oder Japan sind gekennzeichnet durch ein zielgerichtetes, auf den Punkt hin konzentriertes Arbeitsethos, durch Leistungseffizienz, hohe Gehgeschwindigkeit und die Einhaltung von Zeitplänen; P-Zeit-Kultur-Länder wie Brasilien, Mexiko oder Indonesien beispielsweise durch eine starke Beziehung des Menschen zu den Mitmenschen und die Eigenschaft, sich Zeit zu nehmen, um einem Fremden zu helfen und mit viel, sehr viel Geduld lange Zeit auf andere zu warten.

Was hier zunächst pauschalisierend und holzschnitt-artig klingt, hat bei genauerer Betrachtung durchaus Feinsinn. In den von Individualismus geprägten M-Zeit-Kulturen bewegen sich die Menschen schneller als in den eher von Kollektivität geprägten P-Zeit-Kulturen. Den Untersuchungen des amerikanischen Sozialpsychologen Robert Levine zu Lebenstempo und Zeitstruktur auf allen Kontinenten der Erde zufolge ist Typ A ein Mensch aus der oberen Bildungsschicht einer M-Zeit-Kultur, der angetrieben und getrieben wird vom Gefühl des Zeitdrucks, von Stress und Konkurrenzdenken in hochkompetitiven Ballungsräumen. Ein Typ-A-Mensch zum Beispiel geht meist schnell, leidet unter der Langsamkeit anderer, ist nervös, unruhig, ungeduldig, vervollständigt Sätze von Leuten, die ihm zu schleppend reden und lebt unter dem Diktat der Uhr. Typ-A-Menschen widmen sich oftmals keiner tiefer gehenden Lektüre mehr, und Typ-A-Studenten lesen gern und immer öfter Abstracts, weil das schneller geht.

Die Biografie des Typ-A-Individualisten ist ein streng getaktetes Ablaufprogramm koordinierter Arrangements. Er ist ohne Zweifel ein Opfer dessen, was der italienische Philosoph Giacomo Marramao mit dem Begriff »Zeitsyndrom« als Grundlage der globalisierten Gesellschaft erfasst hat: der wachsenden Diskrepanz zwischen der Inflation an Erwartungen und der fehlenden Zeit zu ihrer Erfahrung. Erfahrung geschieht immer erst im Verlauf der Zeit. Arbeitet die Technologie- und

Konsumgüterindustrie aber nicht systematisch an der Abschaffung von Zeit durch organisierte Zeitknappheit? Der Verdacht liegt nahe, dass psychologisch geschickt agierende Markt- und Werbepsychologen Zeiterfüllungsbedürfnisse stimulieren, indem sie Moden kreieren, die durch ihre Unternehmen wundersamerweise zugleich befriedigt werden. Ausgerufene Trends verleiten zum Shoppen und Sonderangebote zum schnellen Kauf, und prompt stellt sich das Gefühl ein, immer hintendran zu sein, weil das eine Bedürfnis noch nicht erfüllt ist, während das nächste bereits gepriesen wird. Produkte der Alltagskultur wie Teebeutel, Klettverschluss, Fernbedienung, Thermomix, Suppenwürfel, Fleischextrakt haben die Zeit verdichtet und das Zeitgefühl des Typ-A-Menschen stark verändert; sie sind mitverantwortlich für die enorme Beschleunigung der Hochgeschwindigkeitsgesellschaft und ihre Effizienzmaximen.

In einer M-Zeit-Kultur muss alles schnell gehen. Typ A ist damit bestens vertraut: mal schnell das fragen, mal kurz jenes machen, mal rasch hierhin. Im Schnitt greift er alle 18 Minuten zum Handy, in den Flow kommt er kaum. Push-Nachrichten absorbieren seine Aufmerksamkeit, er kann sich schlecht konzentrieren, in die Tiefe einer Sache kommt er höchst selten. Das Belohnungszentrum im Gehirn braucht Stimulation und Erlösung in immer kürzeren Abständen. Er antwortet umgehend auf alle SMS und E-Mails in der Überzeugung, dies werde erwartet, weil auch er es erwartet. Schreibt er eine SMS und erhält nicht sofort die Antwort, wird er nervös und fängt zu grübeln an. Sein Selbstwert hängt von der

Reaktion der anderen ab. Durchschnittlich drei Stunden am Tag verbringen jüngere Typ A-Menschen ausschließlich mit dem Smartphone, schreiben, surfen, chatten, und wenn morgens die Sonne aufgeht, fällt ihr erster Blick sofort aufs Display.

Die Produktivität der Arbeit erleidet durch die Ablenkung Einbußen, weswegen der Typ-A-Arbeitnehmer mehr arbeitet, als er müsste. Der digital konditionierte Typ-A-Stadtmensch einer M-Zeit-Kultur lebt in der mittleren oder Großstadt mit hohem Lebensstandard und ebenso hohem Single-Anteil. Single-Städte ziehen Typ-A-Menschen geradezu magisch an. Typ-A-Individuen erzeugen schnelle Städte, schnelle Städte wiederum schnelle Menschen. Für einen Typ-A-Mensch, der sich gezwungen fühlt, jeden freien Augenblick zu nutzen, jede frei gewordene Zeiteinheit sogleich mit neuer Tätigkeit zu belegen, liegt die Gefahr des Herzinfarkts statistisch gesehen siebenmal höher als für Typ B, der sich im Treiben des Seins durchaus vergessen kann. Ohnehin wird in schnellen Städten zur Stressbewältigung eher geraucht, getrunken oder eine andere Droge konsumiert. In seltenen Fällen ist auch Typ A tatsächlich zu warten gezwungen. Warten ist Marter – eine Zumutung der Leere, da über Minuten hinweg nichts geschieht. Die Ereignislosigkeit aushalten zu müssen, ist eine der größten Herausforderungen für das in der M-Zeit-Kultur getaktete Typ-A-Subjekt. Den ungeplanten und unbeeinflussbaren Stillstand zu ertragen, erfordert die hohe Kompetenz zur Bewältigung der eigenen Ohnmacht.

Begegnen sich zwei gestresste A-Typen in M-Zeit-

Ballungsräumen, können mitunter die Sitten verfallen. Man kommt sich ins Gehege. Türen werden nicht aufgehalten, weil das Aufhalten aufhält. Man ist bei sich und außer sich zugleich. Man ist in der Zeit, während dieselbe rücksichtslos davonrennt. Niemand verliert ein Rennen gern freiwillig; und wer Sieger sein will, rennt mit, als habe irgendjemand einen Beschleunigungsknopf gedrückt.

Und weiter. Auf den Trottoirs, Plätzen und Straßen von M-Zeit-Städten ist man gezwungen, Abkürzungen zu suchen, und ertappt sich beim Fluchen, wenn ein anderer den selbstgewählten Weg kreuzt, was permanent vorkommt. Zeit ist immer auf Raum bezogen, weil Zeit als *Bewegung im Raum* definiert ist. Wenn einer dem anderen aus Gründen der Zeitersparnis den Weg abschneidet, erlegt er ihm sein Tempo im gemeinsamen Raum auf und verfügt somit über seine Zeit, weil er sich anpassen und sein selbstgewähltes Tempo verändern muss. Durch sich verdichtende Räume steigt der Grad an Hektik und Stress. Zeitnot ist letztlich Raumnot.

Wie konnte es zu einer solchen Verdichtung von Zeit kommen, die uns in permanente Not bringt, obwohl wir durch beschleunigende Technologien mehr denn je Zeit zur Verfügung haben? »Die Uhr quantifiziert und objektiviert den Menschen«, schrieb vor Jahren der kulturkritische Trendforscher Jeremy Rifkin, »sein Leben wird mit der Uhr gleichgeschaltet, mit den Erfordernissen des Zeitplans und den Diktaten der Effizienz.« Mit der Erfindung von Dampfmaschine und Eisenbahn Mitte des 19. Jahrhunderts wurde wirtschaftliches

Wachstum und somit Wohlstand über wachsende Beschleunigung erreicht, wobei Wachstum bedeutet, in gleicher Zeit mehr zu tun als bisher beziehungsweise ungenützte Zeit ökonomisch nutzbar zu machen. In kapitalistischen Gesellschaften heißt das jedenfalls, nach jenem Grundsatz zu handeln, den Benjamin Franklin (Freimaurer, Verleger und Gründervater der USA) im 18. Jahrhundert ausgegeben hat: »Zeit ist Geld«. Dieses lineare Beschleunigungsmodell als stete Temposteigerung, von der Eisenbahn über das Auto, vom Flugzeug zur Rakete, ist mittlerweile bei der Lichtgeschwindigkeit von 300 000 km/sec angekommen und nicht mehr zu überschreiten. Das neue Paradigma lautet: Vergleichzeitigung. Mit einem Wort: Flexibilisierung. Es drückt sich aus in der Idee der »7-24-Gesellschaft«, der Sieben-Tage-vierundzwanzig-Stunden-rund-um-die-Uhr-Gesellschaft ohne Ladenschlusszeiten und Sonntagsruhe. In der schlaf- und rastlosen Digitalepoche, in der die Zeitzonen zerflossen und die Räume aufgehoben sind, kommt es nicht mehr darauf an, pünktlich, sondern auf den Punkt präsent zu sein. Dieser auf den Punkt präsente Mensch ist – nehmen wir ein fiktives Beispiel – alles zugleich: Prokurist, Chormitglied, Kirchenvorstand, Ausschussmitglied, Verbandsvizepräsident, Sportfunktionär, Vater und Ehemann. Seine Frau ist Anwältin, Elternbeirätin, Frauengruppenleiterin, Yogaschülerin, Hobbymalerin, Kinderchauffeurin und Mutter. Natürlich gibt es viele Männer und Frauen, die ein ganz anderes Leben leben, weil sie in anderen sozialen, beruflichen und privaten Verhältnissen stecken, egal ob in Großstadt, Kleinstadt oder auf dem Land. Da wir die diagnostizierte Entwicklung in die Zukunft extrapolieren und alle technologischen Entwicklungen auf weitere Beschleunigung abzielen, stellen wir uns den Menschen der nächsten Generation, um den es im Folgenden gehen soll, als Typ A einer M-Zeit-Kultur in einer deutschen Großstadt vor.

Die Kultur des Kapitalismus (zumindest westlicher Industriestaaten) organisiert sich primär über fremdverfügte Zeit und ihre Verdichtung. Oder anders: *Zeit* ist die Währung des permanenten Wachstums in immer kleineren Einheiten. Die atemlose Beschleunigung, die wir seit einigen Jahren erleben, entspricht der Rationalisierung von Zeit durch technologische Innovation. Globalisierung ist in Wirklichkeit die Beschreibung einer rasanten Verkleinerung: der unaufhörlichen Reduktion von Zeit und Raum, bis die geringsten Einheiten erreicht sind. Die dichteste Zeiteinheit ist die elektronische: das virtuelle Datum, die Gleichzeitigkeit, die Aufhebung der Dauer. Die immer wieder beschriebene Ungleichheit der Menschen ist vor allem eine Ungleichheit der Zeitverfügung: Je mehr Zeit der Wohlhabende hat, desto weniger arbeitet er; wenn er arbeitet, dann freiwillig, weil er sich die Arbeitsfreiheit zuvor erwirtschaftet hat (es sei denn, er ist Erbe). Und je mehr Zeit der Nichtwohlhabende hat, desto weniger arbeitet er, und das unfreiwillig, weil es keine Arbeit gibt, die sich über Zeit in Geld umsetzen ließe, selbst wenn er es wollte. Arbeitsfreiheit und Arbeitslosigkeit markieren die zwei Reiche des ökonomischen Regimes der Zeit.

Wie reagiert nun der durch seine Endlichkeit gekränkte Typ-A-M-Zeit-Mensch? Er packt zwei Leben in eins. Er verdoppelt das Pensum aus Furcht, das Entscheidende zu verpassen, bevor er stirbt – selbst wenn der Tod neuerdings immer später kommt. Nicht mehr der König oder eine Regierung lenken die Geschicke des Menschen, sondern die Zeit. Sie ist die absolutistische Regentin, wenn es um Ge- oder Misslingen eines guten Lebens geht. Wer über Zeit herrscht, könnte man sagen, herrscht über sich. Oder über den Untergebenen.

Die Vergleichzeitigung vielfältiger Aufgaben wird als »Multitasking« bezeichnet. Abgesehen davon, dass kulturkritische Hirnforscher dem menschlichen Gehirn unterstellen, ab einer bestimmten Impulsdichte den Verstandesdienst zu verweigern, hat niemand dem von der großen Wahlfreiheit überforderten Subjekt das Entscheiden je beigebracht. In der Multioptionsgesellschaft mit multiplen Wahlfreiheiten, multipolaren Effekten, pluralistischen Wertvorstellungen und multifunktionalem Selbstverständnis besteht die große Lebenskunst letztlich aber im Mut zur Priorität und der Kompetenz zur Entscheidung. Mehr noch: In der enttakteten Zeit wird das Entscheiden zur überlebenswichtigen Strategie. Durch die Beschleunigung des Spekulationskapitals unter der Regentschaft der Shareholder-Value-Ideologie und sprintender Heuschrecken aus Private Equity und Hedge-Fonds sind Firmenchefs zur permanenten Quartalsberichterstattung gezwungen, und die Norm der Kurzfristigkeit wird zu einer scheinbar plausiblen Rationalität. Nachhaltigkeit ist dann nachteilig, und um permanent Rendite einfahren zu können, müssen kurzfristig Erfolge erzielt und langfristig angelegte Verantwortung geopfert werden. Die Konsequenzen für den einzelnen Menschen? Man hat von den Folgen gehört: Burnouts, Schlafstörungen, Depressionen, Angst- und Erschöpfungszustände, die mit Kuren zu kurieren wiederum Zeit und Geld kostet. Dem DAK-Gesundheitsreport 2016 zufolge ist die Zahl der Fehltage pro 100 Versicherte aufgrund psychischer Erkrankungen in den Jahren seit 2000 um mehr als das Doppelte gestiegen: von 110 auf 243,7. Die dritthäufigste Ursache für Krankschreibungen im Jahr 2015 waren entsprechend *psychische* Erkrankungen.

Wo also ist auf lange Frist gesehen der Gewinn? Wenn die meisten in ihrem Arbeitsleben krank werden, wird die Planung schwieriger, verkleinern sich gemeinsame Begegnungsräume, schwinden soziale Bindungen und schafft sich in der immer hektischer auf Just-in-Time-Produktion getrimmten Arbeitswelt eine Kultur der Gemeinsamkeit selbst ab, als hätte man sich am Anfang des neuen Jahrtausends zwischen zwei Alternativen zu entscheiden: »Wachse oder weiche«. Rein rechnerisch macht der gehetzte Mensch auf lange Frist also ein schlechtes Geschäft.

Nehmen wir einen Moment an, wir alle lebten in einer Welt, die uns zwingt, den Rhythmus der Maschinen zu übernehmen. Je mehr zeitsparende Maschinen es gibt, desto mehr steht der Mensch unter Zeitdruck. Der Landwirt ist das beste Beispiel. Vor fünfzig Jahren reichte einem Bauern der Einscharpflug, dann reichte der Zwei-, dann der Dreischarpflug. Heute braucht ein Landwirt den Zwölfscharpflug, 24-mal so breit, und der Traktor dreimal so schnell wie vor fünfzig Jahren. Er investiert ein halbes Vermögen in teure Maschinen, sein Maschinenpark ist bis zu drei Millionen Euro wert. Hat der junge Großbauer dadurch mehr Zeit? Nein, denn die Erzeugerpreise für Getreide sind gefallen und liegen tiefer als in den 1950er Jahren. Gleichzeitig steigen die Kosten für Versicherungen, Reparaturen, Strom und Wasser stetig. Anders gesagt: Benötigte man 1970 neun Bullen für den Kauf eines neuen Ladewagens und 1990 31, müsste man heute 45 dafür aufbringen. Die Umstände zwingen den Landwirt zur Quantität, und Quantität bedeutet, größere Felder zu bestellen, wodurch die Landschaft wiederum maschinengerecht gestaltet werden muss, auf das sie einem 300-PS-Traktor bei der Arbeit nicht im Wege stehe. Im Verhältnis zur Nachkriegszeit ist die Produktivität um das Zehnfache gestiegen, mit dem Resultat, dass die Arbeitsbelastung vor allem junger Landwirte trotz (oder wegen) der großen Maschinen immens zugenommen hat. Man könnte das Gleiche auch bildlich fassen: Vor 100 Jahren schlachtete man ein Schwein im Alter von drei Jahren; heute kommt ein Schwein in sechs Monaten zur Schlachtreife. Denkt man diese Entwicklung in die nahe Zukunft weiter, müsste man im Jahr 2020 ein Schwein schlachten, bevor es geboren ist.

Der Landwirt steht Pars pro Toto für die Gesamtgesellschaft, in der Stress nicht mehr guter Stress zur

Motivation, sondern in teilweise besorgniserregendem Maße als schlechter Stress zur Belastung wird. Das Lebenstempo hat sich für Typ A in den M-Zeit-Kulturen in den letzten 200 Jahren verdoppelt. Heute wird durch digitale Kommunikationskultur die ständige Erreichbarkeit geradezu vorausgesetzt. Das bleibt nicht ohne Folgen. 40 Prozent der leitenden Angestellten leiden unter Stress; vier von fünf Kindern in Deutschland fühlen sich permanent unter Zeitdruck; der Einsatz von Beruhigungsmitteln, Antidepressiva und Muntermachern steigt jährlich um acht bis zehn Prozent, Ehepaare reden am Tag durchschnittlich nur noch acht Minuten miteinander, und Untersuchungen der US-Historikerin Juliet Schor zufolge haben Amerikaner seit Mitte der 1970er Jahre 37 Prozent ihrer Freizeit eingebüßt.

Wenn Naturzeit und Uhrzeit, biologische Innenzeit und soziale Außenzeit immer weniger synchronisierbar sind, erfährt der Einzelne den »sozialen Jetlag«, wie das der Psychologe Till Roenneberg vom Institut für Chronobiologie an der Universität München nennt. Dessen Folgen sind chronisches Schlafdefizit, geschwächtes Immunsystem und eine gestiegene Anfälligkeit für Krankheiten. Denk- und Lernfähigkeit sind eingeschränkt, der Mensch fühlt sich unausgeglichen, und der Mangel an natürlichem Licht resultiert in Niedergeschlagenheit und Antriebsverlust. In einem noch so stark kunstlichthellen Büro erfährt ein Angestellter höchstens 400 Lux, an jedem noch so bewölkten, regnerischen Tag unter freiem Himmel hingegen bekommt er 10 000 Lux. Der Jedermann-Büromensch erhält also bis zu 1000-mal weniger Licht pro Tag. Zeitmangel ist Lichtmangel, und wer Chronobiologen fragt, bekommt zu hören, dass der soziale Jetlag zum unbemerkten Begleiter eines zunehmend müden Lebens wird. Die Amplituden von Stress und Erregung können nicht mehr ausgeglichen werden. Das heißt: Der Körper des M-Zeit-Menschen kapituliert irgendwann vor Entspannungslosigkeit.

Typ A ist erschöpft und in seiner Erschöpfung zugleich hyperaktiv – das macht offenbar den Wahnsinn unserer Zeit aus. Dieser hyperaktive Erschöpfte ist der Protagonist dieses Buchs: als Hauptdarsteller der nun folgenden Soziologie der Gegenwart in Teil I wie später als Adressat der Utopie eines neuen Humanismus in Teil II. Als westeuropäischer Zeitgenosse deutscher Wurzel ist er, wie jeder andere Mensch auch, in einen spezifischen sozialen Kontext hineingeboren. Alles, was er erlebt, erscheint ihm fraglos plausibel. Er stellt sich die entscheidende Frage nicht mehr, die da lautet: Warum und wodurch ist geworden, was ist – und ist das, was geworden ist, überhaupt sinnvoll?

Gemeinhin ist jede Veränderung bereits da, bevor man sie bemerkt. Der Mensch ist immer im Wandel, weil er immer schon in sich wandelnde sozioökonomische Kontexte eingewoben ist. Diesen Kontexten sind kulturelle Normen ebenso vorgängig wie Wertvorstellungen vorgelagert, und auf dieser Matrix entwickelt sich die je persönliche Lebenswelt. Die biologische Evolution lehrt bekanntlich, dass Stillstand nicht möglich, Anpassung überlebenswichtig und der stete Wandel der Sinn von Sein ist – ob es uns gefällt oder nicht. Im

Grundsatz ähnlich verhält es sich mit der kulturellen Evolution – der sozioökonomischen Organisation des Arbeitslebens etwa.

Die Geburt von Typ A in der M-Zeit-Kultur begann vor etwa dreißig Jahren im Geist einer neuen, verlockenden Freiheit, als ein neues Paradigma einzog, welches die gesamte bis dahin gültige Lebensarbeitszeitkultur der westlichen Industriegesellschaft verändern sollte.

Das Paradox des Individualisten

Mit Anfang der 1980er Jahre begann die sogenannte Postmoderne – und in ihrem Gefolge die Postindustrie, die Postmetaphysik und das Posthistoire. »Post« drückt eine Entwicklungsstufe aus, ein lineares »Danach«, oder anders: den nächsten Schritt auf der linearen Raum-Zeit-Achse, die wir Welt- oder Menschheitsgeschichte zu nennen übereingekommen sind. Postindustriell war der Eintritt in die Epoche der Dienstleistungs- und Informationsgesellschaft und ihres digitalisierten, auf elektronischer Datenverarbeitung basierenden Kapitalismus, in die Virtualität der Geldströme und Computer-Netzwerke der New Economy. Postmetaphysisch war der Fall der religiösen oder moralischen Gewissheiten, der Einsturz des metaphysischen Obdachs, das alle unter sich versammelte, Orientierung und Schutz gab und eine lineare Geschichtsentwicklung hin zur Vollendung eines für alle Zeit verbesserten Lebens der Menschen annahm. Glauben wurde mehr und mehr zur Privatsache und Sinnsuche mehr oder weniger ein Volkssport, die herkömmlichen Institutionen wie Kirchen, Parteien und Verbände erlebten seither eine fundamentale Legitimationskrise. Posthistorisch schließlich bezeichnet die geschichtsphilosophische Einsicht, die lineare und analog verfasste Geschichte sei an ihr Ende gekommen, weil die in ihr angelegten Entfaltungsmöglichkeiten ausgeschöpft wären. Ein postmodernes Leben war ein Leben mit und in den vielfältigsten Möglichkeiten: im Pluralismus und der ständigen Wahl; ein Leben, an das der Auftrag gestellt wurde, mit dem neuen Maß an Freiheit umgehen zu lernen, ohne dass den Einzelnen eine religiöse oder moralische Erziehung oder ein ideologisches Dogma fremdbestimmen könnte. Ein Leben, das zwischen Double-Income-no-Kids-Mentalität und Double-Kids-no-Income-Realität steckte, zwischen Singlelust und Singlefrust, Geburtenrückgang und Kinderlosigkeit, Yuppietum und Sozialhilfe, Narzissmus und narzisstischer Kränkung.

Der entscheidende Begriff der Epoche lautete: Individualismus. Seit etwa Mitte der 1980er Jahre wurde quasi jeder zum Betreiber seiner individualistischen ICH-AG mit beschränkter Haftung für die entzauberte Gemeinschaft. Ab 1985 gab es außer dem wohlfahrtsstaatlichen Hedonismus keine einheitsstiftenden Ereignisse mehr, weil zu viele Erlebnismöglichkeiten miteinander konkurrierten, deren Verwirklichungen zu viele divergierende Verhaltensmuster hervorriefen.

Wer um das Jahr 1985 herum 15 Jahre alt war, pubertierte ins digitale Zeitalter hinein. Das analoge Leben und seine am Haptisch-Sinnlichen geschulte Weltwahrnehmung, die sich am realen Gegenstand ausbildete und dessen Wahrnehmungsmuster noch unbestechlich, weil nachprüfbar schienen, wurde peu à peu ausrangiert. Die Seh- und Wahrnehmungsgewohnheiten änderten sich grundstürzend: Fernsehgerät, Computer, Internet wurden zu Instanzen medialer Totalvermittlung von Welt. Man wuchs auf im Bewusstsein der Relativität und Virtualität. Man setzte zusammen, was man zusammensetzen wollte, und nannte das Lebensprinzip »Bricolage«. Es entstand eine »Neue Unübersichtlichkeit«, wie das 1985 erschienene Buch des Deutschlands innere Widersprüche mustergültig repräsentierenden Philosophen Jürgen Habermas hieß. 1985 war klar, dass die von Habermas nicht unbedingt freundschaftlich diagnostizierte »Unübersichtlichkeit« die gewünschte eindeutige Vorherrschaft der Vernunft stückweise oder weitgehend (je nach Güteklasse des eigenen Pessimismus) eliminiert hatte. Jedenfalls brachte die neue Unübersichtlichkeit einen Pluralismus hervor, in dem zugleich alles und nichts galt. Wenn aber alles gleichermaßen gilt, ist nichts mehr wirklich gültig.

Der Globalismus führte zu prekären Lebensverhältnissen und zu dem, was der amerikanische Soziologe Richard Sennett den »flexiblen Menschen« nannte. Wenn Sennett zufolge das Prinzip »*Nichts Langfristiges*« für die Entwicklung von Vertrauen, Loyalität und gegenseitiger Verpflichtung verhängnisvoll ist, weil es auf lange Sicht jedes Handeln desorientiert und die wichtigsten

Elemente der Selbstachtung untergräbt, dann ist der »flexible Mensch« ja ein zwangsflexibler Mensch. Flexibilität fungiert nur noch als rhetorisches Synonym für Kurzfristigkeit, für Diskontinuität, Unmittelbarkeit und Vertrauensverlust. Seit Mitte der 1980er Jahre sind mit der Ideologie des *flexiblen Menschen* die Prinzipien Eigenverantwortung, lebenslanges Lernen, ständige Fortbildung, fortgesetztes Selbstmanagement und das aerodynamische Quartett Fitness, Schlankheit, Jugendlichkeit und Mobilität verknüpft. Diese Leitprinzipien haben es vermocht, einen Konsens zu schaffen, dem zufolge zugunsten höherer Leistungskraft alle Schmerzen sofort fortzuspritzen und jedes Leid ad hoc niederzutherapieren sind.

Im omnipräsenten Handel mit schnellem Erfolg und hohen Renditen waren dauerhafte Bindungen keine Währungen mehr. Produkte wurden nicht an ihrem Idealwert gemessen, sondern an ihrer Abschöpfbarkeit. Um dem Druck der Abschöpfbarkeit standzuhalten, erhöhte sich der Druck *auf* das Individuum. Die ökonomische Norm fordert jetzt von jedem Einzelnen die volle Verantwortung für all seine Handlungen und für alle Unterlassungen von Handlungen, die von ihm erwartet werden – ohne dass klar ist, wer sie warum fordert. Sie erwartet die aktive Unterwerfung und stete Wachsamkeit, ohne sich für diese Erwartung legitimieren zu müssen. Die ökonomische Realität ist durch sich selbst gerechtfertigt: Sie agiert mit einer unhinterfragt plausiblen *Rationalität*, die zur unhinterfragt plausiblen *Realität* geworden ist.

Just in diesem Labyrinth der unaufgelösten Widersprüche hat sich das einst freie Ich aussichtslos verlaufen. Die heutige spätmoderne Lebenswelt ist gekennzeichnet durch einen hohen Grad an Ambivalenz. Das Individuum soll alles zugleich sein und die Gegensätze in und durch sich versöhnen. Typ A soll allzeit bestens performen, stark, flexibel und fit sein – und zugleich sozial, sensibel und empathisch. Er soll Verantwortung für sein Tun übernehmen und zugleich die Vorgaben erfüllen, die andere an ihn stellen. Er soll Grandiositätsgefühle ausprägen und zugleich achtsam sein. Er soll permanent performen, zugleich aber solidarisch und ein aufopferungsvoller Teamplayer sein. Er soll hart arbeiten, aber sein Leben total genießen. Er soll frei sein, ist aber durch den Zwang zu dieser Freiheit unfrei. Die Flexibilität, die als Befreiung wirken sollte, führte in die Paradoxie: Gegensätze sind auf einmal keine mehr. Sie wurden aufgehoben in einer Kohärenz der Inkohärenz. Kohärenz im Sinne eines Strebens nach garantierter Sicherheit, also nach dem Einklang seines Selbst mit der Umwelt – getragen von der Hoffnung und dem Vertrauen, dass das eigene Handeln Sinn macht, dass es mit der eigenen Umwelt übereinstimmt, dass er, der Einzelne, einen sichtbaren, sicheren und sinnvollen Platz in der unübersichtlichen, unsicheren, aufgeblähten Welt hat.

Die Anrufung des reinen Individualismus hat zu einem zweifelhaften, ambivalenten Imperativ geführt: Sei du selbst! Was aber weiß das Individuum über sich selbst? Es weiß womöglich, was von ihm erwartet wird, welche Normen es zu befolgen habe. Aber weiß der Mensch, wer oder was er ist? Weiß er genau, was er will?

Zur Verfügung stehen lauter Ich-Schablonen, wie man zu sein habe, damit sich das Sein rentiere. Es rentiert sich, wenn sich das Individuum jene Verhaltens- und Handlungsweisen aneignet, die operationalisierbar sind. Nicht Bedürfnis, Begabung und Haltung stehen im Vordergrund, sondern Kompetenz und Machbarkeit. Der Druck einer immer früheren Anpassung an potenzielle Karriereverläufe und dafür erforderliche Fähigkeiten beginnt nach Beobachtung von Psychologen und Therapeuten oft schon in der kindlichen oder jugendlichen Sozialisation – über Medien und die von ihnen gefertigten und transportierten Wunschbilder, über Konzerne und deren stimulierte Traumbilder, über die Familie und deren tradierte Wertvorstellungen. Die Vermittlung gesellschaftlicher Normen wird immer zuerst über die Eltern hergestellt; da sie beglaubigte Werte weitergeben, ist ihre soziokulturelle Prägung für kommende Generationen entscheidend. Jeder Mensch lernt die Grundfähigkeiten sozialer Kompetenzen in der Familie, in der er aufwächst; überproportional schlechte Familienverhältnisse sind nur schwer zu reparieren.

Der Klinische Psychologe Wolfgang Hantel-Quitmann interpretiert seine langjährigen Beobachtungen deutscher Familien wie folgt: »Eltern mit Selbstwertdefiziten wollen dann die Bewunderung, die sie selbst nicht kriegen, und die Bedeutung, die sie selbst nicht haben, über die Kinder bekommen.« Die Folgen sind absehbar: Tochter und Sohn werden zu narzisstischen Objekten instrumentalisiert. Das bekanntlich zurückhaltende, dennoch leicht gestiegene Reproduktionsverhalten der Deutschen fördert den Trend zur Überfrachtung des einen Kindes mit unvereinbaren Ansprüchen. Die Verkehrung der Eltern-Kind-Perspektive spiegelt sich in der Werbung wider. Einst waren die Kinder ihren Eltern zu Diensten, Söhne holten den Vätern Zigaretten oder das Bier aus dem Keller. Heute zeigt uns die Werbung schreiende Kinder und eine aufgeregte Mutter, die dem Sohn den gewünschten Joghurt bringt. Das Kind steht im Mittelpunkt der Familie, die Eltern umkreisen es und überwachen sein Wohlergehen, weswegen man seit Anfang der 2000er Jahre von »Helikopter-Eltern« spricht, die ihre Kinder mit umfassender (manche sagen: zwanghafter) Fürsorge behüten und jedes Hindernis aus dem Weg räumen. Die Kehrseite der Überbehütung ist die gelernte Unfähigkeit des Kindes, mit Widerständen umzugehen, was spätere Brüche im Selbstwertgefühl nach sich ziehen kann. Man könnte an dieser Stelle lange darüber spekulieren, inwieweit ein dressierter Mensch versucht sein könnte, im permanenten Kampf um soziale Anerkennung besagte Defizite durch Überanstrengung, Gier oder Ichbezogenheit zu kompensieren …

Beim Start ins Berufsleben müssen sich mental geeichte Kinder die Kompetenzen zur Selbststeuerung und zum Selbstmanagement erst mühsam aneignen und genauso mühsam lernen, Verantwortung zu übernehmen, wie sich den erlernten Normen zu widersetzen. Krisen mit Mitte vierzig sind dann weniger eine Midlife-Crisis als eine verspätete Reifungskrise. Am Rande bemerkt sei, dass auch Schwierigkeiten mit der Verpartnerung und überhaupt mit der Partnersuche die Folge einer Überbehütung sein können. Häufig sind sie als Erwachsene Singles in einer Single-Gesellschaft (die Hälfte der Hamburger Haushalte beispielsweise sind Einpersonenhaushalte). Singles sind ja nicht einsame Menschen aus Überzeugung, sondern mit ihren Idealen liiert, und kein realer Mensch könnte es schaffen, diesen Idealen zu entsprechen. Die Erwartungshaltung an einen Partner, sagen die Paartherapeuten, sei heute vor allem bei Frauen, die in der emotionalen Reife den Männern offenbar überlegen sind, enorm. Mehr als 80 Prozent der Beziehungstrennungen geschehen auf die Initiative der Frau, weil ihre Erwartungen nicht mehr erfüllt sind.

Unter welchen Umständen lebt und arbeitet der Zeitgenosse heute? Im Zeitalter befristeter Jobs bis hin zu Vierteljahresverträgen ist die Frage »Wo sehen Sie sich in fünf Jahren?« müßig, wenn nicht zynisch. Kein Halt nirgends: Das Leben ist weitgehend entideologisiert und entspiritualisiert, die großen Gegensätze der Systeme zwischen Ost und West, zwischen Kapitalismus und Kommunismus, aber auch die klare Regelung des Lebens durch Glauben und Kirche sind passé. Das Volumen des Wissens wächst in einem fort, die Komplexität der Sachverhalte steigt unaufhörlich, und mit beidem wachsen und steigen auch die Unsicherheit und Orientierungsbedürftigkeit. Es bleibt keine Zeit zur Reflexion und keine Zeit zur eigenen Gestaltung. Die Digitalisierung hat alle Prozesse hochgradig beschleunigt, das Sein hat

Linearität an Parallelität verloren. Es muss aus dem Affekt reagiert, eingeordnet, kommentiert und verurteilt werden; im primitiven Reiz-Reaktions-Schema der Facebook- und Twitter-Ära reißt die Zeitgenossen offenbar nur noch der Superlativ mit: das Heftigste, Drastischste, Krasseste. Möglichst kurz, möglichst radikal. Daumen hoch, Daumen runter.

Herkömmliche Milieus bieten keinen Schutz mehr, das Prinzip der Nachhaltigkeit ist dem der Kurzfristigkeit gewichen, und ohnehin vorbei scheinen die Zeiten einer langfristig planbaren Erwerbsbiografie. Individualistisch radikalisierter Egoismus aber, und das ist die Schlagseite, verdrängt zunehmend Gefühle von Gemeinsinn und Zusammengehörigkeit.

Kann dieser Zustand das gute Leben befördern?

Exkurs über Glück

Das Ziel der meisten Menschen besteht im Streben nach Glück und in der Organisation seiner Erfüllung. Glück ist, wie Gott und Liebe, ein absoluter Begriff für das Unfassbare, Unverfügbare, ein Begriff, den jeder für sich in Anspruch nimmt, von dem aber keiner zu sagen weiß, wie und womit genau er gefüllt ist. Der Begriff »Glück« ist hinreichend groß, um über die Jahrhunderte hinweg immer wieder neu ausgedeutet zu werden – und immer wieder ist er es wert, sich auf ihn einzulassen. Gibt es denn heute – eben weil alle unausgesetzt und wieder

vom Glück reden und Bücher übers Glück ohne Um-
schweife zu Bestsellern werden –, gibt es in Zeiten der
Vereinsamung und in Zeiten des totalen Wettbewerbs
Glück als solches überhaupt noch? Und inwieweit wäre
»Glück« dann etwas anderes als das Klischee eines Lebens in wachsendem Wohlstand, wonach die Menschen
ganz offensichtlich auch streben? Und weiter: Wenn
Glück, gerade in Zeiten der Krise, etwas anderes als
Wachstum in Wohlstand wäre – ließe sich dieses Andere
messen und für eine politische Navigation allgemein-
gültig auf Kurs bringen?

»Glück« ist der Nullpunkt unserer Identität. Wir werden geboren, begabt zum Glücklich- oder Unglücklich-
sein, und streben seit diesem Moment nach Glück, ohne
zu wissen, worin es besteht: ob es ein Zustand ist oder
ein Prozess, eine stimulierbare Empfindung oder eine
unverrückbare Tatsache, ob es durch Zufall kommt oder
trainierbar ist. Klar ist nur, und das nennt man »Lebens-
erfahrung«, dass im endlichen Leben des Menschen die
Sehnsucht nach Glück unendlich ist. Zu einem Ende
kommt sie nie.

Kein Begriff grundiert das Wertesystem der westlichen Industriegesellschaften tiefer und ist zugleich
besser verdrängt als der des »Glücks«. Wirtschaftlicher
Erfolg, materieller Wohlstand in Freiheit und Selbstbestimmung – die großen Versprechen der modernen
Kultur, die ja nichts weiter sind als gezielt stimulierte
Sehnsüchte der Gegenwartsmenschheit auf eine noch
bessere Zukunft, zielen auf wenig anderes hin denn auf
Glückserfüllung – wobei sie stillschweigend vorausset-

zen, dass eben das, wirtschaftlicher Erfolg und materieller Wohlstand, das Glück angeblich befördern. Weit eher sind sie das Gegenteil: Fiktionen und Schimären zur Verhinderung von Glück. Aber lässt sich Glück messen?

Leisten wir vorab Differenzierungsarbeit und fangen unten an: Glück ist mehr als die Abwesenheit seines Gegenteils: des Unglücks. Und Glück ist nicht gleich Glücklichsein, Glücklichsein nicht automatisch Glück. Glück ist ein Zustand, Glücklichsein ein Vorgang. Glück kann man *haben*, aber glücklich *ist* man. Zwischen Haben und Sein existiert bekanntlich ein signifikanter Unterschied.

Wenn der Satz antiker Philosophen wirklich stimmt, dass das ultimative Ziel des Lebens darin bestehe, nach Glück zu streben – dann müssten Wirtschaft und Ökonomie eigentlich im Dienst des Subjekts zur Steigerung seines Glücks stehen. Dann wäre also alles Handeln und Wirtschaften, alles Denken und Regieren dem Glück untertan.

Auferstanden aus den Anfängen hellenischen Philosophierens wurde das Glück im Laufe der Zähmung des Menschen vom *animal rationale* zum Staatsbürger als Angelpunkt der menschlichen Identität ausgemacht. Gleichgesetzt war das Streben nach Glück mit dem Streben nach Erkenntnis – eine große Linie der philosophischen Reflexion über Freiheit und Aufklärung, die sich, in politisches Erz gemeißelt, wörtlich niederschlug in der amerikanischen Unabhängigkeitserklärung von 1776, in deren Präambel es heißt: *»Wir halten diese Wahr-*

heiten für ausgemacht, dass alle Menschen gleich erschaffen wurden, dass sie von ihrem Schöpfer mit gewissen unveräußerlichen Rechten begabt wurden, worunter Leben, Freiheit und das Streben nach Glückseligkeit sind.«

Glück wurde im westlichen Kulturkreis weithin verstanden als Glückseligkeit, ein erhabener Gefühlszustand, der an ein *seelisches* Vermögen gekoppelt war. Im spezifisch Guten der »Vernunft in der Seele«, so heißt es bei Aristoteles, finde der Mensch die Eudämonie, die Glückseligkeit. Diese *eudaimonia* sei das Nebenprodukt eines »guten Lebens«. Das gute Leben wiederum basiert auf dem *wahren Selbst*: den in Fleisch und Blut übergegangenen Werten. Aristoteles, kurzum, lehrt die Anstrengungslosigkeit des Glücks durch das gute Leben in Einklang mit sich. Glück ergibt sich. Man kann es nicht haben *wollen*. Alle antiken Theoretiker beharrten darauf, Glück als höchste Tugend der Vernunft zu erkennen, ehe das Mittelalter das Glück in die Erhabenheit Gottes verlegte, aus der es die Rationalisten der Neuzeit wieder befreien mussten. Nach der europäischen Aufklärung war die Vernunft nicht mehr die *eudaimonische* des Aristoteles, und als Grundlage für jede Selbstbeschreibung und Weltwahrnehmung wurde die instrumentelle, zweckrationale, teleologische Vernunft etabliert, deren Wesen sich in Innovation und technologischem Fortschritt ausdrückte – welcher bekanntlich nicht nur zur unbemannten Raumfahrt und digitalen Revolution, sondern auch zu zwei höllischen Weltkriegen und zur Atombombe geführt hat.

Am Beginn der Moderne, könnte man sagen, fungierte der Begriff »Glück« vor allem als Befreiungsformel des Individuums von fremdbestimmenden Mächten der Moral, der Monarchen, der Kirche; 200 Jahre später führte dieses *principium individuationis* so weit, dass an der Schaltstelle von der Moderne zur Postmoderne ökonomische Optimierung und radikale Selbstverwirklichung zu prägenden Kräften für das Verständnis eines geglückten zeitgenössischen Lebens werden konnten. Und jetzt, in der Spätmoderne Anfang des 21. Jahrhunderts, im Morgenrot einer neuen Epoche, sollen wir erst wieder lernen und üben, Glück zu erkennen? Und wenn aristotelisch betrachtet Glückseligkeit das Nebenprodukt des guten Lebens sein soll, wie führt man dann unter heutigen Umständen ein Leben, das gut ist – vielleicht auch und gerade jetzt im weitgehend bankrotten Athen?

Studien übers Glück und Unglück sind zahllos und in jeder erdenklichen Disziplin durchgeführt worden – über die vergangenen zwei Jahrzehnte hinweg in Psychologie, Wirtschaftswissenschaft, Neurophysiologie und Politik. Psychologen der Universität Tucson/ Arizona wollen herausgefunden haben, dass glückliche Menschen tiefgründige Gespräche führen – und folgerichtig, dass Smalltalk unglücklich macht. Ohne diese Aussage hier mit Statistiken zu untermauern, schließen wir, dass Empathie und Tiefgründigkeit glücksfördernd sind. Und so geht es weiter und fort: Einmal macht Geld unglücklich, dann eine zu große Wahlfreiheit, dann Liebeskummer, dann Angstattacken und Burnouts, dann das Fernsehen, dann Müßiggang, dann Cocktailpartys, und irgendwann macht – so hört man aus Australien – auch zu viel Glücklichsein unglücklich. Es ist eine Krux mit dem Glück und seiner permanenten Abwesenheit.

Die Stunde des Arbeitskraftunternehmers

Der glücksuchende Zeitgenosse lebt in permanenter Permanenz und ist für sein Glück stets zur Mobilität gezwungen und auf sich selbst gestellt. Wer aber ohne Orientierung permanent auf sich selbst gestellt ist, hat das Gefühl, permanent mit sich allein gelassen zu werden. Er fühlt sich schutzlos, nutzlos, unbrauchbar. Im Kampf um soziale und ökonomische Anerkennung wird ihm permanente Ambivalenzbewältigung abverlangt: Er soll die Paradoxien des Lebens aushalten und die Widersprüche versöhnen. Er lebt in einer »Multi-Optionsgesellschaft«, wie sie der Schweizer Soziologe Peter Gross bereits 1994 beschrieben hat. Je mehr Entscheidungsmöglichkeiten einem Individuum zur Verfügung stehen, je mehr Optionen es gibt, sich auf diese, aber auch genau entgegengesetzte Weise zu verhalten, desto mehr Möglichkeiten will der Mensch zugleich realisieren, desto weniger will er verlieren, desto mehr lädt er sich auf, desto weniger Zeit bleibt ihm letztlich, weil nicht getrennt, sondern addiert wird. Der Zeitgenosse lebt in der Unwägbarkeit und Kurzfristigkeit, er kooperiert mit Zielen und Projekten und lebt in hohem Maße in befristeten Beschäftigungsverhältnissen. Der

Mensch von heute kommt nicht mehr an, er ist immer im Aufbruch.

Die Ironie der jüngeren Geschichte besteht darin, dass mehr Freiheit zu weniger geführt hat. Der Schein von Freiheit bewirkte ein Sein von Unfreiheit. Die Auflösung tradierter Arbeitsnormen mit dem Versprechen auf Selbstbestimmung des Arbeitenden führte in letzter Konsequenz zu einer Verbetrieblichung der Lebensführung. Das Individuum wurde zum Individualisten und der herkömmliche Arbeitnehmer zum »Arbeitskraftunternehmer«. So bezeichnen die Industrie- und Arbeitssoziologen G. Günter Voss und Hans J. Pongratz diesen neuen Typus Arbeitnehmer seit Mitte der 1980er Jahre. Anzutreffen ist er weniger in den Industriebranchen mit durchrationalisierter Massenproduktion als vielmehr in neuen Formen der Arbeitsorganisation, die zu dem geführt haben, was Typ A in der M-Zeit-Kultur bis heute maßgeblich prägt. Anfangs umstritten, wird die Figur des Arbeitskraftunternehmers in Bezug auf Lebensarbeitszeit in diesem Buch dennoch als Leitfigur vorausgesetzt, weil die Ausstrahlung des Arbeitskraftunternehmertums in die Gesellschaft offenkundig ist und die Probleme des Arbeitnehmers in der Ökonomie der Gegenwart die Diagnose bestätigen.

Keine Beschäftigung mit Lebensarbeitszeitmodellen der Zukunft kommt ohne die Reflexion jener Entwicklungen aus, die Voss und Pongratz Ende der 1970er Jahre beginnen lassen, als erste Anzeichen flexibler Arbeitszeitgestaltung ein neues Regime der gesamten Lebensführung ankündigten. Ein ökonomischer und also

kultureller Wandel setzte ein, der die Lebensarbeitszeit der Menschen, man könnte sagen: *aller* Menschen
nachhaltig veränderte. Entscheidend ist, dass es dabei
um eine Lebenseinstellung ging: um einen kulturellen
Paradigmenwechsel. Durch die Tendenz zur Subjektivierung und Verdichtung von Erwerbsarbeitszeit wurde dem Einzelnen immer mehr Verantwortung für das
Gelingen seiner Arbeit übertragen, ohne dass er über
die Gestaltung ihrer Bedingungen verfügen konnte.
Das Prinzip der Subjektivierung von Arbeit heißt also:
Verantwortung ohne Verfügung. Selbstbestimmungs-
Schein im Fremdbestimmungs-Sein. Nicht mehr Stechuhr, sondern Zeitplanerfüllung. Das Gelingen des Ar-
beitsprozesses wurde einer Projektgruppe übertragen
und in die einzelne Person verlegt. Wo einst Hierarchie
waltete, war der Einzelne nun auf sich gestellt. Die Verlagerung der Verantwortung als Selbstverantwortung
auf den Arbeitnehmer führte zur Aufhebung der äußeren Kontrolle, erlegte aber jedem den Zwang innerer
Pflichterfüllung auf. Das gesamte, auch private Leben
wurde darauf ausgerichtet, möglichst optimal zu funktionieren. Wenn es dies nicht tat, hatte es sich zu optimieren, der Mensch war ja schließlich selbst schuld am
Misslingen im Kapitalismus.

Den Kapitalismus als solchen gibt es natürlich nicht.
Das Wesen des Kapitalismus ist seine Häutung, er verändert sich permanent, und man hätte von der Koexistenz zahlreicher Kapitalismen zu sprechen. Wer
die Systemkeule der Kritik schwingt, muss sagen, auf
welche Variante er zielt: die chinesische? Die russische?

Die brasilianische? Die deutsche? Die britische? Die japanische? Die arabisch-dubaische? Er muss sagen, ob er unter Kapitalismus die Max Weber'sche Zweckrationalisierung, die Schumpeter'sche kreative Zerstörung durch Kreditschöpfung oder den Braudel'schen Antagonismus zwischen Kapitalismus und Marktwirtschaft versteht. Er muss hinzufügen, ob er bei der Betrachtung des Kapitalismus die Geschichte zwischen 1500 und 1800 mit einbezieht oder ob er allein die historische Dezimale des globalen Finanzmarktkapitalismus meint. Er muss bekennen, ob er den Kaufmannskapitalismus anspricht, den Handels-, Industrie- oder Hedge-Fonds-Kapitalismus, den chinesischen Staatskapitalismus oder den russischen Oligarchenkapitalismus. Welcher Kapitalismus im Konkreten auch immer gemeint ist – die Wirtschaftsform postindustrieller Wohlfahrtsgesellschaften der OECD-Länder in den vergangenen etwa dreißig Jahren ist gekennzeichnet durch einen hohen Bedarf an Flexibilität, Geschwindigkeit und Schnelligkeit. Dafür wurde ein anderer Menschentypus nötig: der selbständigere, flexiblere, unabhängigere, individualisiertere, aufgeklärtere Arbeitnehmer. Diesen neuen Typus zu bekommen, zu halten und zu formen, erfordert seitens des Managements einen anderen Umgang mit dem Arbeitskraft-Subjekt. Wer den selbststeuernden Menschen einfordert, wird auch mit steigenden Ansprüchen an eine Selbststeuerung in der Arbeitsorganisation konfrontiert.

Das war die Geburt des Arbeitskraftunternehmers mit erweiterter Selbstbestimmung, der durch drei Zu-

schreibungen gekennzeichnet ist: Selbstökonomisierung, Selbstrationalisierung, Selbstkontrolle. Unter
Selbstökomomisierung ist der ökonomische Umgang
mit der eigenen Arbeitskraft zu verstehen: Ich muss mit
mir selber handeln. Ich bin die Ware. Meine Arbeitskraft
ist meine Ware. Ich investiere mich. Ein Mitarbeiter ist
zwar kein Unternehmer, aber da er angehalten ist, wie
ein Unternehmer zu agieren, wird sein Verhaltensmo-
dell zur sozialen Norm. Diese Norm beeinflusst das
Handeln. Die Selbstvermarktung der Selbstorganisation
wurde als »Intrapreneurship« bezeichnet. Das heißt: Der
Einzelne muss sich als seine eigene Ware entwickeln
(Qualifikation) und als Produkt verkaufen (Marketing).
Der Mitarbeiter verkauft seinem Arbeitgeber sich selbst
als durch eine sich selbst gesteuerte Ware.

Selbstkontrolle meint Steuerung im Sinne des eng-
lischen Begriffs »control«, womit nur bedingt an die
Überwachung des eigenen Tuns gedacht ist. Der Imperativ zur Selbstkontrolle fordert von jedem einzelnen Mitarbeiter, seine Arbeit selbst zu steuern. Der Einzelne ist
für das, was er tut und nicht tut, selbst verantwortlich.
Aufgaben werden nicht mehr vorgegeben, sondern über
Zielvereinbarungen bestimmt und durch temporäre,
zum Teil betriebsübergreifende Auftragsbeziehungen
gelöst. Konkret heißt ein solcher Auftrag an den Arbeitskraftunternehmer etwa: Am Tag X kommt der Kunde,
dann hat dein Produkt fertig zu sein. In der hoch flexibilisierten »Vertrauensarbeitszeit« ist das Endprodukt
entscheidend, der Weg dahin obliegt dem Arbeitnehmer. Ihm wird nichts mehr erklärt. Man erwartet, dass

er selbst erkennt, was er zu tun hat. Er muss es schaffen. Wie er es schafft, ist seine Sache – ob über Mobil- oder Heimarbeit oder eine eher teambezogene Arbeitsorganisation. Er wird also durch partizipativ organisierte Führungsstrukturen in die Verantwortung genommen. Seine Kräfte sind permanent gefordert, denn reüssiert er nicht, drohen Sanktionen. Ein Ergebnis dieser Entwicklung zur Selbstökonomisierung – die mit einer immer stärkeren Tendenz zur beruflichen Selbständigkeit einhergeht – ist die vermeintliche »Scheinselbständigkeit«, die seit vielen Jahren von den Bundesregierungen immer heftiger bekämpft wird.

Selbstrationalisierung schließlich zielt auf die Verbetrieblichung der Lebensführung. Der Arbeitnehmer muss sich permanent selbst organisieren, und wenn er das nicht kann oder lernt, kommt er nicht nach oben. Sozialer als beruflicher Aufstieg ist eng an die Fähigkeit geknüpft, das eigene Leben zu verbetrieblichen. Das gesamte Leben des Arbeitnehmers wird zu einem Betrieb – so hatte es bereits 1920 Max Weber geschrieben. In seinen Schriften zur Religionssoziologie veröffentlichte Weber seine Thesen über das Subjekt in Arbeit, die bis heute gültig und in ihrer prophetischen Kraft fulminant sind. Im Gegensatz zu Marx beschreibt Weber die kulturellen Triebkräfte hinter der ökonomischen Entwicklung. Der Kapitalismus als herrschende, aus dem Mittelalter hervorgehende Wirtschaftsform bemächtigt sich einer spezifischen Rationalität, die auf einer arbeitsbezogenen Ethik basiert: dem protestantischen Geist mit seiner Moral der Askese. Diese, so

Weber, »systematisch durchgebildete Methode rationaler Lebensführung« führt zu einer funktionalistischen Logik und somit zum Gegenteil einer rein an Werten orientierten, traditionalistischen Handlungslogik, die als Folge »fast den Charakter eines Geschäftsbetriebes« annimmt. Das moderne Subjekt vervollkommnet sein rastloses Bemühen um eine effiziente Lebensgestaltung. Selbststeuerung, Selbstökonomisierung und Selbstrationalisierung sind die bis heute letzten Formen des Typs A in der M-Zeit-Kultur einer auf Funktionalität, Flexibilität und Fitness geeichten Ökonomie. Ist all das unmenschlich? Das liegt im Auge des Betrachters. Offensichtlich kann der Einzelne Verbetrieblichung, Selbststeuerung und Selbstökonomisierung lernen. Bliebe die offene Frage, und sie stellt sich heute mit großer Wucht: ob der Geist des Arbeitskraftunternehmertums, der bis in die sozialen Beziehungen ausströmt, ethisch zu rechtfertigen und politisch zu wollen ist.

Herrschaft der Selbstbestimmung

Auffällig ist, dass sich alle beschriebenen Entwicklungen primär um *das Selbst* drehen. Es betont das reflexive Moment und bezieht sich einerseits auf die eigene Person, andererseits auf die soziale Rezeption der eigenen Person. Während beim unreflexiven *Ich* ein Moment von Identität suggeriert wird, ist beim *Selbst* immer schon eine Differenz zwischen dem Ego und dem Rest der Welt gesetzt. Der neue Arbeitskraftunternehmer ist ein Selbst-Arbeiter, der Angestellte alten Schlags ein Ich-Arbeiter. Die mentalitätsgeschichtlichen Umschwünge des *Danach*, der Post-Bezeichnungen postindustriell, postmodern, postmetaphysisch, stellen allesamt auf die Entwicklung des Menschen von einem sich selbst verantwortenden zu einem selbstverantwortlichen Individuum ab. Man könnte es so sagen: Durch die Verabsolutierung des Selbst entstand ein Typus Mensch, der grundsätzlich unternehmerisch dachte. Oder anders gesagt: Das Prinzip des Unternehmerischen bemächtigte sich des Individuums, und heraus kam das Selbst als ein sich selbst verwaltendes Subjekt.

Als zentraler Begriff der Aufklärung wurde Selbstverantwortung auch zum ökonomischen und politischen Programm, schließlich zum Prinzip der Freiheit, die, betrachtet man ihre Voraussetzungen, ja nicht wirklich völlige Freiheit zulässt. Durch die Entgrenzung der Arbeit hatte der Arbeitnehmer das Gefühl, frei und verantwortlich über seine Arbeit entscheiden zu können. Entgrenzung ist eine andere Chiffre für Unschärfe und Aufhebung fester Regulierungen von Arbeit durch Verflüssigung und Flexibilisierung. Es gibt keinen Dienstschluss und keinen festen Urlaub mehr, durch die Smart-Medien ist der Mensch an jedem Ort der Welt permanent erreichbar und somit permanent gefordert.

Wer diese sich seit dreißig Jahren vollziehende Entwicklung systemkritisch sieht, mag darin den Beginn des sogenannten Neoliberalismus erkennen, dessen Konsequenzen für die Kritiker mit Sozialabbau und einer Aktivierung der Sozialpolitik einhergehen, der zufolge das Individuum in weit stärkerem Maße als bisher für sich selbst verantwortlich ist. Um es zuzuspitzen: Wenn die staatliche Rente nicht reicht, muss sich der Einzelne selbst helfen. Mit der Explosion der Globalisierung seit der Implosion des Kommunismus Anfang der 1990er Jahre hat der Leistungsdruck in allen Institutionen stark zugenommen: Der Angestellte und Arbeiter konkurriert seither mit Angestellten und Arbeitern auf der ganzen Welt. Am ausgeprägtesten war der Idealtypus des Arbeitskraftunternehmers bei hochqualifizierten Angestellten in Leitbranchen der Information Technology (IT) aufzufinden, wo man früh begonnen hatte, projektorientiert zu arbeiten. Auch hier lockte die Arbeitnehmer das Versprechen auf erweiterte Selbständigkeit.

War Selbststeuerung denn nicht immer schon der Traum des Arbeiters? Auf einmal war es möglich! So wurde aus dem Arbeitnehmer ein Arbeits-Unternehmer, aus dem Arbeits-Unternehmer der Arbeitskraftunternehmer. Seither muss der Arbeitende selbst einschätzen, wie belastbar er ist, welches Pensum er absolvieren kann, wann er an seine Grenzen stößt. Dabei stand und steht der isolierte Arbeitskraftunternehmer in permanenter Konkurrenz zu den anderen Arbeitskraftunternehmern in seinem Unternehmen. Permanenter Wettbewerb untereinander sollte die Produktivitätsrate insgesamt erhöhen – man kennt die Dauerkonkurrenz als Leistungsprinzip aus sportlichen Kontexten: Rotation beim Fußball heißt, dass jeder aus der Star-Elf flie-

gen kann, wenn seine Leistung nicht hundertzehnpro-
zentig stimmt, weil auch jeder andere Kamerad seinen
Posten einnehmen kann. Der Zwang zur Dauerperfor-
mance mit höchster Leistungseffizienz kommt freilich
immer dem Unternehmen zugute, auch wenn das Programm des Arbeitskraftunternehmertums die Selbstbestimmung ist.

Selbstbestimmung ist der normative Nukleus unseres
Selbstverständnisses als zeitgenössisches Individuum.
Selbstbestimmung ist dann gegeben, wenn die Hand-
lungsinitiative nicht von einem anderen, sondern von
einem selbst ausgeht. Selbstbestimmung heißt kurzum,
dass der Einzelne sein Leben in die eigene Hand nimmt.
Es heißt aber eben auch, dass er sein Leben eigenhän-
dig verantwortet. Selbstbestimmung ist also immer
auch die Selbstbezüglichkeit des Einzelnen in Abgren-
zung zum Rest. Es ist die Ausweitung der *Ich*-Zone zu
einer Identität. *Individualisierung* ist das Ergebnis einer
Entwicklung des Individuums in Selbsterkenntnis über
Selbstorganisation, Selbstbewusstsein, Selbststeigerung
bis zur Selbstmächtigkeit. Das Individuum ist »Herr
seiner selbst« (der Philosoph Volker Gerhardt) und der
moralische Basisakt seines Selbstverständnisses der unbedingte Bezug *auf sich selbst*. Die Würde des Menschen,
von der später noch ausführlich zu sprechen sein wird,
gründet also – so darf man die Idee der Selbstbestimmung verstehen – in der absoluten Verpflichtung,
nichts höher zu bewerten als den einzelnen Menschen.

Selbstbestimmung ist nicht gleichzusetzen mit Autonomie, obwohl beide Begriffe oft gleichbedeutend be-

nutzt werden. Die Selbstbestimmung des einen endet dort, wo die Selbstbestimmung des anderen beginnt. Autonomie hingegen endet niemals und nirgends. Sie ist und bleibt dem Individuum immer und unverhandelbar zugeschrieben, als Ausdruck seines Werts und seiner prinzipiellen Würde. Der philosophische Autonomiebegriff – auf Rousseau und vor allem Kant zurückgehend – basiert auf Lebensregeln und Maximen, nicht auf Handlungen. Grundgedanke der Autonomie ist die Unverfügbarkeit des Individuums, Grundpraxis das Instrumentalisierungsverbot. Der einzelne Mensch darf niemals bloß zum Zwecke äußerer Mittel gemacht werden, sondern muss immer zugleich Selbstzweck sein. Autonomie ist niemals teilbar und niemals einschränkbar. Sie ist der geschützte Anspruch jeder Person, Zweck in und für sich selbst zu sein.

Die Subjektzentrierung ist elementarer Bestandteil einer Entwicklung, deren Folgen seit über dreißig Jahren studiert werden können. Mitte der 1980er Jahre stand der Wohlfahrtsstaat in einem historischen Zenit, als erst langsam, dann immer schneller ein neuer Geist des kapitalistischen Wirtschaftens einzog. Für den Kultursoziologen und Wohlfahrtsstaatstheoretiker Stephan Lessenich war er durch Aktivität und Mobilität, Flexibilität und Beweglichkeit, Eigentätigkeit und Selbststeuerung gekennzeichnet. Wenn sich die Gesellschaft als »Aktivgesellschaft« ausgibt, ist das Grundmandat des Sozialstaats für diese Gesellschaft die Aktivierung. Die Umwidmung staatlicher Sozialpolitik definiert private und öffentliche Verantwortlichkeit ebenso neu, wie sie gesellschaftliche Leistungs- und Produktivitätserwartungen neu formuliert. Der »aktivierende Sozialstaat« ist Lessenich zufolge nichts anderes als »eine große institutionelle Bewegung zur Bewegung der Individuen«. *Sozial* handelt ein Individuum in diesem Staat dann, wenn es Eigenverantwortlichkeit, Selbstsorge und proaktives Verhalten an den Tag legt. Die »subjektiven Wertbezüge sozialen Handelns« verkommen zu politischen Steuerungsformeln eines »individuellen Selbstzwangs in sozialer Absicht«.

Die französischen Sozial- und Wirtschaftswissenschaftler Luc Boltanski und Ève Chiapello haben im Jahr 1999 diesem »neuen Geist des Kapitalismus« rückblickend attestiert, ein neues Verhältnis von Arbeitnehmer und Arbeitgeber hervorgebracht zu haben. Dessen – je nach Weltanschauung – wahlweise Perversion oder Leistung darin besteht, dass der Kapitalismus nicht mehr, wie die historische Kritik an ihm lautete, die Selbsttätigkeit des autonomen Subjekts unterdrückt, sondern – im Gegenteil – dieselbe geradezu einfordert. Das kapitalistische System scheint klüger als seine Betreiber, denn der Kapitalismus hat seine Widersprüche immer schon kapitalisiert, hat sich immer schon die Kritik an ihm produktiv einverleibt und somit neutralisiert. Der neue Geist des Kapitalismus wollte mehr von den Arbeitskräften haben als bisher. In den Managementetagen von Konzernen und Unternehmen begann man zu Beginn besagter Zeitenwende darüber nachzudenken, wie im globalisierten Wettbewerb und der zunehmenden Beschleunigung der Produktion die Motivation der Beschäftigten durch mehr Freiheit in der Arbeitsorganisation erhöht werden könnte. Im Sog des internationalen Wettbewerbs mussten Arbeitsproduktivität und Produktqualität gesteigert werden, so entstand eine erst ökonomische und dann gesamtgesellschaftliche Rationalität der Entgrenzung. Anders als beim klassischen Disziplinarsubjekt des 19. und 20. Jahrhunderts, als Fleiß, Gehorsam und Ordnung die Leitwerte einer Optimierung für das Ideal des braven deutschen Arbeitnehmers im Bereich der geschützten Begrenzung waren, hat man es nun mit Selbstoptimierung in der Logik der Entgrenzung zu tun. Der neue Geist des Kapitalismus verleibte sich das selbstökonomisierte Individuum ein und machte dessen Tätigkeiten für sich produktiv.

Dem Soziologen Ulrich Bröckling zufolge ist dieser neue Geist auch in politische Programme und pädagogische Konzepte umgesetzt worden und hat seither zur Forderung nach unaufhörlicher Bewegung, ständiger Veränderung ohne Ruhephasen, ohne Erholung, ohne Muße geführt. Während der angestellte Arbeiter einst in dem Moment den freien Markt verließ, da er den geschützten Raum der Fabrik betrat, befindet sich der selbstbestimmte Arbeitskraftunternehmer auch innerhalb seines Unternehmens fortwährend auf dem Markt. Der Wandel war kein Wandel mehr, er war Selbstzweck. Sein Schlachtruf lautet bis heute: Behaupte dich, sei exzellent, unterscheide dich! Und wenn du es nicht schaffst: Verändere dich, besorge dir eine Beratung, lass dich coachen!

Ressourcenoptimierende Rezepte gab es von dieser Zeit an mehr denn je; fast alle zielten auf das »Empowerment«, also darauf, auch dem sogenannten kleinen Angestellten ein Gefühl *seiner* Möglichkeiten zu vermitteln, kleine Dinge zu verändern und große auf den Weg zu bringen (all dies freilich im Interesse des Unternehmens). Das unternehmerische Subjekt war auf Alleinstellungsmerkmale bedacht und agierte als Konkurrenzobjekt gegenüber jedem anderen Subjekt auf den Spielplätzen des permanenten Wettbewerbs. Das heißt: Der Markt war omnipräsent. Wo man auch hinkam, der Markt war immer schon da, weil alles zum Marktplatz deklariert wurde – selbst soziale Beziehungen wurden nach Marktgesetzen von Kosten und Nutzen taxiert. Das unternehmerische Selbst wurde zur Realfiktion eines Abkömmlings des Homo oeconomicus, jenes anthropologischen Konstrukts, auf dem die Wirtschaftswissenschaften ihre Modelle menschlichen Verhaltens aufbauen. Man konnte seine Verkörperung ebenso in der Gestalt des Spitzenmanagers bei Siemens finden wie in der der Kassiererin bei Lidl.

Die Arbeitssoziologen haben dieses Phänomen seither auf verschiedenen Erwerbsfeldern unterschiedlicher Branchen beobachtet und empirisch erforscht, vor allem in den damals neuen zukunftsträchtigen Branchen der Internet- und Kommunikationstechnologie, im Sektor für Weiterbildung und Beratung sowie bei Unternehmen der New Economy, die fortan normbildend den Ton angaben. Wurde man nicht relativ plötzlich sowohl im Krankenhaus als auch auf Behörden als »Kunde« angesprochen? Leben und Arbeit wurden entsprechend als Dienstleistung verstanden. Auch der arbeitslose Transferhilfebezieher war als »Kunde« des Jobcenters auf der Suche nach vertraglichen Eingliederungsvereinbarungen, sprich: nach Arbeit. In der Zurichtung zum markttauglichen Funktionsträger fand letztlich eine Selbstzurichtung des Menschen zum Typ A statt.

Der Paradigmenwechsel vom alten zum neuen Geist des Kapitalismus suspendierte die strenge tayloristische Steuerung von Arbeit. Der nach dem amerikanischen Arbeitsökonomen und Ingenieur Frederic Winslow Taylor benannte Taylorismus bezeichnet das Prinzip einer wissenschaftlich entworfenen Prozesssteuerung der Arbeitsabläufe mittels detailliert geplanter und vorgeschriebener Schritte durch das Management eines Unternehmens: Die Arbeitsmethoden wurden genau vorgegeben, Arbeitsaufgaben zerlegt und kontrolliert, Zielvorgaben ausgegeben, die für den Einzelnen in keinem erkennbaren Zusammenhang standen. Was aber resultierte aus dieser wissenschaftlichen Betriebsführung? Erstens: strukturelle Ignoranz gegenüber der Leistung beschäftigter Individuen. Und zweitens wurde der Mensch zum Störfaktor im reibungslosen Betriebsablauf, den man durch Kontrolle und Vereinheitlichung möglichst zu minimieren trachtete. Kritisch gesagt: Der Taylorismus verfolgt ein negatives Menschenbild, indem er sich ganz auf die Prozess-Effizienz des Betriebes verlegt. Ein prototypisches und noch immer anzutreffendes Beispiel für tayloristische Logik sind Call Center, deren Mitarbeiter nach einem stupiden Prinzip vorbereitete Fragebögen abarbeiten.

Dann also kam der Wandel, und mit der Preisgabe der hierarchischen Planung zugunsten flexibler Steuerung eröffneten sich den Unternehmen völlig neue Dimensionen. Selbststeuerung, Selbstbestimmung, Selbstorganisation sollten fördern, was an Leistungssteigerungen möglich war. Eine andere Strategie zur Steuerung von Arbeit und Arbeitskraft mit dem Ziel höheren Outputs – von der direkten zur indirekten Steuerung. Es ging nicht mehr um den starren Dienstbeginn um 7:30 Uhr per Stechuhr mit klaren Anweisungen, welche Tätigkeiten der Arbeitnehmer zu verrichten habe, ehe um Punkt 16 Uhr die Betriebssirene zum Dienstschluss heulte. Nun schenkte man den Mitarbeitern explizit die große Freiheit: Kommt und geht, wann ihr wollt! Was verbunden war mit der impliziten Aufforderung: Aber steigert die Produktivität! Ziele statt Regeln – das war der Wandel, und man könnte ihn wie folgt übersetzen: Entscheidet selbst, wann ihr was wie tut, Hauptsache, die Arbeit läuft und ist punktgenau fertig.

Man hatte es fortan mit lauter individualisierten Beschäftigten zu tun, deren Arbeitsverhältnisse nicht mehr institutionell reguliert waren – was freilich ohne die Bereitschaft der Menschen selbst nicht möglich gewesen wäre. Nicht jeder Mensch profitiert in gleichem Maße von solcherart Flexibilisierung. Was Hochqualifizierten entgegenkommt, kann für weniger Qualifizierte eine Belastung sein. Was für die einen zu Flexibilität und Frustabbau führt, bringt andere in die Erschöpfung.

Zunehmende Schichtarbeit, auseinanderdriftende Arbeitszeiten, Arbeitsverdichtung durch Personalmangel ist heute in vielen Branchen und Bereichen Alltag, das Pensum hat sich vor allem für sogenannte High Potentials erhöht, in deren Branchen 70 bis 75 Stunden Wochenarbeitszeit gesetzt und 12-Stunden-Tage die Regel sind. High Potentials sind gut verdienende Aufsteiger, von denen überdurchschnittliche Leistungen erwartet werden. Sie sind die Workaholics in der Rushhour-Phase des Lebens zwischen 25 und 40. Sie sind für die höchste Karrierestufe prädestiniert, müssen dafür aber stets erreichbar und überall einsetzbar sein. Von den Umständen getrieben, die sie groß machen, leben diese Investmentbanker, Unternehmensberater, Personalrekrutierer, Anwälte im Beschleunigungsgenerator – sie fliegen an einem Tag nach Paris und London und von Sydney direkt nach Boston. Der Preis für den Aufstieg ist permanente Zeitnot. Einer Studie der Managementberatung Kienbaum in Kooperation mit dem Harvard Businessmanager zufolge arbeiten vier von fünf Managern mehr als 50 Stunden pro Woche; die Hälfte der Führungskräfte mit einem Jahresgehalt von mehr als 200 000 Euro hat eine 60- bis 70-Stunden-Woche. Überstunden sind so sehr Normalität, dass vertraglich vereinbarte Arbeitszeiten aus dem Blick geraten. Laut Statistischem Bundesamt arbeitet grundsätzlich jeder Vierte heute nach Dienstschluss bis 22 oder 23 Uhr zu Hause weiter; jeder Achte arbeitet grundsätzlich mehr als 48 Stunden die Woche. Je älter der Erwerbstätige, desto länger seine Arbeitszeit, wobei Selbständige und

Führungskräfte wesentlich häufiger lange Arbeitszeiten als (sonstige) Arbeitnehmer haben.

Ideen des Postmaterialismus

Wesentlicher Katalysator des Wandels vom alten zum neuen Geist des Kapitalismus war der Wertewandel durch die Liberalisierungsbewegung in den 1970er Jahren. Bemerkenswerterweise spitzte der neue Geist die Kritik der 68er an Fremdbestimmung, Ent- und Verfremdung, abstrakter Vermassung und Serienproduktion des Kapitalismus zu und forderte, ganz wie die Liberalisierer es taten, nun Selbstbestimmung und individuelle Gestaltung ein. Darin liegt eine tragische Ironie, weil es ja gerade die emanzipierungswilligen 68er waren, die das Subjektive durch das Prinzip der Selbstverwaltung verabsolutierten. Mehr noch: die den Imperativ zur permanenten Selbstkritik forderten und somit – nolens volens – zur Geburt des Arbeitskraftunternehmers aus dem Geist der Liberalisierung beitrugen. Ob man diesbezüglich von einer kulturellen *Revolution* sprechen kann und soll, ist umstritten und streitbar, in jedem Fall lässt sich der Wertewandel als kulturelle *Evolution* klassifizieren. Galten einst Werte wie Humanität, Religiosität, Naturverbundenheit und Nation, so ließen sich nun die vielfältigsten soziokulturellen Entwicklungen Anfang der 1970er Jahre auf zwei Leitbegriffe reduzieren: Postmaterialismus und Selbstbestimmung.

Der amerikanische Politikwissenschaftler Ronald Inglehart etablierte 1977 die Idee des Postmaterialismus, die die freie Entfaltung und Mitbestimmung des Einzelnen über die Stabilität von Ökonomie und Gesellschaft stellte. *Selbstbestimmung* wurde zum Leitwert beinahe aller Gesellschaftsschichten erhoben, im Sinne eines reflexiven Umgangs mit sich selbst. Individualisierung bedeutete also, dass die Struktur des gesellschaftlichen Selbstverständnisses auf dem Prinzip der Selbststeuerung basierte, bis in die Details der Alltagsgestaltung hinein. Inwieweit jemand ein in der Tat selbstbestimmtes Leben führt, steht unter dem Vorbehalt der genauen Definition, wann Selbstbestimmung tatsächlich vollzogen ist und ob sie sich – in Bezug auf Zwänge durch Wirtschaft, Staat und Recht – überhaupt losgelöst von allen äußeren Vorgaben vollziehen kann. Die soziokulturelle Entwicklung der vergangenen 30 Jahre darf man getrost in folgende Formel fassen: von der Wir-Gemeinschaft zum Individualisten-Ich. Die Gesellschaft war nicht mehr im herkömmlichen Sinn eine Klassengesellschaft mit Institutionen, die jeweils ihre Klientel schützte und vertrat. Bis dahin hatten auch das katholische, das liberal-bürgerliche und das Arbeitermilieu stabile politische Formationen hervorgebracht, große gesellschaftliche Gruppen, die in sich relativ geschlossen miteinander Lösungen für eine Gesamtgesellschaft aushandelten. Unter der wachsenden Freiheit des Individuums und der Selbstbestimmung zerfielen die Milieus zusehends, und der Individualist war schließlich angehalten, aus den Umständen das Beste für sich herauszuholen. Galt das Streben nach Profit über Jahrhunderte hinweg als verwerflich, gilt seit Mitte der 1980er Jahre das Streben nach individueller Erfüllung als vorbildlich und die Steigerung der Steigerung als konventionelle Moral – als ungeschriebenes Normensystem, das die Schuldfrage neu beantwortete: Nicht das System, die Ordnung oder der Arbeitgeber hatte Schuld am eigenen Scheitern, Verlieren oder an der Erschöpfung des Einzelnen, sondern das Individuum selbst. Die Schuld des Menschen, so die Quintessenz, besteht darin, den an ihn gesetzten Anforderungen nicht gerecht geworden zu sein. Wer hat diese Anforderungen gesetzt? Er, der Mensch selbst. Das heißt: Jeder ist an der eigenen Erschöpfung selbst schuld.

Dieser Entwicklung folgend, ist der Arbeitsmarkt an einem Punkt angekommen, da es heute den vermutlich höchsten Bildungsstand der Bürger festzustellen gilt – jedenfalls einen höheren als jemals zuvor in der Geschichte. Hinzu kommen – geprägt durch die Politisierungsbewegungen der 1970er und 1980er Jahre – zahlreiche positive Selbsterfahrungen vieler (nicht aller) Deutschen, die zu normativen Erfolgserlebnissen des Einzelnen außerhalb der Institutionen geführt haben – im Glauben an die emanzipatorische Selbstermächtigung, der Einzelne habe seine Geschicke nun selbst in die Hand genommen, mit starkem Selbstbewusstsein und dem Gefühl, er trage im eigentlichen Sinne der Demokratie etwas Gutes zu ihr bei.

Der früher positiv besetzte Begriff des Individualismus wurde in den vergangenen 30 Jahren umbewertet und seit Anfang der 2000er Jahre erkennt man in der Individualisierung einerseits Egoismus und Rückzug des Bürgers aus der Verantwortung für den Gemeinsinn, andererseits die Überforderung des Individuums durch den Zwang zur dauernden Selbstverantwortung. Die Schattenseite der leuchtenden Freiheit ist die zunehmende Selbstzerstörung des Menschen durch sich selbst. Alles, was ist, muss fortan stets aufs Neue ausgehandelt werden. Was gerade Geltung besitzt, kann sich binnen kurzer Zeit ändern, verlässliche Sicherheiten gibt es nicht mehr. Auf diesem Humus gedieh die Gattung des unternehmerischen Selbst. Dieses *unternehmerische Selbst* ist gezwungen, sich unablässig selbst zu fordern, zu entwickeln, zu verbessern, mobil, flexibel und stets auf dem Sprung zu sein, um den Verdacht auf die eigene Austauschbarkeit widerlegen zu können. Alle am Arbeitsprozess Beteiligten sind dem Zwang ausgesetzt, mehr zu leisten, als es die eigene Natur gestattet, um Spezialisierung, Rationalisierung, Verdichtung, kurz: Entgrenzung bewältigen zu können. Mittlerweile sind das die Charakteristika der M-Zeit-Kultur. Typ A lebt im permanenten Ausnahmezustand der Überreizung, Überhitzung und Überspannung. Er ist immerzu damit beschäftigt, die optimierte Lebenswelt in scheinbarer Harmonie zu verwalten. Die unbegrenzte Verfügbarkeit von Informationen bedeutet auch die ständige Verfügung über den Einzelnen als Adressat permanenter Push-News. Diese Permanenz der atemlosen Beschleunigung in der eigenen Lebensführung ist offenbar – beruft man sich auf die empirische Medizinwissenschaft – in hohem Maße entkräftend und psychisch wie physisch äußerst schädlich. Das unternehmerische Subjekt des selbstverbetrieblichten Arbeitskraftunternehmers kommt niemals zur Ruhe, es muss ständig in sich selbst investieren. Das bedeutet: stete Weiterbildung, lebenslanges Lernen, unaufhörliches persönliches Wachstum und die unausgesetzte Nötigung zur kontinuierlichen Selbstverbesserung. Die Arbeit an sich und das Training für den Job fallen in eins. Nutzenmaximierung wird als anthropologische Grundkonstante unterstellt und menschliches Handeln grundsätzlich als Wahlhandeln definiert. Wenn alle gleichermaßen eine Aktionsschablone bedienen sollen, gibt es aber keine Unterschiede mehr – und dann ist die Gleichheit der Selbstoptimierer freilich ein geradezu sozialistisches Ideal mit höchster kapitalistischer Nutzkraft.

Die Komplementärfigur zum unternehmerischen Selbst ist das erschöpfte Selbst. Der französische Soziologe Alain Ehrenberg, Leiter der Forschungsgruppe »Psychotropes, Politique, Société« am Centre National de Recherche Scientifique in Paris, hat im Jahr 2004 den Typ A in seiner ganzen Erschöpfung als Opfer selbstgemachter Umstände beschrieben und darauf hingewiesen, wie die allgegenwärtigen Erwartungen an eigenverantwortliche Selbstverwirklichung den Menschen krank macht. Nach Ehrenberg mündet die sich in ihr Gegenteil verkehrende Befreiung des Subjekts aus den Fängen der Traditionen folgerichtig in der Depression. Selbst wenn man diese radikale Deutung des Paradigmenwechsels seit Mitte der 1980er Jahre und die explizite Kritik an seinen pathologisierenden Zwängen im Laufe der vergangenen Jahrzehnte nicht teilt oder übertrieben findet, lässt sich nur unter heftiger Ignoranz gegenüber der Wirklichkeit leugnen, dass der veränderte Umgang der Betriebe und Unternehmen mit der Arbeitsorganisation zu einer veränderten Lebensarbeitszeitkultur geführt hat. Die aber wollen und können offensichtlich immer mehr Menschen nicht mehr als gelingende Gestaltung eines guten Lebens betrachten. Um es auf einen Nenner zu bringen: Die Enthumanisierung der Arbeitswelt hat zu Angst vor dem Verlust der Lebenswelt geführt.

Exkurs über Angst

Die von Glückserfüllung weit entfernte Gleichung der ökonomischen Rationalität wird durch immer neue Erhebungen bestätigt: Mit dem Wohlstand steigt auch sein Preis; mit Wachstum und Wohlstand nehmen die psychischen und physischen Defekte zu. Medizinsoziologische Studien aus dem vergangenen Jahrzehnt in Deutschland, Frankreich und Finnland kommen allesamt zum gleichen Ergebnis: Verschärfte Arbeitsbelastungen, insbesondere dauerhafte Arbeitsplatzunsicherheit, rufen schon nach einem Jahr ausgeprägte Angstzustände hervor. Die Kosten des Mantras von immer steigendem Wachstum, von Optimierung und Effizienz korrelieren mit gesundheitsökonomischen Fakten, verursacht durch negativen Stress, Ängste, Burnouts, Depressionen, Herzinfarkte. Dauerunternehmertum und Wachstums-Imperative schüren die Angst vor dem sozialen Abstieg, dem »Downsizing«, dem Personalabbau, die Angst vor Massenentlassungen, Zeitnot und dem Verlust von Eigenzeit, vor psychischen Belastungen, Herzinfarkten und Paniken. Die Zahl der Schlafstörungen ist ebenso gestiegen wie die der Angststörungen. Um Letztere seriös messen zu können, bedarf es sogenannter Längsschnittstudien: Erhebungen also, die auf über zehn bis zwanzig Jahre angelegt sind und über strukturierte Interviews Veränderungen ablesen lassen.

Vor zehn Jahren hat ein Team um Europas führenden Medizinsoziologen Johannes Siegrist von der Universität Düsseldorf zwei Studien abgeschlossen, die den Zusammenhang zwischen bedrohlichen Veränderungen im Erwerbsleben, Angst und körperlichen Beschwerden empirisch erhärten, und man darf annehmen, dass die Situation sich heute noch verschärft hat. In Zusammenarbeit mit belgischen Kollegen fanden die Forscher bei initial gesunden Beschäftigten, die von sich verschärfenden Arbeitsbelastungen und insbesondere Arbeitsplatzunsicherheit betroffen waren, bereits nach einem Jahr dreimal so häufig ausgeprägte Angstzustände wie bei von solchen Veränderungen verschonten Arbeitnehmern. In einer Untersuchung an über 20 000 deutschen Erwerbstätigen zeigte sich, dass das Zusammentreffen von Arbeitsdruck und erlebtem Personalabbau im Betrieb mit mehrfach erhöhten gesundheitlichen Beschwerden einhergeht. Die Auswirkungen waren bei

Frauen stärker als bei Männern, wie überhaupt Frauen den empirischen Daten zufolge häufiger unter Angststörungen leiden als Männer.

Siegrists Erhebungen bestätigten die Vermutung, dass Angst im Verbund mit Depression zur vierthäufigsten Todesursache in westlichen Industriestaaten gehört – und laut Schätzung der Weltgesundheitsorganisation im Jahr 2020 nach den kardiovaskulären Ursachen zur zweithäufigsten aufsteigen wird. 70 Prozent der weltweiten Frühsterblichkeit werden dann durch chronisch-degenerative Störungsbilder bedingt sein, deren häufigste die Panik- und die Angstattacke sind. Man geht von einer Zunahme der Angst seit den 1950er Jahren um mindestens 1,2 Standardabweichungen aus – was, rein statistisch betrachtet, eine beunruhigende Steigerung ist.

Japanische Untersuchungen haben die deutschen Befunde untermauert, wonach Arbeitnehmer, die der permanenten Angst vor Personalabbau ausgesetzt sind, viermal so häufig depressive Störungen aufweisen wie Arbeitnehmer, die dieser Angst nicht ausgesetzt sind. Herzfrequenz und systolischer Blutdruck seien während des gesamten Arbeitstages, teilweise auch während der Nacht und am Wochenende, signifikant erhöht und in hohem Maße werde das Stresshormon Cortisol ausgeschüttet, was auf permanente Gefahrenbewältigung hinweist. Auf Dauer greift dies das Gehirn, das Herz und das Immunsystem an. Der permanent aktivierte höchste Stresslevel führt zu einer existenziellen Ausnahmesituation und Verunsicherung, die erst zu Angst wird, dann zur Angst vor der Angst, schließlich zur Angststörung und der Angst vor dem sofortigen Sterben. Das Phänomen Angst scheint der weltweit auffindbare Ausdruck einer Arbeitskultur zu sein, deren systemische Zwänge sich gleichen.

Lange waren die Themen Stress im Arbeitsalltag und Angsterkrankungen nicht relevant; es wurde allenfalls über Zeitnot, Müdigkeit und Urlaubsreife gesprochen. Die meisten Angststörungen wurden und werden als solche nicht erkannt oder von Allgemeinärzten als depressive Verstimmung diagnostiziert. Der Berufsverband Deutscher Psychologinnen und Psychologen ging vor einigen Jahren von 50 Prozent Fehldiagnosen in der hausärztlichen Behandlungspraxis aus, was die Chronifizierung der Angststörung und somit längerfristige Behandlungskarrieren nach sich zog. Die pathologische Angststörung hat unter Forschern erst seit etwa Mitte der 1980er Jahre, als der weltweit einheitliche Kriterienkatalog ICD die Psychologie revolutionierte, größere Aufmerksamkeit gewonnen. Aber hat sie wirklich zugenommen? Könnte man nicht einwenden, dass eben erst jetzt genauer wahrgenommen und hingeschaut und deshalb auch nur eine scheinbare Steigerung des Drucks und eine angebliche Zunahme der Angst festgestellt werde? Gibt es wirklich mehr Stress, mehr Druck, mehr Leid? Oder kann der Einzelne dieser Tage viel weniger ertragen als vor hundert, vor fünfzig, vor dreißig Jahren? Das sind systemrelevante Fragen, die das Konzept des Arbeitskraftunternehmers in einer M-Zeit-Kultur unter sich ständig wandelnden Bedingungen infrage stellen, mit dem schlichten Hinweis darauf, dass der Mensch als solcher womöglich für diese Art von Flexibilität und Freiheit nicht gemacht sein könnte.

Die ersten Längsschnittstudien, die seit Beginn der 1990er Jahre insbesondere in Finnland, Schweden und Großbritannien das Verhältnis zwischen Stress und Gesundheit untersuchen, zeitigten eindeutige Ergebnisse: Die Auswirkungen des Arbeitsalltags auf die psychische Gesundheit des Einzelnen sind enorm. Der Beruf hat für das seelische und körperliche Wohlergehen des Einzelnen eine große Bedeutung, weil er neben der Existenzsicherung drei elementare Bedürfnisse befriedigt: das Selbstwertgefühl, die Erfahrung von Selbstwirksamkeit und das Gefühl von Zugehörigkeit. Wenn diese grundlegenden Bedürfnisse nun, wie angenommen wird, durch Radikalisierung des Wettbewerbs, durch Konkurrenzkämpfe, durch Verlagerung der Produktion ins Ausland, durch Lohndruck, Kostendämpfung, Controlling, Arbeitsplatzunsicherheit, Stellenabbau, zunehmende Rationalisierung und weitere Entgrenzung bedroht sind, pathologisiert sich die permanente Verunsicherung zur Angst. Der Angststörung folgt meist auch noch die Depression, der Depression die somatische Erkrankung, die irgendwann chronisch wird. Jeder siebte Angstpatient stirbt von eigener Hand.

Neu ist, dass es nun vermehrt auch die höher Qualifizierten trifft; arbeitslose Akademiker in ihren Dreißigern sind keine Seltenheit mehr. Angstambulanzen und Kliniken werden bevölkert etwa von 40-jährigen Elektroingenieuren, die bei Kommunikationsunternehmen wegrationalisiert und hunderte Kilometer von zu Hause entfernt als Hartz-IV-Berater fachfremd eingesetzt wurden; von älteren Bäckern und Metzgern mit Computerphobien; von Fleischereifachverkäuferinnen, die irgendwann unter rheumatischen Beschwerden leiden; von Technikern, die den Anforderungen ständiger Mobilität und Flexibilität nicht mehr gerecht wurden, weil sie Ortswechsel und Fernbeziehung nicht ertragen konnten.

Der Gegensatz von Arbeitsintensität und Personalabbau hat sich nach den Erkenntnissen der Angstforscher in den letzten Jahren erheblich verschärft: Immer weniger Menschen müssen immer mehr Arbeit verrichten. Jene, die keine Arbeit haben, fühlen sich unterfordert, und jene, die arbeiten können, überlastet. Unter Bedingungen erhöhter Konkurrenz nehmen zwischenmenschliche Spannungen zu, die Solidarität unter den Belegschaften wird geschwächt. Folge des sogenannten Downsizings, der permanenten Konfrontation mit Personalabbau, sind, wie eine prospektive Längsschnittstudie aus Finnland nachwies, erhöhte Arbeitsunfähigkeitsraten und eine signifikant erhöhte Sterblichkeit an koronaren Herzkrankheiten: Mit dem Anstieg der Stressbelastung am Arbeitsplatz steigt die Herz-Kreislauf-Mortalität um das 2,4-Fache an, wobei Risikofaktoren wie Rauchen oder Alkohol herausgerechnet sind. Zwei repräsentative Umfragen der Gesellschaft für Konsumforschung über die vergangenen fünfzehn Jahre hinweg zeigen den Anstieg der Angst in einem relativ kurzen Zeitraum: 2001 hatten 9,1 Prozent

Angst, arbeitslos zu werden, vier Jahre später waren es 24 Prozent; Anfang der 2000er fürchteten 23 Prozent, die Rente reiche nicht aus, vier Jahre später waren es 34 Prozent.

Mehr als ein Viertel der Bevölkerung Europas leidet an den zwölf häufigsten psychischen Erkrankungen: über 40 Millionen unter Ängsten und Panikattacken, über 20 Millionen unter Depressionen. Die jährlichen Behandlungskosten der psychischen und psychosomatischen Krankheiten in den 28 europäischen Ländern taxierte das European Brain Council auf über 380 Milliarden Euro; die Kosten krankheitsbedingter Ausfälle durch arbeitsbezogenen Stress in den Mitgliedsstaaten der Europäischen Union beläuft sich laut Schätzungen der Europäischen Kommission auf über 20 Milliarden Euro pro Jahr. Insgesamt gehen fast siebzig Prozent der Krankschreibungen in Deutschland auf psychische Erkrankungen zurück. Der Berufsverband Deutscher Psychologinnen und Psychologen stellt vor den psychotherapeutischen Praxen einen Stau von Angstpatienten fest, die Wartelisten werden immer länger. Eine repräsentative Bevölkerungserhebung über Angstsyndrome in Ost- und Westdeutschland kam bereits im Jahr 2000 zu dem Ergebnis, dass der Wert in Ostdeutschland zweieinhalbmal so hoch ist wie im Westen. Deutlich gehäuft seien Angstsyndrome bei Frauen, jungen und alten Personen und bei Personen mit fehlender Vollbeschäftigung.

Angst ist kein Burnout-Syndrom. Angst ist schlimmer. Wer einmal in ihre Spirale gerät, kommt allein kaum mehr heraus. Dann beginnt der Teufelskreis aus

Einbildung, Bewertung und Deutung. 30 Prozent der Führungskräfte haben offenbar Angst, Fehler zu begehen, den Job zu verlieren, Prestige und Wohlstand einzubüßen, also wagen sie es nicht, sich aus dem Fenster zu lehnen, zu widersprechen, neue Ideen einzubringen. Wer Angst hat, kann nicht motivieren und nicht führen. Wer nicht führt, hat Angst, Fehler zu machen. Und wer beständig Angst hat, Fehler zu machen, bekommt vielleicht irgendwann eine Angstattacke aus heiterem Himmel. Dann schmerzt der Unterleib, obwohl keine Entzündung festzustellen ist; dann rast das Herz, obwohl es noch gesund ist. Und irgendwann wird man den Gedanken nicht wieder los, den nächsten Tag nicht zu erleben.

Therapeuten und Ärzte sind sich sicher, dass die Zahl der sozialen Phobien weiter wachsen wird, weil zunehmend mehr erwartet wird: dass sich der Arbeitnehmer in Teams integriert, dass er in Vorträgen und Präsentationen brilliert und am Flipchart stehend sich selbst verkauft. Die Spannungen zwischen Einsatz und Gewinn werden sich in dem Maße verschärfen, wie die Angst vor Jobverlust zunimmt.

Das Modell beruflicher Gratifikationskrisen des Medizinsoziologen Siegrist ist weltweit anerkannt. Es beschreibt das Ungleichgewicht zwischen Verausgabung und Belohnung eines Arbeitnehmers. Die Leistungsbereitschaft des Einzelnen steigt mit einem als angemessen empfundenen Lohn, vor allem aber mit dem Wissen um Aufstiegsmöglichkeiten, Arbeitsplatzsicherheit und Wertschätzung des Arbeitgebers.

Je größer sich jedoch die Diskrepanz zwischen er-
brachter Verausgabung bei der Arbeit und erfahrener
Gratifikation erweist, desto stärker wird das Stresserle-
ben und längerfristig das Erkrankungsrisiko. »Kosten«
und »Gewinn« sind für den Einzelnen nicht mehr in einem für Gesundheit und Wohlbefinden entscheidenden
Gleichgewicht. Gemeinhin gibt es drei Gründe, warum
Menschen in eine Gratifikationskrise kommen. Erstens:
die fehlende Arbeitsplatzalternative. Der Einzelne ist auf
genau den einen, auf seinen Arbeitsplatz angewiesen,
weswegen Arbeitgeber für ihn oft ungünstige Bedingungen durchsetzen können. Zweitens: Viele Menschen
generieren ihr Selbstwertgefühl über den Arbeitsplatz;
um sich des Selbstwerts sicher zu sein und soziale Anerkennung von Kollegen und Chefs zu erkämpfen, bür-
den sie sich zu viel auf und brechen irgendwann ein.
Drittens sind viele Berufszweige hochkompetitiv, wobei
fehlende Anerkennung und ausbleibende Wertschätzung nach Erkenntnis der Wissenschaftler den meisten
stärker unter die Haut gehen als zu wenig Geld.

Medizinsoziologische Erhebungen zeigen des Weiteren: Wer in sozial benachteiligten Schichten aufwächst,
über ein niedrigeres Bildungsniveau und ein geringes
Haushaltseinkommen verfügt, ist doppelt so häufig solchen krankmachenden Arbeitsbedingungen ausgesetzt
wie Arbeitnehmer aus mittleren und höheren Schichten.
Wer schließlich einsam ist oder als Kind mit nur einem
Elternteil aufwächst, auch dies lehrt eine Langzeitstu-
die schwedischer Forscher des Nationalen Gesundheits-
amts, hat ein zweifach höheres Sterblichkeitsrisiko als

ein Kind in intakter Familie. Die finanziellen Nöte und Verarmungsängste von alleinerziehenden Müttern und Vätern, deren Abhängigkeit von Sozialhilfe in Deutschland um ein Vielfaches erhöht ist, übertragen sich auf das Kind. Die sogenannte Attachment-Theorie der Entwicklungspsychologie sieht in der Bindung des Kindes an die Mutter die basale Identitätserfahrung eines Menschen – Sicherheit und Kontinuität des Urvertrauens in den guten Gang der Dinge. In Eltern-Kind-Beziehungen, die durch wirtschaftliche und soziale Nöte belastet sind, gelingt das seltener. »Der wichtigste Schutzfaktor gegen Angst sind stabile soziale Bindungen.« So sagt das Jürgen Margraf, Ordinarius für Klinische Psychologie und Psychotherapie in Bochum, der vor allem den sozialen Faktoren und Folgen von Angststörungen auf der Spur ist, weil er die rein biologistische Betrachtung zu einseitig findet. Einer der größten Angststressoren ist demnach das Schwinden der Solidarität bei gleichzeitigem Zerfall der sozialen Verbundenheit. Nie war die Zahl der Single-Haushalte in den Städten Deutschlands größer als heute, nie die Scheidungsrate höher, nie das Heiratsalter später, nie die Geburtenrate niedriger, selbst wenn sie erstmals seit 1982 wieder gestiegen ist: auf statistisch 1,5 Kinder je Frau (was den Frauen ausländischer Staatsangehörigkeit auf deutschem Boden zu danken ist und keineswegs staatlichen Fördermaßnahmen zur Kinderbetreuung vor allem in ländlichen Gebieten).

Angst wird gelernt und tradiert, Kinder übernehmen die Bewertungsstile der Eltern. Wenn Eltern Phobien zeigen, reagieren Kinder mit Trennungsangst. Sie befürchten, dass den Eltern etwas Schlimmes zustößt, was sie dauerhaft voneinander trennen würde. Also vermeiden sie es, in Kindergarten oder Schule zu gehen, bei Freunden zu übernachten, tagsüber allein zu Hause zu bleiben. 90 Prozent jener Kinder, die Trennungsangst haben, weisen den Studien zufolge als junge Erwachsene ab 14 Jahren entweder eine Angststörung oder eine depressive Erkrankung auf.

Sollte man daraus nicht Lehren ziehen?

Die umfassende Entgrenzung

Wenn der Kapitalismus sich verändert – das ist ein ehernes Gesetz –, dann verändern sich auch die Menschen. Die Menschen wiederum verändern den Kapitalismus, also verändern die Menschen auch ihre eigene Subjektivierungsform. Will heißen: *Der* Kapitalismus als Organisationsweise des Wirtschaftens erschafft sich einen neuen Typus Mensch. Darin besteht seine große Leistung. Noch größer wird sie dadurch, dass die Menschen ihre eigene Veränderung freiwillig vollziehen. Es gab durchaus die Sehnsüchte des Individuums nach mehr Selbstbestimmung und freier Arbeitsgestaltung und die Bereitschaft, das Angebot auf Selbstgestaltung anzunehmen. Historisch gesprochen: Gebar die kapitalistische Produktionsweise Anfang des 20. Jahrhunderts den Typus »Arbeiter« und »Angestellter«, so schuf die kapitalistische Produktionsweise knapp hundert Jahre später den »Individualisten als Arbeitskraftunternehmer«. Der Paradigmenwechsel von der tayloristischen zur posttayloristischen, man könnte sagen: von der starren zur flexiblen, von der modernen zur post- und spätmodernen Ökonomie innerhalb des Kapitalismus war ein fundamentaler Wandel, der die gesamte Gesellschaft betraf. Als soziokulturelle Gesamtheit bezieht sich »Gesellschaft« als solche immer auf sich ständig wandelnde Subjektformen. Je nach Sichtweise ermöglicht, prägt oder zwingt sie dem Einzelnen (und somit sich selbst) eine neue Form von Subjektivität auf. Wenn das stimmt, wäre das Subjekt mit seiner Vorstellung von Selbst-Steuerung, Selbst-Rationalisierung und Selbst-Ökonomisierung keineswegs selbst-, sondern vielmehr fremdbestimmt durch kulturelle Normen und ökonomische Parameter.

Streitbar, aber kaum umstritten ist die These, dass das Innerste des Selbst eine von der Gesellschaft erzeugte Subjektform ist. Die Freiheit des Menschen ist ja immer eine vermeintliche; weder lebt das einzelne Subjekt in völliger Freiheit noch unter völliger Beherrschung, was gleichermaßen ideologisch wäre. Der Mensch ist niemals völlig frei, weil er immer schon in sozioökonomischen und soziokulturellen Kontexten steht. Kontexte sind komplexe Sozial- und Kulturverhältnisse, in denen sich bei ständiger Veränderung jeder zu jedem verhalten muss. Der Mensch ist nicht Ursache seiner selbst, denn immer schon ist jedes Individuum in einen Traditionshintergrund aus kulturellen Wertvorstellungen, Selbst- und Sozialverhältnissen seines Kulturkreises, seiner Schicht, seiner Familie eingewoben. Der Vorrat tradierter Wertorientierungen bildet den Bezugsrahmen, von dem entkoppelt niemand handeln kann. Die Anthropologie lehrt uns, dass der Mensch als Mängelwesen, weil er überleben und erfolgreich sein will, von früh auf ein prosozial agierendes Wesen ist. Aus der Sozialphilosophie wissen seit Langem, dass der Einzelne im Angesicht des Anderen mit dem Ziel sozialer Anerkennung handelt. Und aus der jüdischen Philosophie Martin Bubers darf man lernen, dass das *Ich* sich nicht ohne *Du* und zwischenmenschliches *Wir* zum *Ich* konstituieren kann. Der Psychologe Michael Tomasello vom Leipziger Max-Planck-Institut für evolutionäre Anthropologie widmet seine Arbeit den Unterschieden zwischen Kindern und Menschenaffen, vornehmlich in Hinsicht auf den Nahrungserwerb. Er untersucht seit Jahren, wodurch die Einzigartigkeit des Menschen bestimmt ist und wie soziale Normen und Institutionen entstehen. Entscheidend für die Entstehung, Respektierung und Durchsetzung sozialer Normen, so sein Ergebnis, sei nicht Altruismus, sondern »Mutualismus« – der Sinn für geteilte Intentionalität, durch den wir alle von unseren gemeinsamen Handlungen profitieren. Das heißt: Das gemeinsame Ziel wird nur erreicht, wenn alle Partner profitieren. Und das bedeutet: Alle sind – und alles ist – voneinander abhängig.

Wenn durch einen neuen Geist des Kapitalismus das Paradigma wechselt, ändern sich die Muster einer bislang gültigen Ordnung. Besagter neuer Geist der Selbstgestaltung verhieß zwar Freiheit – aber offenbar eine Freiheit ohne Erlösung. Er versprach Belohnung, die nie erreichbar war. Er riss Grenzen und Schutzräume nieder und anerkannte nicht einmal die begrenzte Belastbarkeit des Individuums. Die Entgrenzung der Arbeit durch das Versprechen von Selbstbestimmung war ein geradezu faustischer Handel, der darin bestand, Freiheit gegen Sicherheit auszuspielen. Das bedeutete, sich nicht mehr auf Absicherung, Schutz und Solidarität verlassen zu können, sondern sich selbst helfen, schützen und absichern zu müssen. Die neuen Formen selbstverantworteter Arbeit brachten neue Formen der Unsicherheit hervor, die man heute unter dem Begriff »prekär« subsumiert. Und der Pakt »Freiheit gegen Sicherheit« bedeutete noch etwas anderes: Die größere Freiheit in der Gestaltung der Arbeit des Einzelnen und seiner Durchführung brachte deren stärkere Kontrolle mit sich. Mit 360-Grad-Feedbacks wurde ein Kontrollmodus eingeführt, der Mobilität, Maximierung, Wachstum und Erfolg zum Grundgesetz erhebt.

So entstand der Arbeitskraftunternehmer als ein Arbeitnehmertypus, der nicht nur sich selbst steuert und selbst verwaltet, sondern, in letzter Konsequenz, sich auch selbst ausbeutet. Selbstausbeutung ist, wie der Philosoph Byung-Chul Han hintersinnig bemerkt hat, die große Leistung der gegenwärtigen Ökonomie, und man darf unter Ausbeutung das verstehen, was Alain Ehrenberg »Erschöpfung« nennt. Das System (und wem das zu monströs ist: der neue Geist) ist klug genug, weder Entscheidungen abzunehmen noch Erlösungen anzubieten. Es verlagert Entscheidung und Erlösung in die Sphäre des Subjekts und somit in die Eigenverantwortlichkeit des Einzelnen. Insofern ist das kapitalistische ein quasireligiöses System, als es den Glaubensakt an die Möglichkeiten des eigenen infiniten Könnens voraussetzt, ohne eine Ethik des Scheiterns anzubieten. Den permanenten Aufbruch und das undefinierte Können zum Maßstab des Menschen gemacht zu haben, ist eine der tragenden Normen des gegenwärtigen Lebensgesamtverwaltungssystems westlicher Marktgesellschaften. Scheitert das Individuum an deren Anforderungen, scheitert es an seinen eigenen. Niemand anderes ist dann für das Scheitern an den Könnens-Ansprüchen haftbar zu machen als das nichtkönnende Individuum selbst.

Zwei Entwicklungen haben das forciert und flankiert. Zum einen war mit digitaler Vernetzung und mobiler Kommunikation die datengestützte Technologie zur Kontrolle jener Arbeit möglich, die der Arbeitskraftunternehmer freiwillig in vermeintlich großer Freiheit verrichtete. Entstanden ist so vor allem eine parodoxale Freiheit: eine neue Form der Selbstausbeutung im Gewand der Freiheit.

Mit dem Arbeitskraftunternehmertum begann auch der Aufstieg des Controllings als Ausdruck von Qualitätsmanagement: die strategische Kosten-Nutzen-Kalkulation und ihre permanente Überprüfung (oft durch ausgelagerte Betriebe). Die Kontrolle der Kalkulation wurde selbst zu einer Unternehmung. Will man den hier beschriebenen Paradigmenwandel unbedingt marxistisch betrachten, würde man in der Dialektik der Freiheit die zeitgemäße Variante der Entfremdung zu erkennen haben. Die Wirtschaftssoziologin Ève Chiapello hat den Wandel vom Kapitalismus alter zum Kapitalismus neuer Form wie folgt beschrieben: »In den sechziger Jahren hat man die Leute wie Maschinen behandelt. Im Vergleich dazu ist es heute humaner, man behandelt sie in der Regel in den Unternehmen nicht mehr wie Maschinen. Andererseits gibt es heute keine Sehnsucht, keine Kompetenz, keine Insel des Sozialen mehr, die nicht im kapitalistischen Prozess recycelt würde.« Und G. Günter Voss behandelt den leicht politisierbaren Kampfbegriff der Ausbeutung in einem strikt wertneutralen Sinne, wenn er feststellt: »Der neue Typus von Arbeitskraft wird aber auf keinen Fall so drastisch ausgepowert wie das Proletariat der Frühindustrialisierung, bei dem der Begriff ›Ausbeutung‹ noch im engeren Sinne verwendet werden konnte.«

Wertneutraler als von Ausbeutung lässt sich folglich von Ausnutzung sprechen: Die Nutzung des Arbeitskraftunternehmers mittels durchkontrollierter Arbeitszusammenhänge für eng definierte Zwecke wird – mehr oder weniger humanisiert – ausgenutzt. Humanisiert heißt: Kreativität, Intuition und Phantasie, Erfahrungswissen, Solidarität und Kooperationsfähigkeit des Einzelnen wird betrieblich nutzbar gemacht. Es ist also legitim, vom ausgenutzten Subjekt zu sprechen – und sogleich die Frage zu stellen, ob sich der Arbeitskraftunternehmer, der Typ A einer M-Zeit-Kultur westlicher Industriegesellschaften, dessen bewusst ist oder die Entwicklung sogar selbst vorantreibt, um jenes Höchstmaß an Motivation unter Beweis zu stellen, das für permanente Höchstleistung nötig ist.

Ist damit der Mensch als Medium ausgereizt? Oder liegt dem die völlig falsche Annahme zugrunde, der Mensch strebe unaufhörlich nach Wachstum, Mobilität und Erfolg?

Die List des neuen Geistes bestand ja darin, individuelle Selbstverwirklichung mit betrieblicher Nutzenmaximierung zu synonymisieren. Was ist die Konsequenz? Der neue Geist des Kapitalismus hat eine ökonomische Ordnung erschaffen. Er hat, unbemerkt oder bemerkt, eine Kolonisierung der Lebenswelt durch die Prinzipien der Arbeitswelt bewirkt. Das Prinzip des Unternehmerischen wurde zur sozialen Norm, hinter die keiner mehr zurückkonnte. Die Durchdringung der gesamten Lebenswelt mit dem Geist des Unternehmerischen führt dazu, dass zwischen Erwerbsarbeit und Privatleben keine Grenzen mehr gezogen sind. Dieses Denken wurde eingelassen in den Alltag, in Verwaltungsrichtlinien, in schulische Curricula, in Finanzämter. Es gab keine präskriptive, vorschreibende Norm mehr, wie man sich zu verhalten habe, was man wann zu tun habe, wie wodurch die Arbeit erledigt werde. Die Norm des Unternehmerischen war die Art und Weise, wie das Subjekt in ganz unterschiedlichen Handlungsabläufen und Lebenszusammenhängen angesprochen wurde und ihm scheinbar Gestaltungsfreiheit ließ. Mehr noch – das Arbeitszeitmandat des Arbeitskraftunternehmers und seiner vermeintlichen Selbstbestimmung wurde vom Individuum selbst auf die Rationalisierung seiner sozialen Beziehungen angewandt. Erwerbsleben und Privatleben sind nicht mehr getrennt; die vorher strikt getrennten Sphären Leben und Arbeit sind miteinander verschmolzen. Lebenszeit wurde zugleich Lebensarbeitszeit. Die Hegemonie des Selbst im unternehmerischen Sog führte schließlich zum unternehmerischen Selbst, das sich selbst zur permanenten Selbstoptimierung nötigt. Die Selbstoptimierung muss den beschriebenen widersprüchlichen Anforderungen genügen: Der Einzelne soll äußerst kalkuliert, rational, planend sein und gleichzeitig ungeheuer charismatisch, enthusiasmiert, überschreitend, weil man nur dadurch innovativ und kreativ sein kann. Die Widersprüchlichkeit in einer Logik der Extreme auszubalancieren, zwingt zu ständiger Mobilität und gleichzeitig zum Gefühl des permanenten Ungenügens, weil die paradoxalen Anforderungen schlichtweg nicht einlösbar, weil grenzenlos sind. Wie geht der Einzelne damit um? Er ist ratlos, verzweifelt, ausgelaugt und erschöpft, oder er sucht sich Rat und Hilfe, sich über die Maßen weiter zu entgrenzen und weiter zu optimieren: bei Coaches, Personal Trainern oder Beratern, deren Branche auffälligerweise zu boomen begann, als Anfang der 1990er Jahre der Arbeitskraftunternehmer Typ A mit seiner eigenen Freiheit überfordert war.

Der Arbeitskraftunternehmer mit verbetrieblichter Lebensführung, der auf der Suche nach einem guten und gelingenden Leben mit Zeitnot und Angstzuständen umzugehen lernen muss, begibt sich, stimmt die Analyse des Frankfurter Ökonomen Oliver Nachtwey, direkt in die Abstiegsgesellschaft hinein. Nachtwey nennt die gegenwärtige Spätmoderne nicht reflexiv, sondern regressiv. Man könnte sagen: Der Zeitgenosse hat nie gelernt, mit seiner Selbstbestimmung selbstverantwortlich umzugehen. Er hat es deswegen nicht gelernt, weil der neue Typus des flexiblen Menschen zugleich gesellschaftliche Norm war, gegen die man sich unter Berufung auf die reine Individualisierungsfreiheit nicht auflehnen konnte, ohne zu verlieren.

Man könnte aber auch im Sinne einer Conditio humana zu bedenken geben, dass die scheinbare Flexibilität, die man ihm zugesteht und von ihm fordert, den flexiblen Menschen bei genauerer Betrachtung erstarren lässt. Der Weg von der reflexiven, das Selbst als Maß aller Dinge setzenden Sozioökonomie führt ja heute nicht mehr automatisch zum sozialen Aufstieg, zu Stabilität und Absicherung gegen die Unberechenbarkeiten der Globalisierung. Deren Kräfte verdammen den Einzelnen weitgehend zur Ohnmacht, wenn jene Instanzen wie der Sozialstaat, die den Einzelnen einst vor der Realität schützten, selbst in den unternehmerischen Sog geraten sind – als Komplizen der Entgrenzung. Die Resultate der Entwicklung sind nicht von der Hand zu weisen. Ein Viertel aller jungen Menschen in Deutschland arbeitet Schätzungen des Arbeitssoziologen Klaus Dörre zufolge im Niedriglohnsektor, und viele Jobs in Deutschland sind unsicher: Entweder sind Verträge befristet, oder es sind Leiharbeits- oder Werkverträge, bei denen die Projektbezogenheit im Vordergrund steht und jede dauerhafte Verbindlichkeit aufgehoben ist. Um die Diskrepanz zwischen beständigem Produktivitätszuwachs der Wirtschaft und der teilweisen Stagnation beziehungsweise Rückentwicklung oder nur sehr schwach zunehmenden Arbeitnehmereinkommen zu kennzeichnen, greift Dörre schließlich zum drastischen Ausdruck der »prekären Vollerwerbsgesellschaft«.

Die beiden Lehren aus den vergangenen dreißig Jahren lauten: Erstens setzt sich Bildungsaufstieg nicht mehr automatisch in mehr Wohlstand um. Zweitens wurde der kollektiv schützende Sozialstaat durch das individualisierte Vorsorgeprinzip ersetzt. Das für den deutschen Arbeitnehmer typische Absicherungsdenken geriet in einen prinzipiellen Konflikt mit der Entgrenzung der Arbeit. Heute ist die Idee von Flexibilisierung, Entgrenzung und selbstverantwortetem Arbeitskraftunternehmertum in fast alle Arbeitsbereiche eingezogen und hat die Lebensarbeitszeitmodelle der Menschen nachhaltig geprägt – zum Besseren wie zum Schlechteren. Im Berufsstand der Piloten, bei Ärzten, selbst im Finanzamt und vornehmlich in kreativen und künstlerischen Berufen selbständiger Arbeit sind Elemente des Arbeitskraftunternehmertums zu finden – in Mischformen selbstredend und so gut wie wie nie in idealtypischer Reinform.

Rettung der Schöpfung

Wer morgen zur Elite gehört, ist heute nicht mehr eindeutig zu sagen. Sind es Gebildete? Hochqualifizierte?
Reiche? Der Widerstand gegen Elitismus und alles Elitä-
re ist seit einiger Zeit zu einem erfolgreichen Geschäftsmodell simplifizierender Politiker geworden, die sich
an die Speerspitze der Elitenkritik setzen und dabei
selbst eine Elite verkörpern. Früher verhieß das soziale Aufstiegsversprechen hohes Einkommen und hohen
gesellschaftlichen Rang wie soziales Prestige bei hoher
Bildung. In den 1990er Jahren wagten es durchaus viele, ihre unbefristete Stelle für eine befristete, aber möglicherweise interessantere Tätigkeit zu kündigen. Sie
nahmen die Unsicherheit in Kauf, um etwas anderes zu
machen, etwas, wozu sie Lust hatten, was sie erfüllte,
was ihren Horizont erweiterte. Die Wahl des vollen Ri-
sikos zuungunsten des ungeliebten, aber sicheren Jobs.

Der Wertewandel hat die Bedürfnisstruktur verändert. Wenn es stimmt, dass jeder Mensch seine Bedürfnisse maximal zu befriedigen strebt, wählen immer
mehr vor allem in der Kreativwirtschaft arbeitende Menschen die für sie sinnvolle, am freien Markt aber prekä-
re Tätigkeit. Der Arbeitskraftunternehmer als Typ A in
der M-Zeit-Kultur hingegen wählt bewusst die Unsicherheit und geht bewusst das Risiko einer Überlastung ein.
Er läuft bewusst Gefahr eines niederen ökonomischen
Status in der Ambition hoher Arbeitszufriedenheit. Die
Entkopplung von Bildung, Status und Zufriedenheit ist
eine signifikante Folge der Lebensführung in den ver-

gangenen dreißig Jahren. Viele Kleinunternehmer im Geflecht von Selbst-Ökonomisierung, Selbst-Steuerung und Selbst-Rationalisierung tragen im Alter die Last eines ungesicherten Ruhestands. Vor allem die Einzelkämpfer unter ihnen, die Handwerker, Übersetzer oder Webdesigner, leben nicht selten knapp über dem Existenzminimum. Und wer für einen Mindestlohn arbeiten muss, kann sich keine Altersvorsorge leisten.

Die Sinnsuche verleiht dem Leben eine neue Dimension der Wahrhaftigkeit und Achtsamkeit in einer Epoche des Arbeitskraftunternehmertums in Dauererregung, deren Mitglieder sich in permanenter Zeitnot befinden, deren Schlüsselwörter »kurz«, »schnell« oder »rasch« lauten und deren gesellschaftsprägende Phänomene »highspeed« und »hurry sickness« heißen. Im Ausstieg aus diesem System vollzieht sich eine *Wertverlagerung*. Wertverlagerung ist zugleich Sinn- und Selbstverlagerung: Das Leben erhält eine neue Qualität der Eigenzeitverfügung und Bewusstseinssteigerung. Der Mensch reagiert auf Leiden: Krankwerden, Lebenskrisen, Trennungen. Nur wenn der Mensch durch Krisen, die er häufig selbst mitkonstruiert hat, aus seinen normalen Zusammenhängen gehoben wird, lehrt die Erfahrung, entstehen Momente von Umkehr und Veränderung durch Rettung der eigenen Schöpfung vor der Erschöpfung in eine qualitativ neue Dimension.

Exkurs über Wohlbefindlichkeit

Für den Wertverlagerer definiert sich der Wert des Lebens gerade in der Loslösung von den Schlüsselreizen jenes materialistischen Glücks aus Macht- und Geldzuwachs, die für die meisten nach wie vor der Weg zur Erlösung sein sollen. Man kennt die Berichte von Millionären, die ihre Villa versteigern, einen Rucksack packen und sich auf eine Reise um die Welt begeben. Ihr neues Glück besteht in der Entsagung des bis dahin so anders definierten Glücks. Man könnte auch sagen: Welch ein Glück für diese Menschen, dem gewöhnlichen, auf Wohlstand und Wohlfahrt basierenden Glück entfliehen zu können, um ein höheres Glück zu erlangen: Wohlergehen durch sinnstiftende Zufriedenheit. Der Sinn des Lebens besteht ohne Zweifel in sich selbst. In dem Moment, da man Sinn auf etwas bezieht, wird das Unbestimmte abhängig vom Bestimmten – und man begibt sich selbst in die Abhängigkeit einer Beziehung. Nie wieder wird man den Sinn (oder das Glück) dann fassen können ohne erneuten Bezug auf die Außengröße, die es stimuliert. So gesehen stimmte die Weltweisheit, dass nicht das Ziel, sondern der Weg das Glück sei.

Aber die Lage ist komplizierter. Nie zuvor in der Geschichte war der Einzelne ja freier als heute und in seiner Freiheit zugleich versklavter. Seine immense Freiheit macht den Menschen unfrei, vor lauter Wahlmöglichkeiten kann er nicht mehr wählen. Wer nicht mehr wählen kann, kann auch sich selbst nicht mehr wählen. Er ist getrieben und hetzt durch das Leben, ohne es zu spüren. Und das Leben hetzt ihn durch sich hindurch. Obwohl der zeitgenössische Mensch glaubt, seine Lebenswelt in hohem Maße zu gestalten, ist es vielmehr so, dass ihn die Lebensumstände gestalten. Genötigt zu ständiger Bewegung, quält ihn das Gefühl, der Geschwindigkeit dieser Bewegung nicht genügen zu können.

Das Neue ist schon da, wenn das Alte noch nicht einmal so weit verschwunden ist, um im herkömmlichen Sinne als »alt« gelten zu können. Impulse jagen einander, während die Kraft zu ihrer Verarbeitung schwindet. Es fehlt die Dauer, um Bindekräfte zu entwickeln, und wenn alles, was kommt, sogleich wieder verschwindet, gilt nichts auf Dauer.

Zur Ruhe kommt der Mensch von heute selten, obwohl ihn kaum noch etwas bewegt. Auch wenn er ständig in Bewegung ist, lässt er sich von nichts mehr bewegen. Man könnte zuspitzend sagen: In einer Epoche, die hauptsächlich Sieger und Aufsteiger wertschätzt, ist er so gut wie immer Zweiter. Als Mensch scheint er nicht mehr gefragt. Das Gefühl, austauschbar und ohne spezifischen Wert zu sein, ist für den Einzelnen eine unerhörte Kränkung. An diesen Ansprüchen kann er nur scheitern. Hochinteressant ist folgendes Theorem des Vergleichs aus der verhaltenspsychologischen Forschung: Wer wenig hat, will aber mindestens so viel wie die anderen, ganz gleich, wie viel oder wenig das absolut ist. Wer viel hat und noch mehr dazugewinnt, ist getrieben von der Angst, das Erworbene wieder zu verlieren. Er gewöhnt sich daran, dass sein Glück an die

Steigerung, an das Übermaß geknüpft ist. Aus Ehrgeiz neigt er zu Geiz oder Verbissenheit, weil er die Ehre als Kapital seiner Persönlichkeit betrachtet, das sich über den Zins der Zeit in der Anhäufung von Glücksmomenten zu höherem Glück niederschlagen soll.

Durch den ständigen Bezug auf all seine Verlustängste ist er nicht mehr in der Lage, sich in Freiheit selbst zu bestimmen. Wohlstand in Verlustangst ist nicht Wohlbefinden, sondern Weh-Ergehen: Krankheit, Leid, Angst, Schmerz. Millionäre zum Beispiel, die im Zuge der Krise Hunderttausende Euro verloren haben und trotzdem Millionäre geblieben sind, bezeichneten sich insofern als unglücklich, als ihnen der entsprechende *Verlust* zusetzte. Es geht dem Menschen scheinbar nicht um die Höhe seines Vermögens, sondern um Vergleich, Distinktion und Hierarchie. Oder, nach Charles de Montesquieu, dem großen Moralisten und Staatsphilosophen des 18. Jahrhunderts, um Konkurrenzbewältigung: »Man will nicht nur glücklich sein, sondern glücklicher als die anderen.«

Als maßgebliche Bedingungen für die Glückserfüllung des Einzelnen werden seit einigen Jahren nicht mehr monetäre und pekuniäre Parameter, ökonomisches Wachstum und materieller Wohlstand angesehen, sondern umgekehrt: Das Glück der Menschen, Lebenszufriedenheit und Wohlbefinden werden als maßgebliche Bedingungen für den Wohlstand einer Gesellschaft begriffen. Wie der Astronom Nikolaus Kopernikus Anfang des 16. Jahrhunderts behauptete, nicht die Erde, sondern die Sonne sei der Mittelpunkt des Planetensystems, wird der Wohlstand einer Nation jetzt nicht mehr durch das Bruttoinlandsprodukt definiert, sondern durch Glück als Wohlfahrt des Volkes, wenn man so will: Volksglück.

Unter den Glücksforschern weltweit gibt es einige noch im Außenseiterstatus befindliche Entwicklungsökonomen, die anstelle des Bruttoinlandsprodukts das »Nationale Glücksprodukt« propagieren. Inspiriert ist diese Idee vom kleinen südasiatischen Königreich Bhutan im Himalaya zwischen Tibet und Nepal mit nicht einmal 700 000 Einwohnern, dessen König 1971 eine »Kommission für das Bruttosozialglück« einsetzte und ebendas, das Bruttosozialglück nämlich, als staatsphilosophisches Ziel ausgab. Bruttosozialglück heißt: Dynamisches Wirtschaftswachstum soll es nur in harmonischer Beziehung zu Tradition und Umwelt geben, wobei die Wertschätzung des einzelnen Menschen und seiner Würde Priorität genießt.

Nun ist Bhutan sehr vom Buddhismus geprägt und der westliche Kapitalismus stark von der protestantischen Erwerbsethik. Dennoch lässt sich im Bruttosozialglück der Gedanke der Nachhaltigkeit und Rückbindung wiederfinden, wenngleich gesagt werden muss, dass Bhutan keine Demokratie im westlichen Sinne, sondern weit mehr eine mit Verordnungen arbeitende Autokratie ist.

Eine neue Politik des Volksglücks im Sinne Bhutans wäre keine Politik der Volksbeglückung, sondern würde das Wohlbefinden seiner Bürger stärker berücksichtigen als deren Konsum. Sie wäre eine rationale Wirtschafts-

politik, deren Grundinteresse das Wohlbefinden möglichst aller und nicht die Steigerung von Einkommen
und Rendite ist. Ihre Losung hieße nicht Steuern senken,
um Wachstum anzukurbeln, sondern durch staatliche
Anreize Gemeinwohlmärkte schaffen und einen neuen
öffentlichen Geist fördern: den Geist einer neuen sozialen Ethik. Ein über alle bisher bekannten »Glücksbaro-
meter« hinausgehender, politisch initiierter »Index für
das Wohlbefinden« berücksichtigt dann die nicht materiellen Werte wie soziale Beziehungen, Selbstbestimmung und Eigenzeitgestaltung jedes einzelnen Bürger-
Subjekts und würdigt sie als Quelle der Volkswohlfahrt
ebenso wie die rein ökonomische Effizienzleistung.

Vor allem in den europäischen Industrienationen begann man in den ersten 2000er Jahren in diesem Sinne
umzudenken beziehungsweise neu zu denken. 2008 be-
auftragte der damalige französische Präsident Sarkozy
den mit hohem Renommee ausgestatteten Ökonomen
Joseph Stiglitz mit einer Studie zum »well-being« der Bevölkerung jenseits von materiellen Werten. Die »Com-
mission on the Measurement of Economic Performance
and Social Progress« setzte sich zum Ziel, die Bedingungen für besseren sozialen Fortschritt zu untersuchen,
und die »Organisation for Economic Co-operation and
Development« (OECD) ließ seinerzeit bereits nach neuen
Maßstäben für »nationale Wellness« jenseits des Bruttoinlandsprodukts forschen.

Kanada und Großbritannien entwickelten in eigens
eingerichteten Instituten einen neuen »Index für Wohlbefinden«, und der Wirtschafts- und Sozialausschuss

der EU stellte 2009 nüchtern fest: Das Bruttoinlandsprodukt könne »nicht als Richtschnur für eine Politik dienen, die den Herausforderungen des 21. Jahrhunderts gerecht werden will«.

Für die Glückserfüllung ist also, folgt man den Erkenntnissen der Forschung, nicht die sture Anhäufung von Gütern entscheidend, sondern sind es die genetischen, soziodemografischen, kulturellen und politischen Bedingungen. Die Wertschätzung sozialer Bindungen hat als glückstiftende Norm insofern zur Hochwertigkeit des Einkommens aufgeschlossen, als es jetzt um individuelle Zufriedenheit, also Wohlbefinden, geht. Will in erster Linie heißen: Man kann glücklich sein auch ohne hohes Einkommen. Galt seit langer Zeit das Bruttosozialprodukt als zentraler Indikator für das Wohl und Wehe einer Gesellschaft, vollzieht die Forschung seit kurzem einen Kurswechsel, nautisch gesprochen eine Halse: Wohlstand ist jetzt Wohlbefindlichkeitsstand, Lebenszufriedenheitswohlstand. Gestützt wird die Halse durch eine Studie britischer Psychologen der University of Warwick. Sie werteten Daten einer auf sieben Jahre angelegten Erhebung aus und kamen zu dem Ergebnis: Wichtiger als reiner Zuwachs an Geld sei der Aufstieg in eine höhere Position. Die Lebenszufriedenheit steigt also mit der Höhe der sozialen Anerkennung. Angetrieben vor allem vom britischen Ökonomen Lord Richard Layard und dem Züricher Wirtschaftspsychologen Bruno Frey haben Wissenschaftler weltweit festgestellt, dass die sozialen Umstände des Menschen eine maßgebliche Bedingung für sein indivi-

duelles Glücksempfinden sind. Materieller Wohlstand
nun kann, muss aber nicht – und tut es in der Tat selten – mit der gelingenden Gestaltung sozialer Beziehungen übereinstimmen. Je fester die sozialen Beziehungen
eines Menschen sind, umso zufriedener ist er. Männer
und Frauen, die in langjährigen Partnerschaften leben,
sind glücklicher als Singles und Extrovertierte offenbar
zufriedener als Introvertierte.

Wer finanziellen Erfolg zur maßgeblichen Größe für
das eigene Glück erhebt, berichtet über ein konstant
niedrigeres Selbstwertgefühl, über fehlende Vitalität
und ausbleibende Lebenszufriedenheit. Empirische
Studien darüber sind seit 1993 mehrfach durchgeführt
worden, mit den immer gleichen Ergebnissen: Glückliche Menschen seien optimistischer, sozialer, unterneh-
mungsmutiger und hilfsbereiter, alles in allem: kreativer.
Jetzt wird das »Post-BIP« zum Indikator fürs Volksglück,
das Post-Bruttosozialprodukt, das eher ein *Sozialbrutto-
produkt* ist: Alle Verbindungen und Bindungen, kleinere
Gemeinschaften und Netzwerke, Freundschaften und
Vereinigungen in einer Gesellschaft sind für das wirtschaftliche Wohl des Volkes von entscheidender Relevanz.

Schließlich ist zu reflektieren, ob »Glück« Grund oder
Folge ist: ob also persönliche Ausgeglichenheit beruflichen Erfolg begünstigt oder andersherum: ob beruflicher Erfolg persönliche Ausgeglichenheit erst möglich
macht.

Glückliche Menschen jedenfalls lächeln mehr als unglückliche, heißt es aus der Psychologie; ob lächelnde

Menschen aber deshalb per se glücklicher sind, bleibt dahingestellt. Bewiesen ist, dass sie attraktiver sind, eher Partner anziehen und im beruflichen Alltag begünstigt werden. Oder anders: Arbeitslosigkeit macht den Menschen unglücklich, und unglückliche Menschen sind antriebsloser und haben geringeren Erfolg darin, Arbeit zu finden. Oder: Die Ehe mag das Glück eines Menschen befördern, wobei per se glückliche Menschen mit einer höheren Wahrscheinlichkeit heiraten, weil sie für andere attraktiver sind.

Das Wohlbefinden hat zwar genauso wie Wohlstand mit dem »Stand«, dem Status zu tun: mit Arbeit, Gehalt und Rentensicherheit. Sehr viel mehr aber hat es mit individuellen, gar individualistischen Motiven zu tun: Selbstentfaltung, Selbstverwirklichung, Selbstbestimmung und spirituelle Erfüllung. Wohlbefinden, lautet die Erkenntnis, ist auf Nachhaltigkeit angelegt. Nachhaltig ist, was immer wieder nachwächst, weswegen man den Boden, auf dem es wachsen soll, pfleglich zu kultivieren hat. Diese Form des Wachstums läuft auf die These hinaus: Langfristige Wertschöpfung ist sinnvoller als kurzfristige Abschöpfung.

Diese Bestimmung des Volksglücks als wertschöpfendes Wohlbefinden korrespondiert mit einem sich seit dreißig Jahren verändernden Menschenbild: den Wandel von der Selbstermächtigung des radikalen Individualisten zur machtvollen Sehnsucht des Einzelnen nach Gemeinschaft und einer *Wir*-Geborgenheit. Die bisher fraglos plausible Form der ökonomischen Realität hat der amerikanische Soziologe Richard Sennett treffend charakterisiert: Die moderne Arbeitswelt sei durch den Mangel an Loyalität und Verbindlichkeit gekennzeichnet; Erfahrungen zählten nichts mehr, Alter gelte als Garant für Erstarrung, einzig die Jugend sei erwünscht, weil Jugend formbar, billig und schneller kündbar ist.

In den vergangenen drei Jahrzehnten ist der Leistungsdruck innerhalb des kapitalistisch organisierten Systems eminent gestiegen. Die technische Entwicklung hatte neue Felder geschaffen und unaufhörlich neue Kräfte und Möglichkeiten freigesetzt. Der kapitalistische Geist wurde elektrisiert und elektronisiert, und zugleich offenbarte sich der Zwang, mit Entgrenzung, Zeitlosigkeit und Verdichtung mitzuhalten: Nirgends konnte der Einzelne ankommen, ohne nicht sogleich wieder von vorne anfangen zu müssen.

Für viele Menschen weltweit ist diese ökonomische Realität Jahr für Jahr brutaler geworden. Der Gegensatz von Arbeitsintensität und Personalabbau verschärfte sich erheblich; immer weniger Arbeiter müssen immer mehr Arbeit in gleichen Zeiteinheiten verrichten. Mehr Aufgaben in gleicher Zeit heißt unterm Strich: weniger Zeit, stärkerer Druck. Unter Bedingungen erhöhter Konkurrenz haben auch zwischenmenschliche Spannungen zugenommen, ist Solidarität geschwunden; Unter- und Überforderung sind nicht mehr austariert; das Verhältnis zwischen Leistungsfähigkeit, Wohlbefinden und Beanspruchung ist gestört. Der gute Stress nimmt ab, der schlechte zu. In großen Unternehmen wird gemobbt, verbogene Rückgrate erweisen sich als vorteilhaft, die Spielchen von Ausgrenzung und Zuneigung sind täglich

Brot. In Deutschland konnte jeder die Konsequenzen der neuen ökonomischen Realität täglich nachlesen, bevor sie ihn durch die Wirtschaftskrise vielleicht leibhaftig ereilten: betriebsbedingte Kündigungen, Insolvenzen, Gewinneinbußen, Bankpleiten, Jobkahlschläge. Der Verfall des Sozialen oder zumindest die Angst davor ist spätmoderner Alltag geworden. Der Unterschichtsbürger hat resigniert und schottet sich ab; der Mittelschichtsbürger kämpft gegen die Gefahr an, zum Unterschichtsbürger zu werden, und der Oberschichtsbürger wappnet sich davor, ins Mittelschichtsbürgertum abzurutschen. Die Angst vor der Unsicherheit ist von den Rändern der Gesellschaft in die Mitte gewandert.

Revision des guten Lebens

Der Typus des Arbeitskraftunternehmers – Ende der 1990er Jahre mit soziologischem Weitblick als historische Perspektive formuliert – ist nach Ansicht Kritik übender Beobachter heute so aktuell wie nie zuvor, und sein wahres Zeitalter könnte jetzt erst richtig anbrechen. Wer die Entwicklung der vergangenen dreißig Jahre kritisch (sagen wir ruhig: kapitalismuskritisch) betrachtet, wird allerorten das Diktat der Auflösung walten sehen, wird eine Schwächung des Streikrechts, der gewerkschaftlichen Kampf- und Durchsetzungskraft erkennen und die zunehmende Bereitschaft der Menschen feststellen, unter dem gestiegenen Druck staatlicher Sozialreformen immer unsicherere Beschäftigungsverhältnisse einzugehen. Die Beobachtungen und Aussagen von Soziologen, Psychologen und Ökonomen klingen wenig verheißungsvoll – und Stimmen aus der Wissenschaft, welche die besagte Entwicklung gutheißen, sind selten. Die kritischen Einlassungen verfügen zusammengenommen über folgenden Generalbass: Der neue Geist des Kapitalismus führt nicht zu einem besseren, nicht einmal zu einem guten Leben, sondern zu sozialer Verwahrlosung, individueller Krankheit und kollektiver Müdigkeit. Die drastischen Konsequenzen einer Überarbeitung lassen sich in Japan studieren, wo sich Berichten von Arbeitsrechtlern und Gewerkschaften zufolge immer mehr jüngere Arbeitnehmer das Leben nehmen oder an Erschöpfung sterben, an Herzinfarkt oder Schlaganfällen. Japans Wirtschaftswachstum stütze sich vornehmlich auf eisern arbeitende und sich aufopfernde Angestellte, heißt es, der auf Mitarbeiter ausgeübte Druck sei so enorm wie Arbeitszeiten bis weit nach Mitternacht unmenschlich. Das Phänomen »Tod durch Überarbeitung« wird seit den 1980er Jahren »Karoshi« genannt; da in der japanischen Gesellschaft das Streben nach sozialer Anerkennung stark vom dem Prestige des Arbeitgebers abhängt, nehmen viele Menschen Überstunden, Härte und Depressionen in Kauf.

Die Degenerierung des Menschen zur Ware wird in erster Linie befördert durch die unbarmherzige Verdichtung der Zeit. Flexibilisierung heißt dann: permanente Zeitnot, als wäre das Individuum im Geschirr eines ihm unbekannten Reiters, den er für sich selbst hält. Die Kolonisierung der allgemeinen Lebenswelt durch die Prinzipien der flexibilisierten Erwerbsarbeit hat den Geist der Entgrenzung auch in die öffentlichen Verwaltungen getragen, die durch das Prinzip des Private Public Partnership die Kernaufgabe der öffentlichen Hand anteilig in den Bereich der Privatwirtschaft auslagerten.

All das sind Beispiele für einen im Detail hochkomplexen ökonomischen Wandel und die Diagnose dessen, was der Soziologe Zygmunt Baumann »fluide Moderne« nannte, deren entscheidende Dimension in der Beschleunigung, in der dauerhaft höchsten Taktung ohne Ruhephase besteht. In der Internetsprache würde dies heißen: Ohne ein Gigabit-Glasfasernetz ist man global abgehängt, und wer heute bei 50 Megabit pro Sekunde stehenbleibt, kann morgen einpacken.

Das Lebensarbeitszeitmodell, das besagtes Paradigma der Beschleunigung als soziale Norm aufruft, hat das Individuum offensichtlich in die Krise geführt. Der Ökonom Oliver Nachtwey nennt den flexibilisierten Menschen des neuen Kapitalismus »sozial verwundet«, und für den Arbeitssoziologen G. Günter Voss ist Burnout eine der Leitkrankheiten des Arbeitskraftunternehmertums: eine Überlastungs- wie auch eine Überforderungskrankheit, denn die unausgesetzten Anforderungen zur Selbstorganisation überfordern den Menschen, zumindest die meisten. Wenn man ständig selbst herausfinden muss, wann was jenen Erfolg ermöglicht, der unablässig eingefordert wird, wenn man in jedem Fall regelmäßig selbst nachweisen muss, wie profitabel und nützlich man ist, um nicht fallengelassen zu werden – dann werden Menschen zu Workaholics, die sich selbst ausbeuten und durch die Arbeit keine Erlösung mehr erfahren.

Die Zahlen sind schlagkräftig: 86 Prozent der Mütter, die im Jahr 2013 beim Müttergenesungswerk eine Kur antraten, hatten ein Burnout-Syndrom – 37 Prozent mehr als zehn Jahre zuvor. Burnout ist der Kommentar auf den höchstgespannten Lebensverlauf einer Überpressung und Überladung, da der Arbeitnehmer das Gefühl hat, immer schneller laufen zu müssen, bloß um seinen Platz zu halten, wie der Soziologe Hartmut Rosa befindet: Die in die kollektiven Arbeitsstrukturen eingebauten Steigerungsmechanismen erlaubten, entweder nach oben zu laufen oder nach unten abzurutschen, so Rosa, nicht aber auf einem einmal erreichten Niveau in einer Nische zu verharren, um durchatmen zu können. So entsteht das Gefühl, einer Steigerungslogik ausgesetzt zu sein, keine Ziellinie zu sehen, sondern immerzu gerade eben noch dem Abgrund entronnen zu sein und nur deshalb permanent schneller, besser und weiter laufen zu müssen, um nicht gekündigt zu werden. Die Gegenbewegungen hingegen, und das ist fatal, unterliegen derselben Logik: Meditations-Retreat, Wellness-Kuren, Achtsamkeitsübungen und organisierte Entschleunigung stehen auf der To-do-Liste des Arbeitskraftunternehmers, um am nächsten Tag umso besser und fitter und mit höherer Produktivität in den Arbeitsprozess einsteigen zu können.

Dürfen wir den Arbeitsmarkt, das Wirtschaftssystem und unsere Arbeitgeber dafür verantwortlich machen, dass die Zahl an Depressionen und Burnouts offenbar in starkem Maße steigt? Dazu gibt es, wie immer, zwei Meinungen, Zugänge und Schulen. Die eine, in Gestalt des Psychiaters, Psychosomatikers und Soziologen Martin Dornes, verneint einen Anstieg an Burnout-Erkrankungen und Depressionen vehement. Wenn Krankheits*diagnosen* zunähmen, so Dornes, bedeute dies noch lange keine Zunahme an tatsächlich Kranken. Nicht die Häufigkeit seelischer Erkrankungen habe sich geändert, sondern unsere Sensibilität und Aufmerksamkeit sowie die Bereitschaft, vormals undiagnostiziertes Leid in medizinische Diagnosen zu überführen. Je mehr Kinderpsychiater es gebe, desto mehr ADHS-Diagnosen würden gestellt; je ausgebauter eine Depressionsambulanz sei, desto höher sei auch die Zahl der diagnostizierten Depressionen. Beim derzeitigen Stand des Wissens könne nicht mehr behauptet werden, dass die Zahl der wirklich seelisch Erkrankten, wie sie in epidemiologischen Studien erhoben wird, in den vergangenen vierzig Jahren zugenommen habe. Hirndoping über Medikamente sei heute genauso hoch wie in den 1950er Jahren, die Selbstmordrate sinke seit 1980, obwohl sie bei zunehmenden Depressionen steigen müsste. Kurzum: Der Zusammenhang zwischen einer Zunahme an Burnout-Erkrankungen und den Lebensverhältnissen im Kapitalismus unserer Tage existiere nicht.

Die andere Schule, verkörpert durch Hartmut Rosa, behauptet hingegen, der Kapitalismus beförd ere Verhältnisse, unter denen Burnout und Depressionen signifikant zunähmen. Rosa kritisiert seit Langem, dass der Mensch Opfer konkurrierender Ansprüche sei – und das in einem Wettbewerb, der die Menschen dazu bringe, ihr soziales und ihr Körper-Kapital permanent optimieren zu müssen. Was dazu führt, dass die Individuen immer mehr Energie in die Aufrechterhaltung ihrer Wettbewerbsfähigkeit und Ressourcenausstattung investieren *müssen*, um ihren Platz zu halten, mithin also den Status quo zu reproduzieren. »Wir steigern den Wert unseres Körpers als *einsetzbares Kapital*, also als Ressource, wenn wir ihn attraktiv und leistungsfähig machen.«

Wie also soll man sich positionieren? Vermutlich haben sowohl Dornes als auch Rosa jeweils auf ihre Weise recht, und es kommt allein auf den Blickwinkel an. Es gäbe genügend beweiskräftige Beispiele für die These, dass in unterschiedlichen Branchen (vom Medien- über den Banken- bis zum Handwerkssektor) in den vergangenen Jahren das Arbeitsvolumen pro Kopf erheblich gestiegen ist und parallel dazu Personal signifikant abgebaut oder – entsprechend den Anforderungen für das erhöhte Volumen – nicht weiter aufgestockt wurde. Aber führt das gleich in die Depression, als klinisch induzierbare Störung?

Diesen Überlegungen zugrunde liegt die Diagnose des unternehmerischen Subjekts Typ A in der M-Zeit-Kultur westlicher Postindustriegesellschaften, ein Subjekt, in dem sich manche womöglich gar nicht wiedererkennen. Weil die Beschreibung auf sie schlicht nicht zutrifft; weil sie in Branchen und auf Erwerbsfeldern arbeiten, die vom unternehmerischen Sog der Selbststeuerung nicht betroffen sind; weil sie den Sog des Unternehmerischen nicht spüren oder im Gegenteil: weil sie das unternehmerische Selbst als Spitze der bisherigen Evolution für notwendig und keinesfalls kritikwürdig erachten.

Für die meisten Menschen auf der Suche nach Wohlergehen und einem guten Leben steht an erster Stelle die Frage nach der Zeit. Und nach den richtigen Zeitpunkten: Wann passt ein Kind zur Karriere? Wie bekommt man angesichts aller Anpassungsanforderungen der eigenen Biografie das richtige Zeitfenster hin, in dem die Karriere im ersten Schritt vollzogen ist, um dann mit dem richtigen Mann, der richtigen Frau in der »Rushhour« des Lebens Nachwuchs zu zeugen? Muss man für ein gutes Leben und eine gelingende Lebensführung notwendig klare Prioritäten setzen?

Der Paradigmenwechsel zu globaler Digitalisierung hat die Beschleunigung aller Arbeitsprozesse angetrieben, schwindelerregend steigt die Komplexität der Sachverhalte, potenziert sich der Umfang des Wissens. Ist es ein Wunder, dass bei all diesen Diagnosen ebenso Unsicherheit und Krankheitsanfälligkeit zunehmen und die Sehnsucht nach der verlorenen Zeit wächst? Ein Ja zur Antwort hieße aber doch, dass wir die Segnungen der Multi-Optionsgesellschaft und ihren Pluralismus der Möglichkeiten – diese Verheißung permanenter Wahlmöglichkeiten – gar nicht auskosten können. Womöglich ist die alte Frage nach dem Sinn auch völlig antiquiert und der flexible Mensch und Arbeitskraftunternehmer, auf dessen *Selbst* es offenbar wie nie zuvor in der Arbeitsgeschichte ankommt, fragt gar nicht mehr nach Sinn. Er fragt nur noch nach Zweckmäßigkeit, Nützlichkeit und passenden Zeitfenstern. Er fragt: Was kostet das? Was bringt das? Wer bezahlt das? Wie viel Machtfülle erreiche ich mit diesem und jenem?

Man hat also gegenzufragen: Ist dieser flexible Mensch auch der Menschentypus, der man selbst übermorgen sein möchte? Und man hätte sich Gedanken zu machen über Sinn und Wert von Arbeit, dem Verhältnis von Sorge und Zeit. Und dann geht es um eine neue, ganz andere Frage: Wie erlangen wir die Hoheit über unser *eigenes* Leben zurück? Was müssen wir tun für Glück und Gesundheit des Menschen von morgen? Das sind Variationen jener Frage, um die sich seit jeher alles dreht. Und wie es schon immer um nichts anderes als das gute Leben gegangen ist, so wandeln wir heute auf der Suche nach seinen künftigen Bedingungen auf den schmalen Pfaden eines neuen Humanismus.

Teil II

Utopie eines Humanismus 4.0

Sorge und Zeit

.

Leitfrage der Zukunft

Ein neuer Humanismus – klingt das nicht vermessen, anmaßend, nach Größenwahn und Unverhältnismäßigkeit? Keineswegs, da es im Folgenden abermals um die Emanzipation des Individuums geht – nicht von klerikalen oder autokratischen Kräften, sondern von der Selbstversklavung im Namen der Freiheit, nein: von der Fremdbestimmung eines Lebensarbeitszeitmodells im Versprechen auf Selbstbestimmung.

Was war denn, menschheitsgeschichtlich betrachtet, der Humanismus anderes als eine Befreiungsgeschichte und eine Geschichte der Selbstvergegenwärtigung! Im Zuge der Renaissance des 15. Jahrhunderts emanzipierte sich das Subjekt aus dem Verdunkelungszusammenhang einer rein metaphysischen Zwei-Reiche-Lehre – der allmächtig-perfekte Gott oben, der machtlos-sündige Mensch unten – und stellte das Individuum ins Zentrum aller Überlegungen zu Sein und Zeit. Das, könnte man sagen, war auch die Geburtsstunde des Anthropozäns: die Eroberung der Natur durch Kultur und Technik, die seriöse Wissenschaftler heute für die Zerstörung von Umwelt und Klima verantwortlich machen (und im Kern damit fraglos recht haben). Der Mensch als Maß aller

Dinge – dieses Selbstverständnis erwies sich nicht nur als Hybris, sondern als unumkehrbar. Wenn man die Analogie zum spätmittelalterlichen Renaissance-Humanismus, zum Neuhumanismus oder dem Dritten Humanismus Anfang des 20. Jahrhunderts gattungsgeschichtlich problematisch findet, darf man sich immerhin auf die Semantik zurückziehen. Im lateinischen Wort »humanus« steckt das deutsche Adjektiv »menschlich«. Ein neuer Humanismus hieße also erst einmal nichts weiter als eine zeitgemäße Conditio humana zu formulieren. Es bedeutet, die Würde des Zeitgenossen nicht allein in seiner Vernunftbegabung, sondern auch in der Selbstverfügungsfreiheit über die eigene Lebenszeit zu begreifen: in der Fähigkeit einer Beziehung zu sich selbst und zum Anderen. Es wäre – nach dem Paradigmenwechsel vom tayloristischen »Man« zum individualistischen Arbeitskraftunternehmer – jetzt, eine Generation später, ein erneuter Paradigmenwechsel auszurufen: vom unternehmerischen zum sozialen Selbst. Das Individuum wird zum Dramaturgen seines Lebenslaufs, indem es seiner Biografie eine neue Dramaturgie erlaubt.

Die Frage nach dem guten Leben der nahen Zukunft lautet: Was ist das Humane von morgen? Angelpunkt einer Antwort ist das Selbstbild des Menschen in einer neuen Epoche digitaler Arbeit und Ökonomie 4.0. Der neue Humanismus will eine Gesellschaft vorstellen, in der die und der Einzelne Herrin und Herr über das eigene Leben sein können und somit das Gemeinwohl steigern. Soll nicht jede Frau und jeder Mann eine Arbeit finden oder einer Arbeit nachgehen, die ihren und seinen Wünschen, Vorstellungen und Begabungen entspricht? Die Emanzipation von vorgegebenen Rollenmodellen führt idealerweise dazu, das eigene Leben selbst zu organisieren – jeder nach seiner Fasson. Ein hoher Anspruch, gewiss, eine kleine Utopie, ja, aber alles, was später groß wurde, schien zuerst einmal »utopisch« zu sein. Prophetisch auftretende Zeitkritiker verkünden eine Trennung von Arbeit und Leben. Der britische Wirtschaftsjournalist und Kolumnist Paul Mason etwa, dessen Buch »Postkapitalismus« aus dem Jahr 2015 hohe Aufmerksamkeit erfuhr, erklärt die Definition des Lebens über Arbeit kurzerhand als beendet. Jeder Einzelne sei Teil der Krise des Kapitalismus, so Mason, weil jeder nur noch einen Teil seiner selbst zur Arbeit trüge, um danach in einer anderen Identität zu verschwinden. Der Kapitalismus mit Arbeit im klassischen Sinne habe in der entwickelten (Ersten) Welt seine besten Zeiten hinter sich.

Politische Steuerung ist das eine, gesellschaftliche Begrenzung das andere. Der einzelne Mensch ist erst dann Herr seiner Zeit, wenn er Arbeit und Leben in ein neues Verhältnis setzen kann. Ohne einen neuen Begriff von Arbeit und Zeit wird das ebenso wenig gelingen wie ohne einen neuen Generationenvertrag. Gelänge es aber, die Arbeit um neue Sinnhorizonte zu erweitern, wären künftig andere Lebensläufe denkbar. Wann? Dann, wenn beispielsweise neben der Erwerbsarbeit die Lebensarbeit stünde, die, wie das nachbarschaftliche Engagement oder die Versorgung der Familie, nicht unmittelbar und ausschließlich dem Erwerb dient. Eine Utopie ist dies insofern, als politische wie auch juristische Reformen durchgeführt werden müssten, mit unausweichlichen Interessenkollisionen: der Status einflussreicher Lobbygruppen würde berührt.

So gut wie immer ist der Blick ins nahe oder ferne Ausland lehrreich und als Lösungsoption anregend, unterliegt aber stets auch dem Vorbehalt der Relativität, denn in den vorliegenden Betrachtungen über Humanismus und die gelingende Gesellschaft von morgen geht es um Deutschland, um die deutsche demografische Entwicklung, um die Frau und den Mann im deutschen Rechts- und Kulturraum.

Theoretisch ist es gar nicht schwierig, aus einer Utopie Realität zu machen. Stellschrauben müssten gedreht werden, die Zahl der Umdrehungen lässt sich jeweils verhandeln. Je nachdem, wie man den Rahmen zimmert, ob kleiner, größer, aus weichem oder härterem Holz, entscheidet sich, inwieweit die sich fundamental wandelnde Gesamtgesellschaft einpassbar ist. Leben und Arbeit zusammenzudenken heißt: Erwerb und Engagement, Mobilität und Muße zugleich zu ermöglichen. In jedem Fall könnte die Wiederentdeckung des Menschen in einer zunehmend entmenschlichten Arbeitswelt eine reizvolle Angelegenheit sein, in der alle, die Jungen wie die Alten, ihr individuelles Potenzial entfalten können und sich weder als austauschbar noch als nutzlos empfinden, sondern als Teil des Ganzen, damit das Ganze geteilt werden kann.

Der Mensch lebt nicht, um zu arbeiten. Er arbeitet, um zu leben. Um *gut* zu leben, denn wer wollte es schlecht? Diese Frage wiederum ist der Anfang aller praktischen Philosophie: Was ist das gute Leben heute?

Die kognitive Epoche

Wir stehen an der Schwelle zu einer kognitiven Epoche. Die digitale Organisation von Leben und Welt wird, mehr oder weniger, die gesamte Arbeits- und Berufswelt verändern und damit auch die gesellschaftliche und individuelle Lebenswelt. Jeder kann mit jedem auf dem Globus im digitalen Raum verbunden sein, Kooperationen gründen, Projekte initiieren, Informationen austauschen, selbst wenn man physisch Tausende Kilometer voneinander entfernt ist. Digitalunternehmen sind heute größer als Nationen (und sie politisch wie juristisch zu zähmen, wird im Übrigen eine der großen Herausforderungen einer unabdingbaren »Digital-Charta der Zukunft« sein). Von der Pferdekutsche bis zur Skype-Konferenz haben sich Übertragungszeit und Raumentfernung von sozialer Kommunikation exponentiell verdichtet. Nach dem *Iconic turn* und dem *Linguistic turn* ist der *Digital turn* auf dem Weg der kulturellen Evolution der Menschheit ein Akt der Revolution. Das Zeitalter der Konnektivität beeinflusst die Lebenswelt von Milliarden Menschen auf der Welt. Das »Internet der Dinge« *verändert* nicht nur unsere Realität, es *ist* bereits weitgehend Realität. Miniaturisierte Computer werden in Körper eingebettet, in Kleidung eingearbeitet, in Zukunft direkt unter die Haut gesetzt. Sensoren zeichnen auf, lesen Spuren, liefern Daten, erstellen Profile. Ein totalvernetzter Kosmos aus Smart-House, Smart-Car und Smart-Phone ist im Entstehen begriffen, der Mensch wird zunehmend gläsern. Seine Wege werden aufgezeichnet, seine Handlungen gespeichert. Seine Welt besteht aus digitalen Vermittlungsdiensten, Bewertungsportalen und Online-Vertriebsplattformen. Ohne explizite Zustimmung skizzieren aggregierte Daten das jeweils individuelle Profil eines Individuums. Dessen Gedanken sind zwar noch frei, aber durch »predictive algorithms« künftig möglicherweise technisch lesbar und vorhersagbar. Maschinelle Lernverfahren verstehen natürliche Sprachen, sagen Verhalten voraus, lassen Autos autonom fahren und den Grad der Müdigkeit des Fahrers bemessen. Computer sammeln Daten, erkennen Muster, treffen Vorhersagen, agieren selbständig. Lebenswelten werden algorithmisch analysiert, über digitale Fußabdrücke wird jeder Einzelne verfolgbar. Jenseits der rechtsphilosophischen Erörterung, wem die eigenen Daten gehören (und ob ein Individuum überhaupt im Besitz seiner Daten sein kann), wie auch der politischen Erörterung einer »Digitalkompetenz« des Verbrauchers und staatlicher Institutionen wird die Informationstechnik des »Deep Learning« künftig in alle Bereiche eingreifen und damit erstens die Frage aufwerfen, was im Vergleich zur autonom agierenden Maschine den Menschen noch Mensch sein lässt. Und zweitens jene, ob und inwiefern es smart ist, dass Technologien lernen und Entscheidungen treffen, ohne die Folgen zu bedenken.

Ein Roboter ist unermüdlich. Er wird nicht krank, mäkelt nicht, begehrt nicht auf und arbeitet verlässlich ohne Murren 24 Stunden am Tag. Er saugt Staub, räumt die Spülmaschine ein, erntet Früchte, serviert Getränke. Der kürzlich konzipierte »Robovan« zum Beispiel legt bis zu drei Kilometer Strecke zurück und belädt Lieferwagen mit bis zu 400 Paketen in einer Neunstundenschicht – so entgeht der Transporter dem innerstädtischen Verkehr, so spart der Anbieter Zeit und Geld. Und weiter: Per Knopfdruck soll Bier bestellt werden können, mit einem Button im Kühlschrank, synchronisiert mit einer dazugehörigen Smartphone-App, hat der Nutzer Zugriff auf die fünf größten Händler in Großbritannien. Im »Executive Trendreport« vom Oktober 2016 des Media-Unternehmens MediaCom heißt es branchentypisch: »Das Start-up JÜFRA aus Meisenheim hat die Onlineplattform ›myRollbraten.de‹ gelauncht, über die Nutzer Fleischprodukte im Netz kaufen und bei lokalen Metzgereien abholen können. […] Nutzer konfigurieren ihre Bestellung durch Auswahl des Einzelhändlers, der Fleischsorte, des Geschmacks, der Füllungen und Gewürze, der Personenanzahl und des Abholtermins. ›myRollbraten.de‹ garantiert eine lokale Herstellung und eine hohe Qualität der Waren und will sich damit von Supermärkten abgrenzen.«

Maschinelles Lernen wird das Geschäftsfeld der kognitiven Epoche. Das Programm »Project Muze« etwa basiert auf dem System »TensorFlow« von Google, dessen neuronale Netzwerke mit Informationen zu den Präferenzen von über 600 Trendsettern im Onlineshop von Zalando ausgestattet wurden. Per Instagram-Bilder will ein Team der Harvard-University Depressionen bei Nutzern diagnostizieren; berücksichtigt werden Faktoren wie Farbschemata, Metadaten und Gesichtserkennung sowie die Kommentare und Anzahl der Likes. Trefferquote bei Testversuchen: 70 Prozent im Vergleich zu den nur 42 Prozent korrekten Diagnosen von Allgemeinärzten.

Mit dem Smartphone lässt sich die intelligente Flugzeugkabine steuern, die Beleuchtung anpassen, Essen bestellen, Toilettenkapazitäten prüfen. All die schönen Erfindungen und Entwicklungen sollen selbstverständlich den Alltag der Nutzer entlasten. Aus China kommt die Meldung über die weltweit erste Fabrik, in der ausschließlich Roboter arbeiten, und ein Video des in London ansässigen Unternehmens »Moley Robotics« bewirbt zwei mechanische Roboterarme, die Karotten schneiden, Nudeln brechen und nach einem von einem Koch zuvor programmierten Rezept Spaghetti bolognese kochen, während Senioren im Sonnenbad darauf warten, dass ihnen der Nudelteller serviert wird – von einem Menschen aus Fleisch und Blut wohlgemerkt, währenddessen Roboter »Moley« die Küche säubert. Wofür der Mensch keine Zeit und keine Lust hat, erledigt künftig die intelligente Maschine. Haushalt und Küche der Zukunft, lautet die Hoffnung der Mechatronik-Ingenieure, sind smart; der Küchenroboter kostet, nebenbei bemerkt, 75 000 Dollar.

Das individualistische Selbst von morgen ist ein digitales Ego. Digito ergo sum: Ich downloade und synchronisiere. Ich phone und message. Ich internette und skype, instagramme und maile, twittere und facebooke, google und firefoxe, shoppe und chatte, share und like. Ich delegiere die Organisation meines Lebens an die Application software – »Apps« messen meinen Blutdruck, meine Fitness, meinen Schlaf, meinen Stuhlgang, meine Schrittfrequenz, meinen Smoothie-Mix. Transparenz steht gegen Privatsphäre, Teilhabe gegen Überwachung. Wenn in naher oder ferner Zukunft die künstlich intelligentisierte Maschine annähernd die gleichen Tätigkeiten wie der natürlich intelligente Mensch erledigen kann, wächst die Wirtschaftsleistung vermutlich wesentlich schneller, werden immer mehr Güter hergestellt, wird die Arbeitsleistung berechenbar, und so profitiert – da das dann stark gestiegene Bruttoinlandsprodukt dauerhaft die Renten sichert – auch der Sozialstaat. Manuelle Routinetätigkeiten werden ab- und individuelle Interaktionen zunehmen. Ein wachsendes Dienstleistungssegment wird entstehen, welches das Leben für wenige Hochqualifizierte erst möglich macht, was man mit dem Arbeitspsychologen Max Neufeind durchaus »neue feudale Digitalgesellschaft« nennen kann.

Innovative Technologie zielt auf Effizienzgewinn durch Zeitverdichtung. Zeitverdichtung ist Zeitgewinn. Alle Abläufe werden einfacher und schneller gestaltet. Wozu? Dem Menschen soll mühsame, weil zeitaufwändige Organisationsarbeit abgenommen werden, ja. Aber was stellen wir mit der technologisch herausgeschälten, dazugewonnenen freien Zeit an? Widmen wir uns vermehrt der mitmenschlichen Begegnung, der Muße des Gesprächs, der langen Weile als kreativer Voraussetzung für neue Ideen?

Rationalisierung durch Robotik und Automatisierung werden künftig in weit stärkerem Maße als bisher schon zu einer Entkörperlichung der Arbeitswelt führen und Arbeit in den Kopf verlagern. Noch gibt es die »Maloche«, noch gibt es Körperarbeit auf dem Bau, im Stahlgewerbe, in Fabriken, im Handwerk. Die Freisetzung organischer Arbeitskraft aber könnte den bisherigen Menschen *in seiner Masse* überflüssig machen. Die Körpervergessenheit der digitalen Arbeitswelt zerstört ja die Voraussetzungen zur marxistischen These vom repressiven Industriekapitalismus, dessen Fremdbestimmung in der Verfügung über den *Körper* des Arbeiters bestand. Technischer Fortschritt ist Verdichtung der Mittel, Verkleinerung der Einheiten. Verdichtung ist Rationalisierung, und Rationalisierung heißt eben auch: die Ersetzung des Körpers durch die Maschine. Entkörperlichung der Arbeit ist Entmaterialisierung der Arbeit. Wenn es immer weniger auf die Körperlichkeit ankommt, weil technologische Verdichtung in den digitalen Nano-Bereich geht, verlagert sich der Wert des Arbeitenden zunehmend in den Kopf. In Zeiten dieser Postindustrialisierung werden kognitive Kompetenzen handlungsleitend. In den klassischen Produktionsindustrien haben Computer und Roboter bereits eine Menge gut bezahlter Jobs überflüssig gemacht. Weitere Arbeitsfelder werden verschwinden, neue entstehen;

andere Arbeit ist die Folge, aber, und das zu erkennen ist wichtig, keinesfalls nur schlechtere. Das schlagende Stichwort für die *Next Generation* ist »Intelligence« – und zwar künstliche.

Wie konnte es so weit kommen?

Der Kampf der Lebensentwürfe ist immer auch ein Kampf zwischen dem Bewussten und dem Unbewussten gewesen. Denkprozesse sind die zweite Stufe der Kognition, die erste besteht im Einfluss des Unbewussten. Während die große Erzählung Europas den Siegeszug des Rationalismus verkündet, handelt die große Erzählung der Globalität von der Entgrenzung. Die Existenzerhellung der europäischen Aufklärung brachte nicht nur die auf René Descartes zurückgehende Trennung von Leib- und Verstandesangelegenheiten mit sich, sondern auch die Subjektzentrierung durch die Philosophie des Immanuel Kant, in deren Folge das Gesetz des Handelns in das Individuum höchstselbst verlegt wurde. Bezugssystem jedes rationalisierten Individuums wurde das eigene *Ich*. Die Hegemonie dieses Rationalismus hat das kognitive Zeitalter begründet. Der Rationalismus ging und geht davon aus, dass das Denken vollständig oder zumindest größtenteils gesteuert werden kann, wie er auch unterstellt, dass Vernunft leistungsfähiger ist, als es Gefühl und Begehren sind. Der englische Kognitionsforscher Guy Claxton hat in seinem Buch »The Wayward Mind« den Nachweis erbracht, dass der Rationalismus die Erklärung über die Beobachtung stellt: Für die Lösung eines Problems, so Claxton, werde mehr Zeit aufgewendet als für die Erfassung einer Situation.

Über die nachaufklärerischen Jahrhunderte hinweg wurde die menschliche Natur immer stärker auf das rein Rationale reduziert. Der Homo œconomicus wurde (oder hat sich) vom Homo sociologicus, Homo psychologicus, Homo ethicus, Homo socialis und Homo romanticus entkoppelt. Während vergangene Gesellschaften und Jahrhunderte die konkrete Tat, das Werk der Hand, die Arbeit pragmatischer Körperlichkeit belohnten, belohnt die Globalisierungsgesellschaft weitgehend abstraktes Denkvermögen. Das Geschäftsmodell der globalisierten Ökonomie ist die virtuelle Simulation, die durchglobalisierte Welt ein gigantischer Möglichkeitsraum an koexistenten Lebensentwürfen und Modellen. Die Gleichzeitigkeit der Ereignisse ist so frappierend wie der Verlust der Zeit prägend. Die Auflösung von Raum und Zeit ist auch eine Auflösung herkömmlicher Topografien: Orte verschwinden, und Räume wachsen ins Unvorstellbare, der Ereignis- und Wahrnehmungsraum wird unermesslich groß und dicht zugleich, die Zersplitterung des Ganzen in Teile unbezifferbar.

Auffassungsgabe, Logik, Konzentrationsvermögen, Ausdauer, Stressresistenz, Kommunikationsfähigkeit und Selbstorganisation sind zu handlungsleitenden Kompetenzen avanciert; Programmierdesign, digitale Mündigkeit und IT-Wissen werden unabdingbare Kompetenzen jedes Schülers der nahen Zukunft sein. Der meisten Menschen Geist hat mittlerweile mehr Last zu schultern als der Körper. Gleichzeitigkeit, Unmittelbarkeit, Virtualität, Zeit- und Raumverdichtung sind die Charakteristika der »Netzwerkgesellschaft« (Manuel

Castells), in deren Schaltkreisen Myriaden Informationen in Sekundenbruchteilen Tausende Kilometer zurücklegen. Die Flut der Impulse muss immer schneller und präziser verarbeitet werden, Informationen legen in Sekundenbruchteilen zwanzigtausend Kilometer zurück. Technik für die umfassende Vernetzung aller Produktionsbereiche steht bereit und wartet auf ihren Einsatz: Zunehmend mehr Produkte sind mit Chips ausgestattet, die von Maschinen gelesen werden; anfallende Daten werden in autonomen Systemen über »Maschine-Maschine-Schnittstellen« ausgewertet und generieren Künstliche Intelligenz, die für ihre »Entscheidungsfindung« den Menschen nicht mehr benötigt. Unternehmen arbeiten an Design Thinking und einer Beschleunigung von innovativem Denken sowie seiner Umsetzung, an materiellen Prototypen in der Bankenbranche, in der Medizintechnik oder der Automobilindustrie.

Beobachter von führenden Beratungsunternehmen sprechen von neuen Geschäftsmodellen einer Plattform-Ökonomie, und bis zum Beweis des Gegenteils darf man ihnen glauben, dass es in naher Zukunft nicht mehr um Güterproduktion, sondern um die maximal effiziente Organisation und Vermittlung von produzierten Gütern oder Dienstleistungen geht. Das heißt: Künftige Marktdominanz wird nicht länger über System- und Technik-Kompetenz erreicht. Der Verweis auf höchste Produktionsqualität Made in Germany wird womöglich noch einen nostalgischen Augenaufschlag ernten, aber längst nicht mehr als Formel für ökonomische Stabilität und somit Voraussetzung für ein gelingendes Leben gelten.

Der Zeitgenosse in seiner Blut-und-Muskel-Faktizität ist heute vor allem ein Datensätze verarbeitender Datensatz. In seinen Maschinen hat er sich ein virtuelles Proletariat erfunden: Der Computer leistet die Schweißarbeit, und der Globalisierungsmensch liefert sich heimlich arbeitenden Algorithmen aus, sitzt im globalen Maschinenraum und muss die Intervalle steuern, bevor sie ihn steuern. Die Muße einer berechenbaren Erwerbsbiografie mit lebenslanger Haltbarkeit ist nicht mehr zu haben. Nicht nur Computer, auch die Computer steuernden Menschen müssen immer schneller immer komplexere Systeme lernen und verstehen; Software-Updates erscheinen in immer kürzeren Intervallen. Um mithalten zu können, sind Fähigkeiten und Fertigkeiten vonnöten, über die das zeitgenössische Subjekt nicht in ausreichendem Maße verfügt – zumindest noch nicht und nicht flächendeckend. Im Zuge der vergangenen Jahrzehnte haben technologische und gesellschaftliche Umwälzungen stets höhere Anforderungen an den einzelnen Menschen gestellt, und nach Ansicht weiser Experten ist das Ende der Fahnenstange längst nicht erreicht. Der Aufwand an kognitiver Lebensbewältigung einer zunehmend entkörperlichten Arbeitswelt wird ebenso wachsen, wie neue Therapien zur Bewältigung dieser kognitiven Höchstleistungen nötig werden.

Mit der Idee des Teilens statt Hortens – wie man Digitalisierung ja auch umschreiben könnte – hat die Epoche einer neuen Lebensarbeitszeit längst begonnen und mit der florierenden Sharing-Economy einen neuen Sektor hervorgebracht. Der Geist des Kapitalismus – ob alt oder neu – absorbiert das bislang Unbekannte, Ungedachte, unmöglich Scheinende, und alles, was zuerst Idee war und über die Zeit hinweg die Masse überzeugt, wird naturgemäß zu einer Ökonomie. Das Paradigma einer neuen Lebensarbeitszeit besteht in der internetbasierten Dienstleistung. Der digital organisierte Dienstleistungssektor hat sich in den vergangenen zwanzig Jahren feingliedrig diversifiziert. Immer mehr Menschen lassen sich ihren Alltag von anderen besorgen oder abnehmen, wobei die Verschlankung des Lebensvolumens durch gekaufte Dienstleistung freilich immer auch eine Frage des Einkommens ist. Gab es früher ein Medienunternehmen zur Betreuung von Produkten, gibt es heute Werbe-Agenturen, Kreativ-Agenturen, Media-Agenturen, jede mit je spezifischen Aufgaben. Jedes neue Aktionsfeld ist ein Markplatz für sich, auf dem Milliarden Dollar und Euro bewegt werden. Plattformen zur Vermittlung speisen die Hoffnung auf eine technoökonomische Revolution; man kennt die Online-Ökonomie bisher in den Bereichen Liebe, Partnerschaft, Putzhilfsleistung, Pflegebetreuung, Paketzustellung, Essenslieferung, Handwerks-Service, Wohnraumvermietung, Fahrdienstleistung und seit Neuestem auch Autorschaft, die über die Online-Plattform »ScribersHub« mit passenden Auftraggebern verkuppelt wird – eine Art Journalisten-Parship.

Von der Fabrik zur Plattform, von der Werkbank zum Digitallabor, vom Außendienst zur Agentur – so ließe sich die Ökonomie 4.0 auf den Begriff bringen. Wenn stimmt, was die Auguren prophezeien, dann wird man künftig vom Ende her zu denken haben, von verknüpften Daten zurück zu den Möglichkeiten der Vernetzung, die Big Data als Anfangspunkt anbietet. Mit der digitalen Organisation der Arbeit ändern sich auch die Wertschöpfungsketten: Einkauf, Vertrieb, Logistik werden dezentralisiert und Zwischenhändler in dem Moment obsolet, da nach positiver Bestätigung durch den Endkunden die Bestellung von Rohstoffen automatisch ausgelöst wird. Japan und vor allem Südkorea haben sich an die Spitze der Entwicklung gesetzt, für den Industriestandort Deutschland ist die Ökonomie 4.0, die sich hauptsächlich auf Informationsverarbeitung im Internet kapriziert, eine erhebliche Herausforderung. Die südkoreanische Regierung investiert seit zwei Jahren massiv in die Zukunftsfähigkeit der Industrie 4.0 und hat bereits 17 »Innovationszentren« ins Leben gerufen – offiziell »Creative Economy Innovation Center for Smart-Technology« genannt. Diese über das ganze Land verteilten »Konglomerate« bringen Startups, Venture-Capitalist-Unternehmen, Forschungsinstitute und Universitäten zur Finanzierung, Entwicklung und Vermarktung neuer Technologien zusammen. Des Weiteren sollen über 10 000 mittelständische Unternehmen zu »intelligenten Fabriken« umgerüstet werden.

Was also passiert gerade? Die traditionelle Arbeitswelt bricht ein. Häfen etwa spielen künftig nicht mehr jene erhebliche Rolle wie bisher, die Distribution ist dezentralisiert. Wissen wird nicht mehr ortsgebunden konzentriert, Information nicht mehr linear vermittelt.

An den Produktionsstraßen gibt es keine Menschen mehr, Computer steuern Prozesse. Roboter arbeiten ohne Tarifvertrag, werden nicht müde, klagen und erkranken nicht, sind berechenbar und weitgehend kontrollierbar (auch wenn die Frage nicht beantwortet ist, wie viel und welche Steuern man auf sie als Arbeitskraft erhebt). Durch Automation werden, je nach Schätzung, zwischen 40 und 60 Prozent der Arbeitsplätze wegfallen. Der »Aufstieg der Roboter« (Martin Ford) scheint unaufhaltsam. Sinn von Robotik ist Rationalisierung. Rationalisierung ist der Modus der Ressourcenverknappung zur Effizienzsteigerung. Alles wird entgrenzt: Die Geschlechterverhältnisse, die Zeiten, die Räume, die Technologien. Der Wechsel ins digitale Paradigma spiegelt sich auch in den Markenwerten wieder. Unter den Top Ten der wertvollsten Unternehmen der Welt rangieren jüngsten Erhebungen amerikanischer Marktforschungsfirmen zufolge sechs IT-Konzerne, vorneweg Apple oder Google, dann Microsoft, IBM, Samsung und Amazon, irgendwo dazwischen Coca-Cola und Toyota. Die Markenwerte werden auf Basis von Geschäftszahlen, der Wirkung der Marke auf die Kunden und einer Einschätzung berechnet, ob das Unternehmen in der Zukunft Gewinne sichern kann.

Ob, wie oft bei technologischen Innovationen, auf Dauer mehr Jobs geschaffen als zerstört werden, kann keiner der Propheten einer digitalen Zukunft versichern, in jedem Fall ist zweierlei zu erwarten: dass der Furor der Innovation Gewohnheiten zerstören, Lebenswelten verändern und den Menschen als leibliche Existenz an sich zunehmend überflüssig machen wird. Big Data stellt Millionen Arbeitsplätze zur Disposition. Insgesamt sind 15 Prozent der sozialversicherungspflichtig Beschäftigten in Deutschland nach Berechnungen des Instituts für Arbeitsmarkt und Berufsforschung der Bundesagentur für Arbeit (Ende 2015) dem Risiko ausgesetzt, dass innerhalb ihres Berufs mehr als 70 Prozent der Tätigkeiten durch Computer oder computergesteuerte Maschinen übernommen werden könnten. Der größte Teil der sozialversicherungspflichtig Beschäftigten (etwa 45 Prozent) arbeite in Berufen mit einer mittleren Substituierbarkeit: etwa in der Fertigungstechnik oder in IT- und naturwissenschaftlichen Dienstleistungs- wie Verkehrs- oder Logistikberufen, was den Arbeitsmarktforschern zufolge bedeutet: zwischen 30 und 70 Prozent der Tätigkeiten eines Berufs in diesen Branchen können potenziell durch Computer erledigt werden. Insgesamt sprächen die Ergebnisse dafür, resümieren die Experten, dass die Befürchtungen eines massiven Beschäftigungsabbaus im Zuge der Digitalisierung unbegründet seien. Es stehe fest, dass derzeit nur wenige Berufe *vollständig* von Computern ersetzt werden könnten und in den seltensten Fällen gänzlich verschwänden. Es würden keineswegs nur Tätigkeiten wegfallen, sondern auch neue entstehen. In der Gesamtbilanz könne es sogar einen positiven Beschäftigungseffekt geben. Um das zu erreichen, fordern die Autoren der Studie, Wissen und Können auf dem aktuellen technologischen Stand zu halten. »Deswegen kommt gerade der (Weiter-)-bildung künftig eine ganz besondere Bedeutung zu –

nicht nur für gering Qualifizierte, sondern auch für Fachkräfte. Bereits in der Schule müssen die Voraussetzungen dafür geschaffen werden, dass Computer nicht nur verwendet, sondern bewusst und kontrolliert für das Lernen oder für die Selbstorganisation eingesetzt werden. Ausbildungen müssen so gestaltet werden, dass alle Auszubildenden mit den neuesten technologischen Innovationen in ihrem Beruf vertraut gemacht werden.« Bis vor kurzem unbekannte Berufsbilder wie Cybersecurity-Spezialist oder Data-Scientist könnten künftig ebenso neue Erwerbsfelder schaffen, wie die soziale Arbeit wichtiger wird: Pfleger, Coach, Sozialarbeiter, all jene Berufe, die auf menschliche Zuwendung, Interaktion und Nähe setzen.

Fluch und Segen

Die kognitive Epoche implementiert ein neues Grundmuster: nicht mehr das soziale, sondern das technologische. Man könnte sagen: Funktionalistische Prinzipien ersetzen humane. Die auf automatisierte Technologie und Maschinierung basierende Arbeits- und Lebenswelt ist durch die Verknappung von Arbeitskräften in einer alternden Gesellschaft gekennzeichnet. Die Gleichung ist simpel: Die Nachkommen werden weniger, und von denen, die nachkommen, werden erhebliche Kompetenzen erwartet. All das findet in einem rast- und ruhelosen globalen Wettbewerb statt, der keine realen

Orte mehr bespielt, sondern sich selbst in Echtzeit und Gleichzeitigkeit in jeder Sekunde auf dem virtuellen Marktplatz neu verhandelt. Wer nicht mithalten kann, könnte hinunterfallen. Könnte, muss nicht. Lässt es sich aktiv verhindern? Prävention wäre Aufgabe einer Sozialpolitik, die die Zeichen der Zeit immerhin erkannt hat. Im schlimmsten Fall entstehen im permanenten Wandel der kognitiven Epoche neue Prekariate abgehängter, ausgeschlossener Menschen, die sich nutzlos, austauschbar und überflüssig fühlen.

Neue Ausbildungsgänge an den Universitäten sind das eine, eine neue Bildungspolitik wäre das andere. Besagte Notwendigkeit permanenter Weiterbildung und Weiterentwicklung in den Branchen mit großer Wachstumsverheißung (Medien, Telekommunikation, Dienstleistung) fördert ebenjene Eigenschaften, die ja auch den Arbeitskraftunternehmer kennzeichnen: Optimierung in Permanenz und Verbetrieblichung des Selbst. Zu erkennen ist in amerikanischen Unternehmen seit Längerem, dass individuelle Weiterqualifizierung jenseits der eigentlichen Arbeitszeit in der Eigen- oder Freizeit stattfindet – und oftmals auch noch selbst finanziert werden muss. Drastisch gesprochen: Wer sich nicht fügt, fliegt. Partizipation ist keine Chance mehr, sondern ein Zwang. Die Chance des Individuums auf Teilhabe an der unternehmerischen Zukunft ist dem Imperativ zur Teilnahme an seinem Anforderungskatalog gewichen. Dieselbe Anforderung kann als Überlastung oder als Chance begriffen werden – je nach Sichtweise, je nach Konstitution. Die einen empfinden Stress als Kick, die anderen als Demütigung. Wer den Anforderungen an Weiterbildung, permanente Optimierung, Multitasking nicht folgt, will es vielleicht, kann es aber nicht – physisch nicht, psychisch nicht. Die Ausrufung der großen Freiheit des selbstrationalisierten Subjekts ist so gesehen einseitig, da an die Bedingung geknüpft, sich einzubringen, eigenverantwortlich zu arbeiten, sich ständig zu qualifizieren. Das sind Prinzipien des reinen Funktionalismus, die gesunde und belastbare Selbststeuerungsfähigkeit voraussetzen. Und wenn es Defekte gibt, Schwächen, Krankheiten, Fehler?

Nicht alle Menschen sind gleich, gleich motiviert, gleich konstituiert, auch wenn die Gleichheit des Menschlichen im Zentrum unseres Kulturverständnisses steht. Kaum nötig zu sagen, dass der eine Mensch belastbarer ist als der andere, woraus die Notwendigkeit erwächst, den Grad an jeweiliger Belastbarkeit richtig einzuschätzen. Müsste die zweifelsohne begrüßenswerte Befreiung des Individuums aus dem Korsett traditioneller Entmündigung nicht auch die Autonomie subjektiver Psyche in Betracht ziehen? Die Individualisierung der Möglichkeiten bringt eben auch eine Individualisierung von Grenzen mit sich. Begreift man den Menschen als Einheit, ist das eine ohne das andere nicht zu haben, die Chance nicht ohne das Risiko psychischer oder physischer Defekte.

Der neue Geist des Kapitalismus im Morgengrauen einer kognitiven Epoche hat die Bedürfnisse des Menschen in höchstem Maße differenziert, und wir sind glücklicherweise weitgehend übereingekommen, in jedem Lebenslauf einen Wert für sich zu erkennen. Ein Lebenslauf unter der Herrschaft von Stresshormonen zerstört aber letztlich nicht nur die Organe, wenn Phasen der Erholung ausbleiben und der Individualist sich unter Dauerdruck setzt, um all das zu schaffen, was vielleicht gar nicht zu schaffen ist. »Bilde dich weiter!« ist ja eine spürbare Akzentverschiebung der großen Verheißung »Sei du selbst!« und »Mach was aus dir!«. Dann hat die Idee von Verbesserung und Weiterentwicklung nichts mehr mit humanistischer Reflexion, Müßiggang oder subjektiver Wahlfreiheit zu tun, sondern mit permanenter individueller Perfektionierung funktionalistischer Kompetenzen, die man gar nicht wählen kann.

Kulturkritisch betrachtet könnte man sagen: In seiner Ohnmacht, unsteuerbaren Prozessen ausgeliefert zu sein, erleidet der zu Selbststeuerung genötigte Individualist permanente Kränkungen seiner Selbstwirksamkeitserwartung. Ein Selbstwertverlust, der Kohärenzverlust ist. Das Unbehagen an der weitgehend totalen und durch den Einzelnen nicht mehr beeinflussbaren Sozioökonomisierung des Lebens – der Mess- und Vermessbarkeit, Zählbar- und Steigerbarkeit, der Funktionalität und Nutzbarkeit – findet seinen Widerhall im zunehmenden Widerstand jener, die sich als Verlierer der Freiheit zur Flexibilität erkannt haben. Die Unvereinbarkeit der Ansprüche, der Deutungen, der Chancen und Risiken zumindest berühren das diffuse Gefühl von Ungerechtigkeit und Ungleichheit.

Medizinisch betrachtet wird es künftig um die Vermeidung maßgeblicher Stressfaktoren gehen, ohne den

Stress als solchen zu dämonisieren. Kluge individuelle Stressbewältigung ist ein Modus zur Prävention gegen Erschöpfung und Depression. Trainingsprogramme zur Reduktion von Stress müssten ebenso von den Unternehmen angeboten und bezahlt werden wie Weiterbildungs- und Qualifizierungsprogramme. Dieses Desiderat gibt einen ersten Hinweis auf die Lesart dessen, was einmal der neue Humanismus werden könnte.

Bewertet man die Individualisierung nicht ausschließlich als Zustand der Atomisierung, Vereinsamung und Erschöpfung in einer Zeit inflationärer Wahlmöglichkeiten, ließe sich trotz allem die Chance erkennen, künftige Lebensarbeitszeitmodelle auf je individuelle Bedürfnisse zuzuschneiden. Das Kraftreservoir des Menschen ist nicht unerschöpflich, so wenig wie die Ressourcen der Natur es sind. Irgendwann ist das Gleichgewicht so gestört, dass Nachhaltigkeit und Reproduzierbarkeit nicht mehr möglich sind. Dann werden die Natur respektive die Menschen krank.

Die Idee (und Ideologie) des *flexiblen Menschen* und ihre Prinzipien permanente Eigenverantwortung, lebenslanges Lernen, ständige Fortbildung, fortgesetztes Selbstmanagement sowie das aerodynamische Prinzip aus Fitness, Schlankheit, Jugendlichkeit und Mobilität haben viele Zeitgenossen, so scheint es, ins Unglück gestürzt. Nicht nur Ratgeber, auch beschlagene Experten und einflussreiche politische Berater wie Meinhard Miegel empfehlen den fundamentalen Wandel: einen Wohlstand ohne Wachstum. Sie kritisieren eine Lebensarbeitsweise, die Glück allein an Güterbesitz und infinite Steigerung bindet, deren Liebesfähigkeit sich vornehmlich auf Dinge bezieht: Autos, Flachbildschirme und Smartphones. Der Schlachtruf der Kritiker lautet: Exit!

Selbst jene, die sich durch die Beschreibung der Figur eines *unternehmerischen Selbst* nicht getroffen fühlen oder ganz im Gegenteil der Meinung sind, das Selbst könne nicht unternehmerisch genug sein – selbst die müssten erkennen, dass der Mensch als solcher erstens Grenzen hat, zweitens in verstärktem Maße an dieselben kommt und drittens in vielgestaltigen Ausformungen das vermeintlich so verlockende System der selbstbestimmten Freiheit zu fliehen versucht. Die Sehnsucht nach Entzerrung der Lebensläufe wächst und lässt sich an gestiegenen Patientenzahlen in Arzt- und Therapiepraxen ebenso ablesen wie mit Aussagen junger Bewerber, die in Vorstellungsgesprächen begründen, ihnen sei Freizeit wichtiger als Geld.

Man könnte andererseits mit einiger Berechtigung feststellen, dass die Aufkündigung der sozialen Moderne im Stil der patriarchalen 1960er und 1970er Jahre heute vor allem den Frauen zugutekommt. Gleichstellung, Gleichheit und Gleichberechtigung der Geschlechter ist ein wesentlicher Aspekt der Utopie eines neuen Humanismus, wie sie im Folgenden formuliert wird. Das deckt sich mit den Beobachtungen von Erziehungswissenschaftlern und Führungspersonen im Bildungsbereich, die eine Tendenz der zunehmenden »Verweiblichung« von Bildungsverläufen feststellen. Um es klar zu sagen:

Die Verlierer von morgen sind die Jungs. Je niedriger die soziale Schicht, je höher der Migrationshintergrund und je männlicher, desto schwieriger sind die Bildungsverläufe. Das heißt im Umkehrschluss: Weibliche Mittelschichtsmitglieder ohne Migrationshintergrund haben künftig eine hohe Wahrscheinlichkeit, erfolgreich zu werden. Empirisch erhärtet lässt sich der Schluss ziehen, dass die erfolgreichen Teilnehmer der kognitiven Epoche in erster Linie die Mädchen sind, die sich dann aber restlos und oft bis zur Auszehrung verausgaben. Burnouts entstehen im Übrigen nicht allein durch chronische Überstrapazierung, sondern auch durch fehlende Anerkennung.

Materieller Wohlstand stimmt selten mit der gelingenden Gestaltung sozialer Beziehungen überein. Materialistisch veranlagte Menschen, so lehrt uns die psychologische Forschung, sind tendenziell unglücklicher als Nichtmaterialisten. Schuld ist der permanente Vergleich ebenso wie die Angst vor dem Verlust des materiellen Wohlstands. Und andersherum erhöht Menschlichkeit auf lange Frist das eigene Wohlbefinden – das zumindest ist eines der frappierenden Ergebnisse sozialwissenschaftlicher Korrelationsanalysen. Um es zuzuspitzen: Lebenszufriedenheit und das Glücksgefühl hängen stark von sozialen Beziehungen ab. Und Wohlstand ist nicht mehr – oder immer weniger – materiell begründet, weswegen man von einem postmateriellen Wohlstand sprechen kann, der ganz andere Werte im Sinn hat.

Das Milieu der Millennials

Die um das Jahr 1985 herum geborenen Mädchen und Jungen sind wie selbstverständlich in die Schablone des Arbeitskraftunternehmers hineingewachsen. Als Ergebnis der alle vier Jahre durchgeführten, allerdings nicht repräsentativen Umfrage des Sinus-Instituts steht überraschend fest: *Die Jugend*, so pauschal das klingt, wolle sein wie ihre Eltern. Werte wie Anpassungs- und Leistungsbereitschaft rangieren weit oben, gefolgt von stabilen Beziehungen, Halt und Orientierung in der Gemeinschaft. Das Ergebnis einer weiteren, nämlich der »Studentenstudie 2016« des Beratungsunternehmens Ernst & Young flankiert dieses Ergebnis wie folgt: Das große Bedürfnis nach Sicherheit drückt sich darin aus, dass ein Drittel aller Studenten (vor allem der Frauen) am liebsten verbeamtet im öffentlichen Dienst angestellt sein würde. Jobsicherheit, Aufstiegschancen und Familie hätten die höchste Priorität, an fünfter Stelle erst folgt das Gehalt. Die Moral der Studie laut deren Leiterin: »Die Unternehmen müssen sich mit attraktiven Angeboten zur Vereinbarkeit von Familie und Beruf selbst bei den Studenten bewerben.«

Prima facie würde man das für konservativen Mainstream halten und der Jugend vorhalten, sie rebelliere nicht, kämpfe nicht und richte sich in einem »Neokonventionalismus« ein. Wer hart arbeiten, den Lebenspartner finden und mit spätestens Mitte 30 eine Familie gründen will, ist kein Revolutionär. Und dennoch lauert in der Fremdbeschreibung der nächsten Generation ein für die Epoche des unternehmerischen Selbst typischer Widerspruch: Leistungsbereitschaft und stabile soziale Beziehungen als konkurrierende Leitwerte. Ist nicht genau dies das Dilemma des spätmodernen Digital-Individualisten? Wer sich der Arbeitswelt anpasst, wer die Leistungseffizienz zu erbringen wünscht – kann der zugleich stabile soziale Beziehungsstrukturen aufbauen? Schon hier sei bemerkt, dass dieses als harmloses Paradoxon drapierte Spannungsverhältnis zweier Grundmotive des Pudels Kern eines neuen Lebensarbeitszeitmodus ist: die Koexistenz von Sicherheit und Flexibilität, Bindungstreue und Mobilität und die Dialektik ihrer Ambivalenz. Abermals ist ein Wertewandel zu konstatieren, der sich im Übrigen auch in den politischen Einstellungen widerspiegelt. Wer wie Soziologen die Entwicklung der nächsten Generation über Jahre hinweg beobachtet, stellt fest, dass sich die Form des politischen Engagements verändert hat. Großorganisationen, zu denen man sich ein Leben lang zugehörig fühlt, haben an Bedeutung verloren, Parteien sind out, langfristiges Engagement ist nicht gewünscht. Ende 2016 hat eine europaweit durchgeführte Jugendstudie über die nächste *Generation What* die Krise der Institutionen eindrucksvoll belegt: Nur 2 Prozent der zwischen 18- und 34-Jährigen haben »völliges Vertrauen«, über 70 Prozent haben gar kein Vertrauen in die Politik; 80 Prozent misstrauen der Kirche und anderen religiösen Institutionen, 65 Prozent stehen den Medien skeptisch gegenüber.

Das Prinzip Kurzfristigkeit einer weitgehend digitalisierten Lebenswelt mit kurzer Taktung und Zeitverdichtung zeigt sich in der aktiven, meist aber projektgebundenen Beteiligung in zivilgesellschaftlichen Organisationen wie Amnesty International, Attac oder Umweltinitiativen. Diese Beobachtung von Wolfgang Merkel, Direktor der Abteilung Demokratie und Demokratisierung am Wissenschaftszentrum Berlin für Sozialforschung, fasst die Leitlinien der Generation Y zusammen. Junge Intellektuelle seien vornehmlich an kulturellen und nicht mehr an den traditionell politischen Themen wie etwa Gerechtigkeit und Wohlstandsverteilung interessiert.

Vor allem die Generation Y der Jahrgänge 1980 bis 1999 ist gespalten: Eine Mehrzahl der Jungen, befindet der Arbeitssoziologe Klaus Dörrie, gerate nach Berufsausbildung und Studium in atypische, nicht standardisierte Beschäftigung; für die weniger gut Qualifizierten werde unsichere Beschäftigung sogar zum Dauerzustand, ein Viertel der Menschen in Deutschland halte sich im Niedriglohnsektor auf. Die Generation Y (wahlweise Generation Millennial oder Digital Natives genannt) ist also eine asymmetrisch gespaltene: Während ein Viertel der jungen Arbeitenden in prekären Verhältnissen steckt, ohne größere Aussicht auf sozialen Aufstieg, mit befristeten Verträgen, in Teilzeit, Leiharbeit oder Solo-Selbständigkeit und zu einem Großteil gering verdienend, haben die anderen drei Viertel gute oder sehr gute Bedingungen, weil sie hoch qualifiziert sind und den Sprung in gute Verhältnisse problemlos schaffen.

Schätzungen zufolge hat sich für 60 Prozent der ab 1980 Geborenen der Arbeitsmarkt von einem Arbeitgeber- zu einem Arbeitnehmermarkt entwickelt. Jutta Rump, Professorin für Allgemeine Betriebswirtschaftslehre an der Hochschule Ludwigshafen und Direktorin des dortigen Instituts für Beschäftigung und Employability, hat darauf hingewiesen, dass Anfänger und Berufstätige heute in vielen Berufen die Bedingungen und Umstände ihrer Arbeit selbst bestimmen und selbstbewusst gestalten können. Immer öfter entscheiden sich mündige Millennials für ein flexibles und unabhängiges Arbeitsmodell. Selbst auf die Gefahr struktureller Unsicherheit hin kündigen sie feste Arbeitsverträge oder gehen erst gar keine mehr ein, arbeiten selbständig und nehmen bewusst eine *Status-Inkonsistenz* in Kauf, die in der großen Diskrepanz zwischen hoher Bildung und niedrigem Einkommen besteht. Bei einer Status-Inkonsistenz entspricht der bildungsmäßig hohe einem ökonomisch mittleren bis unteren Status. Gebildet, aber arm – und das freiwillig.

Die Zahl der Solo-Selbständigen – Journalisten, Webdesigner, Musiker, Darsteller, Übersetzer, Handwerker, Programmierer – wächst kontinuierlich und liegt bei etwa drei Millionen Menschen in Deutschland; der Großteil arbeitet unterhalb des Mindestlohns pro Stunde, lebt von 1000 Euro netto im Monat und zahlt in keine Rentenversicherung ein. Die Gefahr späterer Altersarmut liegt auf der Hand: Selbständige, die in der Rushhour die Freude der Selbstgestaltung wertschätzen, die im Einfrau- oder Einmannbetrieb ihr eigener Herr sind, tragen im Alter die Last eines weitgehend ungesicherten Ruhestands.

Gilt das lange Zeit in Deutschland gültige Aufstiegsversprechen, dem zufolge jedermann mit guter Arbeit
und entsprechendem Lohn ein Vermögen aufbauen
kann, auch heute noch, in der kognitiven Epoche einer
Ökonomie 4.0? Hatten es die Babyboomer der 1960er
Jahrgänge mit Bildungsexpansion, stabilem Sozialstaat,
Ausbildungsförderung und großzügigen öffentlichen
Leistungen in der Altersvorsorge zu schaffen, werden
es deren Enkel – die die Altersbezüge der Babyboomer
finanzieren – mit Verlustängsten, Wohlfahrtsstaatskon-
flikten, exorbitanten Mietkosten und Immobilienprei-
sen in den Ballungsräumen zu tun haben. Vor allem
aber mit der Unsicherheit, über Erwerbsarbeit keineswegs immer mithalten oder über das reine Erwerbsein-
kommen aufsteigen zu können – so sie das überhaupt
wollten. Auch wenn es für die einzelne Person nicht
zutreffen mag oder durchaus egoistische Motive unterstellt werden können: Es scheint eine Generation
heranzuwachsen, der Besitz im herkömmlichen Sinne
nicht mehr viel gilt. Besitz ist Ballast. Was da ist, wird
geteilt – Autos, Wohnungen, Lebensmittel, Kleidung.
Man muss nicht mehr besitzen, was man nutzt. Der
Wertewandel in den vergangenen dreißig Jahren lässt
den Rückschluss zu, dass *materielle Werte* im Leben
der kommenden Generationen keine allzu große Rolle
mehr spielen werden, immaterielle Interessen, wie Zeitverfügung und Gestaltungsfreiheit, hingegen an Attrak-
tivität gewinnen. Digital organisierte Dezentralisierung
bringt es mit sich, dass künftig alles, sogar der Staat, als
Dienstleistung verstanden wird.

Könnte in mittlerer Zukunft nicht eine andere, neue, auf anderen Leitwerten basierende Unternehmenskultur entstehen? Ja, zumindest theoretisch, wenn stimmt, dass man die besten Rekruten weit mehr an ihrem Verhalten als an ihrem Lebenslauf erkennt. Die Jungen wachsen gerade in die Führungsstrukturen der Unternehmen hinein und implementieren ihre Sicht auf Leben, Arbeit und Zeit. Wir lesen und hören von einem Kulturwandel in Traditionshäusern wie beispielsweise der Hamburger Otto-Group. Dort werden seit Neuestem »FuckUp-Nights« abgehalten, bei denen die Mitarbeiter des Versandhauskonzerns über ihre schwersten Pleiten und Misserfolge reden, mit Humor und der Erkenntnis, die Arbeitsweise vollständig ändern zu müssen, um, wie der Vorstandschef Schrader sagt, die digitale Transformation bewältigen zu können. Was gehört zum Kulturwandel, der dem technologischen Wandel von analog zu digital, von offline zu online entspricht? Das Du auf allen Etagen, Dialoge über alle Hierarchien, Austausch über Abteilungsgrenzen hinweg. Das alte »Silo-Denken«: abgeschafft.

Im Dienstleistungssektor, der Vorhut besagten Wandels, werden die Geschäftsführer immer jünger. Bereits 30-Jährige sind Chefs mit hoher Verantwortung für Personal und Budget und haben völlig andere Erwartungshaltungen als ihre 50-jährigen Vorgänger. 30-Jährige haben andere Stärken – und andere Schwächen. Während 50-Jährige gefestigt sind, ist dem 30-Jährigen ein gut ausgeprägtes empathisches Verhalten offenbar eher fremd. McKinsey-Studien haben den jungen Chefs bescheinigt, zwar wie Maschinen, nicht aber wie soziale Wesen zu arbeiten. Wer das kritisch sieht, wird beklagen, dass *Outcome* und *Savings* als für Erfolg und Aufstieg entscheidende *Benchmarks* alles andere überlagern. Wachstum um seiner selbst willen, die Steigerung zum Vorjahr, um zum Fixgehalt auch den Bonus einstreichen zu können, setzen persönliche Ambitionen sehr oft mit unternehmerischen Zielen gleich. Das Kurzzeitdenken treibt Manager zum Kurzzeit*bilanz*-Denken. Verantwortung bildet sich nur gegenüber dem aktuellen Quartal aus, weil bonusabhängiger Erfolg nicht langfristig verstanden wird. Und wenn die Führungsperson das Unternehmen nach kurzer Zeit verlässt, bleibt oft ein unbestelltes Feld zurück. Kritik an diesem Verständnis von Unternehmenskultur gibt es so massiv wie grundsätzlich. Kulturen werden von Menschen geformt, insofern ist Kulturkritik vor allem Kritik am Führungspersonal, das wiederum Produkt seiner soziokulturellen Umstände ist.

Die internationale Studie »Millennials im Karriere-Marathon« der ManpowerGroup resümierte kürzlich: 92 Prozent der Vertreter der Generation Y wollen, dass ihre beruflichen Anstrengungen finanziell gut belohnt werden, 86 Prozent, dass sie genügend freie Zeit zur Verfügung haben. Gut belohnte Arbeit und genügend freie Zeit – das könnte ja erstens ein spannender Werte- und Interessenkonflikt sein – und zweitens darauf hindeuten, dass mehr Eigenzeit und besserer Lohn sich aus der Sicht des Nachwuchses nicht mehr ausschließen müssen. »Die Generation Y«, lautet die Quintessenz der Studie, »nimmt potenzielle Arbeitgeber genau unter die Lupe – sowohl ein gutes Arbeitsklima mit netten Kollegen als auch die gesellschaftliche Sinnhaftigkeit der Arbeit ist ihnen sehr wichtig.«

Millennials, lässt sich schließen, verändern die Beziehung zwischen Arbeitgeber und Arbeitnehmer und formulieren klare Erwartungen an einen künftigen Arbeitgeber: Investitionen in ihre Fortbildung beispielsweise. Die Nachkommenden sind bereit, lebenslang zu lernen, ja, aber sie erwarten von ihrem Arbeitgeber dafür auch Zeit und Ressourcen, und sie wünschen sich zuverlässige Chefs, denen die Fähigkeit gegeben ist, zu loben wie zu motivieren. Im Umkehrschluss gesagt: Ein Unternehmen, das potenziellen Arbeitnehmern die Möglichkeit bietet, ihr Können und Wissen permanent weiterzuentwickeln, wird auf Dauer der attraktivere und klügere Arbeitgeber sein.

Oder liegt der Fall ganz anders, und junge Bewerber fordern zu viel, weil sie zu selbstsicher, zu ehrgeizig, zu verwöhnt sind? Für ihre »Hochschul-Recruiting-Studie 2016« hat die Onlinestellenbörse »Jobware« in Zusammenarbeit mit der Hochschule Koblenz bundesweit 84 Unternehmen – vor allem aus den Bereichen IT, Ingenieurwesen, Finanzen, Vertrieb und Recht – zu den Einstellungen der Bewerber befragt und fasst wie folgt zusammen: Die am häufigsten auftretende Schwäche von Hochschulabsolventen in den Einstellungsverfahren sei deren Unbescheidenheit. Gut 40 Prozent der Arbeitgeber monierten überhöhte Karriereerwartungen, fehlende Kenntnisse über das Unternehmen, unrealistische

Gehaltsvorstellungen und mangelnde Vorbereitung auf das Vorstellungsgespräch.

Potenzielle Selbstüberschätzung ist womöglich ein erlerntes Verhalten derer, die einer Kultur des unternehmerischen Selbst und der Selbst-Verbetrieblichung entstammen. Die Lebenseinstellungsveränderung, die das Mindset der Millennials geprägt hat, lässt sich am extremen Beispiel eines Nachwuchsmediziners in Norddeutschland schildern, ein Student im Praktischen Jahr, der während einer Operation dem Chefarzt kundtat, er müsse in einer Viertelstunde gehen, da er seit fünf Minuten Feierabend habe. Undenkbar vor zwanzig Jahren, undenkbar noch vor zehn Jahren.

Der Chefarzt also antwortet: Wenn Sie das nicht interessiert, können Sie sofort gehen. Der Student: Gut, dann schaue ich mir die Operation später auf YouTube an, da bekomme ich wenigstens etwas erklärt.

Er verlässt den OP-Saal.

Medizinische Kliniken sind prototypische Schauplätze eines Kulturkonflikts zwischen den Generationen geworden. Hinsichtlich Visite, OP-Saalpräsenz und Fortbildungsaktivitäten geraten die unterschiedlichen Lebens- und Arbeitsauffassungen von jungen und etablierten Ärzten aneinander. Die Mediziner der Jahrgänge zwischen 1970 und 1980 – heute durchaus bereits Chefärzte oder Direktoren – sind ins Paradigma des Arbeitskraftunternehmers hineingewachsen und verkörpern die Figur des sich ökonomisierenden Selbst par excellence, weil sie es von Kindauf nicht anders kannten. Der Markt war umkämpft und gesättigt, die Ausbildung lang und teuer. Berichte über 36-Stunden-Schichten sind keine Seltenheit, Überstunden die Regel, Wochenendarbeit ist Alltag, und weil der ehrgeizige Assistenzarzt früher alles ihm Mögliche für den Aufstieg getan hat, kuschte er vor dem oft herrschaftlichen Gebaren der Chefs. Heute wird erwartet, dass der Arbeitskraftunternehmer selbst erkennt, was er zu tun hat. Anleitungen gibt es keine mehr. Er muss es allein schaffen.

Und jetzt kommt der Kulturbruch. Die Generation Y ist eine ganz andere. Ihre Angehörigen wollen, soweit man dies pauschal behaupten kann, klare Vereinbarungen. Sie wollen die Arbeitszeit festschreiben. Sie wollen Elternzeit ermöglicht haben. Sie streben nach Weiterentwicklung. Diese Generation, so scheint es, hat inzwischen gelernt, was ein Burnout ist und anrichtet – 16-Stunden-Schichten eines Arztes, der operieren muss, obwohl ihm die Hände zittern, dürften in niemandes Interesse sein.

Dem Kulturkonflikt am Beispiel des Lebensarbeitszeitmodells von Klinikärzten liegt idealtypisch der Wertewandel zugrunde. Der Arzt hat seine unangefochtene Rolle mit kurativen Allmachtsphantasien und königlichem Habitus weitgehend eingebüßt. Er ist nicht mehr der göttliche Regisseur in seinem Reich, dem das Fußvolk der Schwestern und Pfleger als gehorsame Untertanen zu dienen hat, sondern immer mehr einer unter vielen im Kontext Krankenhaus. Heute, so lassen sich die Aussagen junger Mediziner lesen, ist niemand mehr bereit, sich für den Dienst aufzuopfern. Und heute, so fassen wiederum die Ausbilder ihre Erfahrungen zusammen, fragen die Bewerber nicht mehr, was sie einer Klinik bieten sollen, sondern danach, was die Klinik ihnen bietet. Männer wollen mehrere Monate Elternzeit, Frauen Teilzeit. Und wer erkennt, dass Chefarzt sein in erster Linie bedeutet, keine Freizeit zu haben, eine Verwaltung unter stetem Kostendruck zu führen und das Leistungsniveau unablässig hoch zu halten, wird, ist er ein Millennial, womöglich Landarzt (was im Sinne der Patienten in den Provinzen durchaus wünschenswert wäre).

Geldverdienen allein reicht den meisten Jungen heute nicht mehr. Um künftig erfolgreich sein zu wollen, müssen Arbeitgeber einen Mehrwert schaffen, wie der dänische Unternehmer, Universitätsdozent und Food-Aktivist Claus Meyer fordert. »Je mehr Zugriff auf Ressourcen Sie haben, desto verantwortungsvoller werden Sie handeln müssen. Viele junge Menschen denken so. Auch weil sie verstehen, dass sich nur so erhalten lässt, was wir haben.«

Worin könnte der Mehrwert bestehen? Einen Dienstwagen wollen die Millennials offenbar nicht, sie fahren Fahrrad, nutzen den öffentlichen Nahverkehr oder teilen sich einen Smart – für die traditionsreichen Automobil- und die Immobilienbranchen sind diese Leute eine herbe Enttäuschung. Am Eigenheim sind sie laut demoskopischer Datenlage nicht interessiert, und langfristige berufliche Bindungen haben für sie keinen großen Wert mehr – selten verharren Berufseinsteiger länger als zwei Jahre an einem Arbeitsplatz. Kommt ein interessanteres Jobangebot aus einer anderen Stadt, ziehen sie um, permanente Mobilität steckt in der DNA des *digitalen Nomaden,* dessen Zuhause das WorldWideWeb ist. Die Angehörigen der Generation Y scheinen ihrer Turnschuhmarke oft treuer als ihrem Arbeitgeber. Sie passen nicht ins herkömmliche Rekrutierungsraster und erfüllen nicht die herkömmlichen Erwartungen. Ihr Selbstwertgefühl speist sich über Anerkennung, nicht über Besitz und Protz. Die digitalen Anerkennungsmodi der Social-Media-Plattformen aber – die globale Einheitswährung der *Likes* – haben einen weit größeren Stellenwert als das Lob des Vorgesetzten, dessen allumfassende Autorität ohnehin weniger denn je respektiert wird.

Untersuchungen von Sozialpsychologen zeigen deutlich, dass man heute mehr schreibt und postet als redet und sich verständigt. Die Kommunikation verschiebt sich immer mehr von authentischer, direkter, reziproker Kommunikation zu linearen Foren-Chats, Facebook-Freundschaften und Snapchat-Posts, wobei man viele der sogenannten Freunde noch nie leibhaftig gesehen hat. Die Selbstdarstellung im Netz, wo das virtuelle Leben aufgeführt und die Präsentation seiner selbst choreografiert wird, stimmt selten mit dem realen Leben überein. Durch die Kolonisierung der Lebenswelt und des Alltags mittels digitaler Paradigmen wird das persönliche Glück, zumindest was darunter verstanden wird, immer stärker vom authentischen Erleben in den digitalen Raum verlagert.

Warum scheint gerade diese Generation die Erwartungshaltung aller vorangehenden Generationen zu enttäuschen? Man könnte eine Antwort in der soziokul-turellen Genese der Generation Y als Kohorte der *Über-flussgesellschaft* und ihres *Rundum-sorglos-Wohlstands* der 1990er Jahre finden. Viele in diesen Jahren Geborenen haben erfahren, dass es den Deutschen – auf die gesam-te Gesellschaft betrachtet – *einfach gut geht*. Und dann haben viele Angehörige dieser Generation aus der Be-trachtung psychischer und körperlicher Defekte bei ih-ren Großeltern und Eltern gelernt, welche Konsequen-zen ein permanent beschleunigter und zeitverdichteter Arbeitsprozess haben kann.

Der Rückschluss, mehr Zeit für sich zu haben, könn-te durchaus klug sein. Der Anspruch auf Freizeit impli-ziert die Kompetenz, Grenzen zu setzen, zu erkennen, was der Gesundheit abträglich ist, zu wissen, wann Schluss ist. Unumwunden muss sich der Arbeitgeber fragen lassen: Wie stark seht ihr uns als Arbeitsbeute zu euren Zwecken? Immer verbunden mit der Frage an sich selbst: Wie können wir uns dagegen wehren? Diesen Anspruch in eine *Win-win*-Situation umzusetzen, könn-te für jedes Unternehmen, das sich auf dem Markt des weltweiten Wettbewerbs behaupten muss, eine der gro-ßen Herausforderungen kommender Jahre werden. Die Entwicklung wird, so die Prognose, nicht ohne Macht- und Kontrollverlust abgehen, und Führungskräfte müs-sen sich entscheiden, ob sie diesem Wandel offen oder reserviert gegenüberstehen wollen.

Nicht unwichtig zu wissen ist die Tatsache, dass die Generation Y schlechte Führung offenbar weniger ver-zeiht als die Generation der Babyboomer vor ihr. Was ist schlechte Führung? Zum Beispiel den Mythos aufrecht-zuerhalten, dass der CEO dem Untergebenen umfassend die Welt erklären könnte. Der Chef ist der Primus inter Pares, Gehorsam und Ehrfurcht fallen weg. Die Beziehung zwischen Vorgesetzten und Angestellten wird eher zu einem partnerschaftlichen Austausch. Die höfliche Distanz zwischen den Individuen wie auch die herkömmlichen sozialen Formen von Hierarchie lösen sich auf. Ein Chef weiß heutzutage oft nicht mehr als seine Mitarbeiter, der Zugang zu Information und Wissen über Open-Source, Wikipedia oder andere Social-Media-Netzwerke ist für jedermann an fast jedem Ort der Welt gleichermaßen und sofort möglich. Und zum vielleicht ersten Mal in der Weltgeschichte wissen Schüler heute partiell mehr als ihre Lehrer – wer wollte einem 15-Jährigen in puncto Digitalisierung, IT und Algorithmen etwas vormachen?

Personaler berichten immer wieder von vergleichbaren Erfahrungen mit jungen Bewerbern, die nicht mehr dankend in Ehrfurcht erstarren, sondern auf Augenhöhe mitreden wollen. Um die möglichen Segnungen neuer Arbeitszeitmodelle nachvollziehen zu können, müsste eine Führungskraft die Vorteile am eigenen Leibe erfahren, um Zeitreduktion, Teilzeit oder flexibles Arbeiten im Betrieb anzubieten und umzusetzen. Das Unternehmen Bosch beispielsweise hat mit seinem auf vier Jahre angelegten Programm »MORE« ausgewählten Mitarbeitern mit disziplinarischer Führungsverantwortung im eigenen Haus angeboten, sich zu bewerben, um drei Monate lang flexibel oder in Teilzeit zu arbei-

ten. 150 Führungskräfte haben an diesem Projekt teilge-
nommen, 80 Prozent davon waren Männer. 80 Prozent
der 150 Teilnehmer haben sich für die Flexibilität eines
Homeoffice-Tages pro Woche entschieden, 20 Prozent
für die Teilzeitlösung, einen Tag in der Woche freizu-
haben. Es waren Führungskräfte mit vertraglich verein-
barter Arbeitszeit- und Arbeitsortsouveränität. Sie sollten ein Gefühl für das entwickeln, womit ihre auf eine
flexible Arbeitszeit angewiesenen Mitarbeiter täglich zu
kämpfen haben.

Als erster Chef bei Bosch setzte der Produktionslei-
ter die Vorgaben um. Er stellte seinen Kalender um,
legte Termine so, dass er fortan von zu Hause aus te-
lefonisch an Besprechungen teilnehmen konnte. Der
logistische Aufwand blieb überschaubar. Telefonate
mit den USA oder Japan ließen sich ebenso flexibel in
den Arbeitstag einbauen wie private Behördengänge
oder Arzttermine oder das Geschenk einer verlängerten
Mittagspause für den Waldlauf. Ergebnis des MORE-Ver-
suchs ganz generell: Einen Tag zu Hause bei vier Tagen
im Büro befanden die meisten Führungskräfte als gut,
auch wenn sie sich anfangs als noch konditioniert emp-
fanden und meinten, immer präsent sein zu müssen.
Das Resultat der Homeoffice-Erfahrung: mehr Konzentration, mehr Ruhe, mehr Effektivität als im Büro.

Natürlich lässt sich ein solches Arbeitsmodell nicht
immer und überall umsetzen, immer ist es auch bran-
chen- und bereichsabhängig. Versand- und Einzelhan-
delsunternehmen etwa erfordern klare Präsenz mit
festen Service- und Arbeitszeiten, und beim Software

Engineering entstehen innovative Ideen so gut wie immer im Gespräch mit den Kollegen im Büro. Nach Einschätzung kritischer Arbeitsmarktexperten geben Unternehmen als solche keineswegs den nötigen Vorschuss an Vertrauen, sondern führen die flexiblen Arbeitszeiten erst dann ein, wenn sie Gewissheit darüber haben, dass die Mitarbeiter auch gut arbeiten. Will sagen: Sie überwachen deren Tätigkeiten und wissen genau, welche Arbeitsergebnisse vorliegen, was letztlich bedeutet, dass die Ergebnisanforderungen wie auch die Ergebnisse selbst immer höher geschraubt werden können, die Mitarbeiter im häuslichen Wohn- oder Arbeitszimmer kein Ende finden und dort weit mehr und länger als im Büro arbeiten.

Die Generation Y ist grob gesagt in drei unterschiedliche Gruppen gespalten, deren Wertewelten inkompatibel sind. Die Ungebundenen unter ihnen sind fordernd und begeisterungsfähig. Sie verstehen es, das gesellschaftlich gelernte Anspruchsdenken zu leben: Uns geht es einfach gut. Wer früher ein Jahr im Ausland verbrachte und das später im Lebenslauf vermerkte, galt als Exot; wer heute keine zwei oder drei Auslandspraktika nach Abitur und Studium nachweisen kann, ist schon nicht mehr ernst zu nehmen. Der Überbegriff könnte hier *kreative Autonomie* lauten und meint Selbstentwicklung, Selbstgestaltung, Selbstbestimmung; Eigenständigkeit. Das gilt für all jene, die ungebunden sein wollen, die fordernd, aber auch begeisterungsfähig sind. Deren Anspruchsdenken Antworten vom Unternehmen einfordert, was es ihnen anzubieten habe. Durch diese Gruppe ist der immaterielle Teil der gesellschaftlichen Wertesubstanz aufgewertet worden: all das, was mit Autonomie, Genuss- und Erlebnisorientierung zu tun hat und in den vergangenen Jahren trotz heftigster Krisen auf den Finanzmärkten noch einen weiteren Schub ins deutlich Hedonistische bekommen hat.

Die andere Gruppe verfolgt die klassische Karriere: Aufstiegschance, Sicherheit, Familie. Ihre Mitglieder vertreten eher die »alten« Werte, agieren konformistisch, geradezu konventionsgebunden. Ihnen sind traditionelle, gar konservative Werte wieder zu Leitplanken geworden – Tugenden, die mit gesellschaftlicher Stabilität und Ordnung zu tun haben: legales Verhalten, Anständigkeit, sichere soziale Verhältnisse. Sie erkennen die Gesellschaft als Leistungsgesellschaft an und bringen ganz bewusst aktive Beiträge ein. Das sind dann – so lautet ja ein hässlicher Vorwurf – junge Alte, die viel zu angepasst seien, ohne Power und Drive, ohne Geist zur Rebellion, entpolitisiert, langweilig.

Schließlich gibt es eine dritte Gruppe, die sogenannten Abgehängten. 20 bis 30 Prozent der Generation Y stehen dem Arbeitsmarkt zwar zur Verfügung, bringen aber kaum die Mindestqualifikationen für eine Lehrstelle mit. Während das Viertel der Hochqualifizierten hohe Forderungen stellen kann, kann das Viertel der Abgehängten rein gar nichts einfordern.

Um die absehbaren Entwicklungen und geschilderten Erfahrungen mit Vertretern dieser Kohorte auf einen

Nenner zu bringen: Der Kulturwandel hat Feedback-Individualisten hervorgebracht, die im Reiz-Reaktions-Schema der digitalen Kommunikationskultur aufgewachsen sind und leben. Der Belohnungsmechanismus wird unmittelbar stimuliert und muss, um Glücksgefühle erleben zu können, sofort erfüllt werden. Nehmen wir zur Veranschaulichung einen Sommertag am See. Die Sonne scheint, die Luft ist warm, alles ist herrlich. Genießt der Feedback-Individualist Mitte/Ende 20 mit geschlossenen Augen das Sein und schwärmt später von der Poesie des Moments? Nein. Aller Wahrscheinlichkeit nach fotografiert, filmt und postet er. Das Erlebnis des Moments wird von den Reaktionen in den Neuen Medien überlagert. Nicht mehr das Glück im Augenblick seines Erlebens erhält Wert und Bedeutung, sondern die Nachbearbeitung des Ereignisses durch Anerkennung von außen wird zum Glückserlebnis: eine Spirale aus Belohnungsbedürfnis, dessen Befriedigung und dem erneuten Belohnungsbedürfnis. Dieser Mechanismus funktioniert nur in Abhängigkeit von den Reaktionen auf Facebook, Instagram und Snapchat. Er wird unmittelbar stimuliert und muss eine Anzahl an Likes auslösen, um Glücksgefühle zu generieren. Was bleibt vom Erlebnis im Hier und Jetzt, dem schönen Sommertag am See, wenn die Likes ausbleiben?

Werte und Wertverlagerungen

Jeder Kulturwandel reagiert auf den Wandel der Arbeitswelt – oder umgekehrt. Jedenfalls lautet das Szenario einer künftigen Ökonomie 4.0 wie folgt: Der *flexible* und *zur Flexibilität verdammte* Mensch als erschöpfter Arbeitskraftunternehmer steckt offensichtlich in mehreren Dilemmata fest: Unvereinbarkeit von Familie und Beruf; Mobilität und Müdigkeit; Familienbeziehung und Singlerate. Weltweiter Wettbewerb erfordert immer mehr Leistung, die permanent zu vollbringende Innovation und Kreation. In Zukunft umgibt jeden von uns eine je eigene digitale Aura. Cloud-Techniken erlauben und erfordern den permanenten Austausch, Geräte besorgen sich selbst Informationen über unsere Vorlieben und unseren Lebensstil. Im Slogan-Deutsch der Unternehmen heißt das dann: Lebensqualität statt Office-Doping. Identifikation mit dem Arbeitsplatz geschieht durch gemeinsame Erlebnisse. Das Unternehmen ist eine große »Care-Company«, die vor allem Geborgenheit schaffen muss. Der spezifisch eigene Arbeitsplatz ist nicht mehr nötig, dank Smart-Room-Technik stellt sich jeder Platz auf individuelle Präferenzen ein. Man arbeitet in *Coworking-Centern*, wo Arbeitsplätze angemietet werden können; *Social-Center* für Kinderbetreuung stehen neben *High-Tech-Centern* für multimediale Interaktionen mit der Firmenzentrale. Das lästige Berufspendeln entfällt, jeder hat mehr Zeit für Familie oder die Versorgung der Eltern.

Seit etwa fünf Jahren findet eine Machtverlagerung

vom Arbeitgeber auf den Arbeitnehmer statt. Will heißen: In vielen Berufen können Berufsanfänger die Bedingungen und Umstände ihrer Arbeit selbst bestimmen und selbstbewusst gestalten. Das stellt Hierarchien infrage und entwertet Autoritäten, es bricht mit Traditionen und wirft grundsätzlich die Frage nach einer zukunftsfähigen Geschlechter- und Generationengerechtigkeit auf. Alles zusammengedacht rechtfertigt das den Begriff des Paradigmenwechsels, bei dessen Umsetzung in traditionellen Institutionen erst einmal die Hütte brennt. Die höchste Priorität wird nicht mehr der Arbeit zukommen, sondern der Suche nach individuellem Wohlbefinden und persönlicher Zufriedenheit.

Ein neues Lebensarbeitszeitmodell verfolgt fünf Wertverlagerungen:

1. Zeit ist wichtiger als Geld
2. Kooperation ist wichtiger als Egoismus
3. Ergebnisorientierung ist wichtiger als Anwesenheitspflicht
4. Netzwerke sind wichtiger als Hierarchien
5. Weiterentwicklung und Selbstbestimmung sind wichtiger als Stabilität und Effizienz.

Der Hirnforscher und Experimentalpsychologe Peter Kruse, Gründer und Geschäftsführer des Unternehmens »nextpractice GmbH« in Bremen, hat über Jahrzehnte hinweg Führung und Arbeit im Wandel untersucht und die Ergebnisse der Hirnforschung auf das Management übertragen, um schließlich zu erforschen, wie Mensch und Computer so verbunden werden können, dass sie zusammen intelligenter sind als das jeweils Einzelne. Kann man eine Kultur erzeugen, die zwischen Hierarchie und Netzwerk hin- und herschaltet? Ist eine Firma ein soziales Gehirn?

Für Kruse war Komplexität die größte zeitgenössische Herausforderung. Führungskräfte, beschied er, könnten nicht mehr planen, wie sie es früher getan hätten, der Identitätskern des Unternehmens sei dadurch fundamental angegriffen. »Gute Führung«, lässt sich resümieren, zielt künftig auf kooperative Teamarbeit ab – in strukturierter Form und ohne Zielvorgabe, um sich auf ergebnisoffene Prozesse einzulassen.

Seit den 1950er und bis in die 1980er Jahre hinein waren Führungsanforderungen klar definiert: Die heroisch verklärte und sich womöglich selbst verklärende patriachalische Persönlichkeit führte das Unternehmen streng hierarchisch. In den 1990ern verdrängte das Ideal der kooperativen Teamarbeit den alten Führungsstil und verlagerte sich auf planvolle Zielerreichung. In naher Zukunft, so visionierte Kruse, werde es um solidarische Integration und die Gestaltung offener Prozesse durch maximale Agilität und Lernbereitschaft gehen. Der Wandel, den viele Führungskräfte befürworten und auch erwarten, lässt sich in folgende Formel packen: Kooperation, Netzwerk und Selbstorganisation statt Linienhierarchie und Steuerung. Mit anderen Worten: Netzwerke lösen personale Macht auf. Personale Führung wird weniger wichtig. In Netzwerken geht es in erster Linie um Informationen, Arbeit wird über

Strukturgrenzen hinweg organisiert. Die Fokussierung auf Kapitalinteressen wird von vielen Führungskräften offenbar mittlerweile als großer Fehler erkannt. Dagegen rücken die Interessen aller Stakeholder – also jener Personen oder Gruppen, die ein großes Interesse am Verlauf oder Ergebnis eines Prozesses oder Projektes haben – in den Mittelpunkt.

Mit Fug und Recht darf man von einem Wandel und Wechsel im Managementdiskurs sprechen, der einer Verschiebung des Werthorizonts der Mitarbeiter (also der Menschen als solchen) entspricht. Die Studien von »nextpractice« weisen auf einen hohen Prozentsatz resignierter Mitarbeiter hin, wenn es um den Anspruch auf effiziente Zielerreichung geht. Und verweisen zugleich auf einen hohen Prozentsatz optimistischer Mitarbeiter, wenn es um Agilität und kooperative Teamarbeit geht.

Das heißt freilich, dass Unternehmertum den Rückhalt in der Bevölkerung benötigt. Rückhalt basiert auf Wertschätzung, diese wiederum ist eng an den Begriff des »Public Value« geknüpft. Der Psychologe Timo Meynhardt, Managing Director des Center for Leadership and Values in Society an der Universität St. Gallen und Inhaber des Lehrstuhls für Wirtschaftspsychologie und Führung an der HHL Leipzig Graduate School of Management, verfolgt seit Jahren den Leitsatz »Public value is what the public values« und weist in seinen Vorträgen auf die gesellschaftliche Verantwortung der Wirtschaft hin: »Nur die Wertschöpfung für die Gesellschaft kann freies Unternehmertum rechtfertigen.«

Das ist nicht völlig neu, vielmehr die Grundidee europäischer Kulturgeschichte seit Aristoteles: Bonum commune, Common good, Gemeinwohl, öffentliches Gut – all das sind Variationen eines ethischen Leitmotivs, das Ökonomie an Gesellschaft rückbindet. Dahinter verbirgt sich universale Moralphilosophie. Kann man mit Menschen, die nur an der Münze des Mitmenschen, nicht aber an ihm selbst interessiert sind, auf Dauer Staat machen? Ausgerechnet Adam Smith, der Säulenheilige des Wirtschaftsliberalismus, war zeit seines Lebens mit der Frage beschäftigt, ob und wie der Mensch dem Menschen ein guter Mitmensch sein könne. Der Mensch habe die Fähigkeit, sich in Glück und Leid des anderen einzufühlen.

Smith ging es darum, Freiheit, Menschlichkeit und Mitmenschlichkeit miteinander zu verbinden und gleichzeitig wirklich werden zu lassen. Der Bäcker etwa backt Brot, damit der andere sich ernähren kann. Der Bäcker steht morgens um fünf in der Backstube aber nicht aus Nächstenliebe, mit der er um aller Wohlergehen besorgt ist, nein, es geht dem Bäcker um seinen Gewinn. Ist ein Bäcker unmenschlich, wenn er nicht aus alleinigem Interesse an den Menschen, sondern aus reinem Eigennutz handelt? Selbstsüchtige Menschen werden nur dann untereinander nicht zur Gefahr, wenn ihr Verhalten anderen wenigstens nicht zum Nachteil gereicht.

Smith zufolge basiert Wohlfahrt auf Empathie aus Selbstsucht. Diese Idee kann man teilen oder nicht, schlimm oder gut finden – Smiths Grundgedanke etabliert ein Gleichgewicht des Ganzen aus Gründen des

Egoismus: Die »invisible hand«, die unsichtbare Hand, die den Markt steuert, ist die Hand der egoistischen Empathie. Das heißt letztlich aber auch: Ohne praktische Ethik ist Ökonomie nicht zu denken.

Vorboten der Zukunft

Der Paradigmenwechsel hat bereits begonnen, und die Veränderungen sind im Gang. Das gesetzlich garantierte Recht der Väter auf Partnermonate beispielsweise hat in den vergangenen Jahren mehr und mehr Männer ermutigt, in Elternzeit zu gehen. Elternzeit ist ein erster Schritt zu höherer Gerechtigkeit der Geschlechter im Sinne der Gleichheit von Erziehungsaufgaben und -pflichten, und die Geschlechtergleichstellung ist ein großes Stück vorangekommen. Männer haben ihre Einstellung verändert, Frauen ihr Selbstverständnis. Beides führt zu einer neuen Verhältnisbestimmung von Mann und Frau. Ein Mann, der 2007 in Familienarbeit ging, galt bestenfalls als Exot; zehn Jahre später gilt der Mann, der *nicht* in Familienarbeit geht, immer mehr Leuten als reaktionärer Muffel. Suchten sich Frauen im vergangenen 20. Jahrhundert einen typischen Frauenberuf aus oder studierten, wenn überhaupt, Pädagogik oder Germanistik, so besetzen sie heute einst männerdominierte Tätigkeiten, sind hochqualifiziert und selbstverständlich Ärztinnen, Polizistinnen und Ingenieurinnen. Noch sind die Männer in der Mehrzahl, aber, so teilen die Arbeitsmarktforscher mit, bei Neueinstellungen liegt das Geschlechterverhältnis mittlerweile bei eins zu eins. Therapeuten und Familienpsychologen informieren uns, dass partnerschaftliche Paare jeden Tag alles auf Augenhöhe aus- und verhandeln. Frauen formulieren nicht nur rechtliche Ansprüche, sondern klagen sie jetzt auch ein. Zahlreiche Förderprogramme haben zu einer Aufwertung der Frauen geführt und Empathie, Kollaboration und Kommunikation gesamtgesellschaftlich gestärkt. Die neue Arbeitswelt wird zunehmend mit diesen Kompetenzen assoziiert und zeigt Männern jene Defizite an, die sie bislang verdrängen oder innerhalb zementierter Traditionen vernachlässigen konnten.

Die heute offensichtlichen Tendenzen werden sich verstärken und die von klassischen Rollenmodellen dominierte Lebenshaltung infrage stellen. Die Belegschaften der Betriebe werden künftig mindestens zur Hälfte aus Frauen bestehen und Männer ihre Ansprüche auf Arbeitszeitoptionen noch selbstverständlicher wahrnehmen.

Hier setzt auch die legitime inhaltliche Bestimmung künftiger Gerechtigkeit an. Gerecht wäre ja eine Ordnung, in der jeder das Recht auf Teilhabe wie Teilnahme an Gesellschaft erhält und Frauen die gleichen Chancen haben wie Männer. Der Philosoph Wolfgang Kersting hat vorgeschlagen, den Rechtsstaat durch sozialstaatliche Institutionen zu ergänzen und ihn so auszubauen, dass möglichst viele Bürger das Ideal einer selbstverantwortlichen Lebensführung verwirklichen können. Denn eine gerechte Ordnung respektiert die generationellen Veränderungen der Rollenmodelle und fördert die vielfältigen Fähigkeiten, Begabungen, Niveaus, den Pluralismus der Lebensentwürfe und die Diversität der Weltanschauungen. Nicht zuletzt gilt es, eine Antwort auf die Frage zu finden, wie bei wachsender Selbstbestimmung und Längerlebigkeit dauerhafte soziale Beziehungen aufrechtzuerhalten sind.

Früher bezog sich das Thema Führung auf Personen, Planung und Profitabilität; heute geht es um Information, Iteration und Integration. Konkret heißt das freilich: Kooperation, Netzwerk und Selbstorganisation ersetzen Linienhierarchie, Steuerung und Wettbewerb. Durch das Netzwerk verliert die traditionelle Hierarchie an Macht, personale Führung wird weniger wichtig, und Stabilität und Effizienz werden von Autonomie, Flexibilität und Selbstbestimmung abgelöst – wobei in manchen Fällen die Anspruchshaltung größer als die Leistungsbereitschaft ist.

Der Kulturwandel hat nicht nur zur Machtverlagerung von Mann zu Frau, Hierarchie zu Kooperation, sondern auch von Arbeitgeber zum Arbeitnehmer geführt.

Mitarbeiter aus allen Branchen, so lautet das Ergebnis der kürzlich veröffentlichten Studie »Human Resources in der digitalen Transformation« des Management- und HR-Beratungsinstituts »metaBeratung«, wünschten sich die Verlagerung von Führungsverantwortung in die Teams, hinzu komme das Bedürfnis, die eigenen Lebensumstände zu verbessern. Es werde, prophezeien die Arbeitsmarktforscher, in Zukunft vermutlich weit mehr Projektarbeit geben. Mitarbeiter werden frei im

Unternehmen tätig sein, und flexibilisierte Wissens- und Kreativarbeiter werden nicht mehr bereit sein, auf interessante Projekte zu warten und Durststrecken mit langweiligen Tätigkeiten zu überbrücken. Das *Gefühl der Freiheit* des Mitarbeiters ist – neben dem Bedürfnis nach Sicherheit – die entscheidende immaterielle Entlohnungseinheit. Wurde der Mensch in vergangenen Jahrhunderten ohne Spielraum zum Aufstieg in seine Rolle hineingeboren – Leibeigener blieb Leibeigener, Adliger Adliger, Handwerker Handwerker –, befinden wir uns heute in der Multioptionsgesellschaft und ihrem inhärenten Problem des Überflusses: zu viel Freiheit, die zu Unfreiheit führt; zu viele Optionen, die ständig im Überbietungswettbewerb miteinander streiten; zu viele Anforderungen zur Selbstbestimmung, die den Einzelnen letztlich fremdbestimmen. Erwartet wird, dass man seine Emotionen im Griff hat. Unter Stress in der Arbeitswelt ist diese Selbstregulierung ein Ausdruck von Persönlichkeitsstärke, der Fähigkeit zur Kooperativität, sich auf andere einzustellen, der Fähigkeit zu Empathie. Eine wesentliche mentale Fähigkeit ist ja die Kompetenz zur *Reduktion* der Möglichkeiten, und eine der größten Schwierigkeiten besteht darin, bewusst Einschränkungen vorzunehmen und die verführerische Vielfalt auf das zu reduzieren, was zum jeweiligen Menschen passt.

Der psychische wie körperliche Selbstschutz, behaupten Soziologen und Psychologen auf der Basis aktueller Studienergebnisse, werde eine der zentralen Anforderungen an das Subjekt von morgen. Arbeitskräfte müssen mehr denn je in der Lage sein, ihre Grenzen selbst zu erkennen. Sie müssen, rein subjektiv, ihre Belastungen frühzeitig zu registrieren lernen – jeder für sich, da die Resilienzfähigkeit individuell stets unterschiedlich ausfällt. Künftig muss sich der Arbeitskraftunternehmer professionalisieren, das heißt: Er muss sich um sich sorgen. Er muss lernen, sich zu begrenzen und seine Schlüsselkompetenzen so einzusetzen, dass dadurch Grenzen gezogen werden. Gegen Burnout helfen weder Betriebsrat noch Tarifvertrag, sondern Selbstbegrenzung. In Zeiten totaler Globalisierung, der Auflösung von Raum und Zeit und dem Paradigma der Gleichzeitigkeit wird niemand ernsthaft wieder feste Zeiten einführen, und wenn zwischen Tokio und Los Angeles sieben Tage die Woche 24 Stunden täglich Handel getrieben wird, kann sich kein Unternehmen fixierte Arbeitszeiten leisten.

Wenn die Zunahme von Burnout, Erschöpfungszuständen, Müdigkeit, Schlaflosigkeit und Depressionen offensichtlich und im Einklang mit der empirischen Forschung auf eine Überlastung der Mitarbeiter hindeuten – wäre es nicht klüger, die Mechanismen der Überforderung zu erkennen, anzuerkennen und Strukturen zu verändern, da in reinem Eigeninteresse keinem Unternehmen erschöpfte Mitarbeiter zum Vorteil gereichen dürften? Der Industriesoziologe G. Günter Voss diagnostiziert seit Langem diesbezüglich in deutschen Unternehmen fortgesetztes Führungsversagen. Die Führungsausbildung sei verheerend, die Bildung der Manager in einem katastrophalen Zustand. Der Fisch stinke vom Kopf her, denn Vorstände und Chefetagen gingen grauenhaft mit ihren Führungskräften um; der Druck werde nach unten weitergegeben, die leitenden Manager könnten sich nicht mehr um ihre Leute kümmern. Voss und seine Kollegen haben in den vergangenen Jahren groß angelegte Befragungen und Studien bei Mobilitätsanbietern, Piloten oder Ärzten durchgeführt. Als ihr größtes Problem sahen die befragten Manager an, nicht mehr richtig führen zu können und ein schlechtes Gewissen zu haben, insofern immense Kosten zu erzeugen, als die eigenen Leute krankheitsbedingt ausfallen oder nicht mehr optimal arbeiten.

Noch immer hängt die Führungskultur in vielen klassischen Betrieben offenbar an alttayloristischen Überlegungen. Die Angst der Unternehmen, sie könnten die Kontrolle verlieren, steht konträr zur Forderung der Arbeitnehmer nach immer neuen Freiräumen. Es ist geradezu paradox, den eigenen Mitarbeitern das Prinzip der Selbstbestimmung und des unternehmerischen Handelns nahezulegen, um sie dann mit Evaluierungs- und Kontrollmechanismen zu überziehen und sie damit wie kleine Kinder zu behandeln. Eine Führungskraft soll unternehmerisch denken, aber auf die Minute genau nachweisen, worin ihre Profitabilität besteht – ist es verwunderlich, dass gelogen wird und Zielvereinbarungen unterlaufen werden?

Misstrauen regiert allerorten, und eine große Zahl an Führungskräften, selbst die Personalchefs großer Unternehmen, so lautet das Resultat von Voss' Studien aus den vergangenen Jahren, scheinen am Ende zu sein. Die alte und aus Sicht des Soziologen falsche Führungskultur hat ein Kurzzeitdenken gefördert, dessen Folge Verantwortungslosigkeit ist – jene Nach-mir-die-Sintflut-Mentalität von Managern, die sich nicht einmal um Mittelfristigkeit kümmern, weil sie im kommenden Jahr ohnehin weiterziehen. Zurück bleibt verbrannte Erde, bleiben verbrannte Seelen und erschöpfte Körper.

Pars pro Toto für eine sich verschärfende Entwicklung sei die Schilderung eines jungen *Eurowings*-Piloten aufgerufen. »Ich fliege meistens vier bis fünf Tage am Stück und habe dann zwei Tage frei, pro Tag absolvieren wir zwei bis vier Kurz- und Mittelstreckenflüge«, gab er *Spiegel-Online* zu Protokoll. Und weiter: »Wenn ich Frühschicht habe, fange ich um fünf Uhr morgens an. Die Spätschicht endet um Mitternacht. Meistens kann ich das gut wegstecken, aber ältere Kollegen erzählen, dass der Job viel anstrengender geworden ist. Ein Flugzeug kostet Geld, solange es am Boden steht, und die Fluggesellschaften versuchen, die Zeit fürs Reinigen, Betanken und Einsteigen möglichst kurz zu halten. Das artet oft in Stress aus. Wir sind im Cockpit dafür zuständig, alles zu koordinieren, und häufig verbringen wir viel Zeit am Telefon, weil die Gangway nicht rechtzeitig andockt, weil der Bus mit den Passagieren sich verspätet, weil die Ladecrew fürs Gepäck nicht zur Stelle ist [...]. Aber bei anderen Billig-Airlines werden Piloten persönlich zusammengefaltet, weil ihre Maschinen verspätet sind oder weil sie zu viel getankt haben. Je voller der Tank, desto schwerer ist das Flugzeug und desto mehr Treibstoff verbraucht es.«

Zu hören und zu lesen ist dieser Tage auch, dass Fluggesellschaften ihre Crews reduzieren, dass die Post eine Filiale nach der anderen schließt, dass private Transportunternehmen Verbindungen streichen, Containerschiffe nur noch mit einer Handvoll Arbeitern bestückt sind, dass es Polizei und Grenzschutz an Kräften mangelt. Dass Freisetzungen, Entlassungen und Verschlankung bisweilen dramatische Personalknappheit provozieren, ist die Ironie der Verknappungsideologie.

Technologien ändern sich schneller als Sozialverhältnisse. Der Prozess der Vereinnahmung des Einzelnen und seine bereitwillige Übernahme von Selbstverantwortung lässt sich so schnell nicht mehr zurückdrehen. Wer Freiheit, Flexibilität und Selbstverantwortung erfahren hat, möchte meist nicht wieder zu Hierarchie, Taylorismus und kontrollierter Auftragserfüllung zurück. Er möchte aber unter Bedingungen frei sein, bei denen er nicht zugrunde geht. Eine gesamtgesellschaftliche Verantwortung für die eigenen Lernprozesse in diesem fundamentalen Wandel wäre hilfreich, dazu Bildungs- und Aufklärungsarbeit auf allen Ebenen der Gesellschaft: in den Betrieben, in den Schulen, in den Parteien. Es müssten unter hoch beschleunigten Umständen historische Lernprozesse ablaufen. Der Mensch der kognitiven Epoche muss lernen, mit den neuen, anspruchsvollen Formen von Subjektivität umzugehen. Er muss lernen, dass wesentlich höhere kulturelle Anforderungen an ihn gestellt werden als in der Kultur- und Sozialgeschichte je zuvor.

In erster Linie, darauf deuten alle Untersuchungen hin, wird es ab jetzt um die sozial gerecht gestaltete Organisation von Zeit zu gehen haben.

Die neue Zeit

»Flexibel« ist in jeder Hinsicht der Schlüsselbegriff der Epoche, nur ist sein Sinn heute ins Gegenteil verkehrt. War Flexibilität gestern der Angelpunkt des selbstrationalisierten Menschen im neuen Geist des Kapitalismus, so ist Flexibilität in der kognitiven Epoche die Befreiung des unternehmerischen Selbst von der trügerischen Freiheit durch Flexibilisierung der Lebensarbeitszeit.

Ziel müsste es sein, dass künftig jeder die Bedingungen seiner Arbeitszeit autonom und selbstverantwortlich gestaltet; Ziel müsste sein, dass jeder Arbeit und Leben nach seinen Bedürfnissen und Wunschvorstellungen austarieren kann; Ziel müsste sein, mittels einer vorausschauenden Personalpolitik individualisierte Lebensarbeitszeitmodelle zu organisieren. Größer als heute war die Chance dazu nie: Das technologische Instrumentarium der Digitalisierung, welches leibliche Präsenz (keineswegs in allen Branchen und keineswegs in gleichem Maße) zunehmend überflüssig macht, erzwingt in gewisser Weise den Bruch mit tradierten Vorstellungen von Arbeits- und Lebenswelt. Selbst wenn Arbeit auch in Zukunft kein Wunschkonzert ist, mag die Möglichkeit, Arbeit und Zeit neu zu organisieren, zur Grundlage jener Utopie werden, die den Menschen im Sinne des Wortes *u-topos* ortlos macht. Mehr noch: die den Menschen als soziales Wesen mit der Sehnsucht nach Lebenszufriedenheit und Wohlbefinden ins Zentrum eines gesamtgesellschaftlichen Kulturwandels stellt. Die den Einzelnen an die Gemeinschaft rückbindet. Die das Gemeinwohl zur tragenden Säule der Ökonomie macht. Durch örtliche Flexibilität ist zeitliche möglich.

Mit Work-Life-*Balance* hat das nichts mehr zu tun, weil es nicht um eine neue Balance von Arbeit und Leben geht, sondern um weit mehr: um die grundlegende Strukturveränderung, um den Wechsel des Paradigmas. Mittlerweile sind Arbeit und Leben weder strikt noch locker voneinander getrennte Sphären, sondern geradezu dynamisch aufeinander bezogen. Sie durchdringen sich. Die Verschmelzung, so mutet es an, erfüllt die Vorhersage des deutschen Sozialphilosophen Frithjof Bergmann aus den 1950er Jahren. Dessen Kritik an den Verführungen des Kapitalismus, an der Überhöhung der Arbeit zu Lasten des Lebens wurden zu Grundsätzen der »New Work«-Bewegung. In Detroit hatte der lange Zeit in den USA lehrende Bergmann 1984 das erste »Zentrum für Neue Arbeit« gegründet. »New Work« ist mehr als nur eine neue Organisationsentwicklung. Bergmann zufolge soll Arbeit aus drei Teilen bestehen: Erwerbsarbeit, Selbstversorgung und subjektiv erwünschte Art und Weise von Arbeit. Durch Automatisierungsprozesse werde für jedermann gekürzte Erwerbsarbeit möglich, um sich von der »Knechtschaft der Lohnarbeit« zu befreien.

In diesem Geist arbeitet heute der Karriereberater, Business-Coach, Diplom-Psychologe und Buchautor Markus Väth und plädiert seit Langem für eine neue Arbeitskultur. Väths Vision will das Subjekt in seiner Selbstbestimmung stärken. In der Arbeit sieht er, so lautet der Titel eines seiner Bücher, die »schönste Nebensache der Welt«. Väth geht es um Veränderung von Organisation durch Demokratisierung, Digitalisierung, Dezentralisierung. Sinngemäß gesagt: Um Profit zu erzielen und erfolgreich zu sein, muss man heute nicht mehr im klassischen Sinne Lohnarbeit betreiben. Ob wissentlich oder nicht, liegen die Ideen von Bergmanns »New Work« auch den Visionen einer »post-work society« zugrunde, die in den vergangenen Jahren einige Köpfe zu beherrschen begann, Vordenker des *Fully automated Luxury Communism* (FALC), auf Deutsch: *Luxuskommunismus*. Zunehmende, gar völlige Automatisierung der Produktionsprozesse durch Roboter, Algorithmen und Smart-Screens ermöglicht aus deren Sicht den für die organisierten Prozesse entbehrlichen Menschen mehr und mehr Freiräume für ein anderes Leben: Sie gewinnen Zeit zur Eigenverfügung und sind allesamt Eigentümer der durch Automatisierung hergestellten Produkte, die nicht dem Profit dienen, sondern den Personen. Luxuskommunisten sehen die Enthumanisierung durch Robotik als große Chance und feiern sie als Voraussetzung einer »Post-Arbeits-Gesellschaft«; die geistesgeschichtlichen Grundlagen des Luxuskommunismus basieren auf einer zeitgemäßen Interpretation von Karl Marx' Hauptwerk »Das Kapital«. Im »Second Machine Age«

muss der Mensch als solcher womöglich nur noch in der Qualitätskontrolle arbeiten – das prophezeiten die US-amerikanischen Wirtschaftswissenschaftler Erik Brynjolfsson und Andrew McAfee in ihrem gleichnamigen Buch und sagten einen Quantensprung des technischen Fortschritts durch das exponenzielle Wachstum der Computer-Power vorher. In einem Zeitungsinterview führte Brynjolfsson kürzlich aus, dass all jene die digitale Revolution überleben werden, die mit der Technologie eine Kooperation eingingen. »Maschinen brillieren in repetitiven Routinearbeiten, Menschen sind kreativ und fähig, persönliche Beziehungen zu anderen Menschen aufzubauen. Gemeinsam sind sie ein unschlagbares Team.«

Für den Wirtschaftswissenschaftler sind Innovationen niemals zu stoppen. Die Opferschmerzen der Jobverluste sind seiner Ansicht nach die Wachstumsschmerzen des neuen Zeitalters der Maschinen, in dem es sich um den Geist, nicht um Materie dreht, um Gehirn, nicht um Muskeln, um Ideen, nicht um Dinge. Die digitale Revolution sei kombinatorisch und wachse exponenziell – die Playstation eines Kindes heute habe mehr Power als ein Supercomputer des Militärs aus dem Jahr 1996. Geht es nach Brynjolfsson, ist der Schlüssel zu künftigem Wachstum die Teamarbeit zwischen Mensch und Maschine.

Der Kapitalismus als solcher zielt immer auf Beschleunigung durch Zeitverdichtung. Immer mehr Produkte und Güter sollen in immer kürzeren Zeiteinheiten produziert werden, dafür immer mehr unter immer günstigeren Bedingungen. Eine »Post-Work«-Gesellschaft aber zielt auf Verringerung von Lohnarbeitszeit pro Person. Der Luxuskommunismus träumt vom Reichtum für alle; all das, was Massenroboter produzieren, soll allen Menschen gleichermaßen zukommen und sie von Arbeit entlasten. Setzte man luxuskommunistisches Denken um, entstünde eine Gesellschaft von Individuen mit hoher Eigenzeitverfügung, in der es weder auf Profitmaximierung einiger weniger (der Produktionsmittelbesitzer) ankommt noch auf das Prinzip permanenter Konkurrenz, das die Menschen, so lautet die Unterstellung, letztlich krank macht.

Immer schon hat die Utopie-Literatur von der Befreiung des Menschen geträumt: durch die Befreiung des Einzelnen von der Last der Arbeit. Die heute vergessenen Autoren der »Technokraten-Bewegung« Anfang des 20. Jahrhunderts in den USA und Kanada ersetzten Politiker durch Wissenschaftler und Ingenieure und glaubten, auf diese Weise Wirtschaft und Wohlstand managen zu können. Offenkundig sind die Analogien zwischen egalitären, auf dem Prinzip der Gleichheit basierenden Politikentwürfen und Sci-Fi-Visionen von Automatenmenschen und Replikanten. Die Mars-Trilogie des US-amerikanischen Science-Fiction-Stars Kim Stanley Robinson, von seinen Anhängern bejubelt, ist der literarische Entwurf eines sozialistischen Utopias – der Traum einer neuen Welt auf dem Blauen Planeten.

Offensichtlich ist der heutige Mensch in Gestalt des Arbeitskraftunternehmers Typ A keineswegs von Arbeit befreit: Die einen haben zu viel und klagen über Überlastung, die anderen haben zu wenig und beklagen Arbeitslosigkeit und Abhängigkeit von staatlichen Transferzahlungen. Die Utopien aber waren selten näher an einer möglichen Verwirklichung als heute, da, wie angenommen, Maschinen den Menschen ersetzen, Roboter Massenproduktion schaffen und das Individuum als »human being« von fremdbestimmender Arbeit und fremdverfügter Zeit »freigesetzt« werden könnte. Nach Ansicht luxuskommunistischer Utopisten ist der Weg bereits eingeschlagen: *Wikipedia* etwa dient als Vorbild einer neuen Organisation von Arbeit, der optimierte 3-D-Drucker oder Landwirtschaftsroboter könnten ihr folgen. Nicht um Maximierung von Geld und Gewinn geht es dann, sondern um die Bedürfnisse des Menschen. Automation und Robotik haben sich dem Menschen unterzuordnen, nicht dem Profit. Inwieweit sich der Mensch dann auch Automaten und Robotern unterzuordnen habe, bleibt offen.

Sowohl die Robot-Ökonomie als auch die Reflexion über ihren möglichen gesellschaftlichen Nutzen haben gerade erst begonnen, peu à peu verschiebt sich die Perspektive von Zeitverdichtung zu Zeitentzerrung. Hatte John Maynard Keynes vor über achtzig Jahren richtig prophezeit, und wir werden in einigen Jahren nur noch drei Stunden pro Tag arbeiten? Diese Vision lancierte der britische Ökonom mitten in der gravierendsten Wirtschaftskrise des vergangenen Jahrhunderts in seiner Abhandlung »Economic Possibilities for our Grandchildren« im Jahr 1930. Drei Stunden am Tag seien genug, um den »alten Adam« in uns zufriedenzustellen. 3-Stunden-Schichten pro Tag ergeben eine 15-Stunden-Woche. Keynes' Vision für das Jahr 2030 kommt manch aktuellen Zukunftsprognosen überraschend nah – zumindest wenn sie den Vorstellungen derer entspricht, die eine Reduktion der Arbeitszeit in Zukunft für unvermeidbar halten. Abwegig ist das nicht, ein Großteil der Bundesbürger wünscht sich ohnehin, weniger zu arbeiten. Eine im Oktober 2016 von der Körber-Stiftung in Auftrag gegebene repräsentative Forsa-Umfrage belegt die Kluft zwischen Wunsch und Wirklichkeit deutlich: Im Schnitt arbeiten die Deutschen 37,6 Stunden pro Woche, wünschen sich allerdings 31,3 Stunden Wochenarbeitszeit. Konkret heißt das: Die Erwerbstätigen in Deutschland arbeiten pro Woche einen ganzen Arbeitstag mehr, als sie eigentlich möchten. Und fast die Hälfte der Befragten wünscht sich eine Arbeitszeitreduktion beider Elternteile für mehr Familienzeit.

Die Idee eines Fünf- statt Achtstundentages könnte dann Relevanz beanspruchen, wenn sie für Arbeitgeber wie Arbeitnehmer gleichermaßen zum Benefit wird. Gewiss, immer mehr Vollbeschäftigte *wollen* weniger arbeiten, *sollen* aber, weil sie länger leben, auch länger arbeiten. Sozialpolitischen Ideen der CDU zufolge soll das Renteneintrittsalter an die Lebenserwartung gekoppelt werden, was die Sozialkassen in doppelter Weise entlasten würde: Versicherte zahlen länger Beiträge ein, und Rentner beziehen ihre Rente über eine kürzere Zeit. Die sozialen Risiken müssten insofern abgefedert werden, schlagen die empirischen Wirtschaftswissenschaftler

Peter Haan und Johannes Geyer vom Deutschen Institut für Wirtschaftsforschung vor, als dass der Rentenzugang stärker flexibilisiert werden muss, weil starre Altersgrenzen dem zukünftigen Bedarf nicht mehr gerecht werden. Der gleitende Übergang in die Rente sei ebenso vorstellbar wie der Bezug von Teilrenten vor dem 63. Lebensjahr. Und: »Die nach wie vor bestehenden Armutsrisiken im Alter sollten durch eine Verbesserung der steuerfinanzierten Grundsicherung abgesichert werden.«

Denkt man Leben, Arbeit und Zeit zusammen, kommt man zwangsläufig zur Rente.

Exkurs über Rente

Das staatliche Rentensystem ist seit Jahrzehnten durch ständige Interventionen geprägt und – an jeder rational kalkulierten und nachhaltig berechneten Wirklichkeit vorbei – allzu gern den Launen spendierfreudiger Wahlkämpfer aller Parteien ausgeliefert. Rente ist die Gretchenfrage der Sozialmoral jeder Gesellschaft: Wie halten wir's mit der Lebensleistung?

Je demografisch ungünstiger die Gesellschaft sich entwickelt – will heißen: Je länger die Menschen leben und je weniger Junge nachkommen –, desto mehr fallen die Alten vor allem als Wähler ins Gewicht. Rentenrhetorik macht also politstrategisch Sinn. Die Rente als Gesamtkunstwerk der jeweils epochalen Lebensarbeits-

zeit ist immer eine Angelegenheit politischen Macht-
gewinns und sozialer Gerechtigkeit zugleich – und
verrät auf luzide Weise den Blick der Regierenden auf
die Zukunft. Vollmundig bekundeten Sozialpolitiker
beider großkoalitionären Volksparteien 2013, die aus
ihrer Sicht großen Gerechtigkeitslücken schließen zu
wollen: mittels Mindestlohn und Rentenreform. Unter
Federführung der verantwortlichen Ministerin Andrea
Nahles kam man bekanntlich überein, die seit 2007 bestehende Rentenformel zu verändern – nach Ansicht
des so unverdächtigen wie renommierten Rentenöko-
nomen Axel Börsch-Supan ein Desaster. Warum?

Zwei Kategorien entscheiden maßgeblich über das
Rentenniveau: die Beschäftigungslage und die Demo-
grafie. Eine dritte, aber wesentliche kommt hinzu: die
Zeit. Denn vier Faktoren waren im zwischen 2001 und
2007 klug geschnürten Paket zur Altersvorsorge zusammengedacht: die graduelle Erhöhung des Rentenein-
trittsalters von 65 auf 67 Jahre; die Riester-Rente, um die
jüngere Generation zu entlasten; die steuerfinanzierte
Grundsicherung, der zufolge alte Menschen nicht unter
die Armutsgrenze rutschen sollen, sowie der Nachhal-
tigkeitsfaktor. Ebender sollte die demografische Last
gleichmäßig zwischen der älteren und der jüngeren
Generation verteilen; Beitragssatz und Rentenniveau
steigen oder sinken um etwa den gleichen Prozentsatz,
wenn die demografische Last zunimmt.

Nun aber fehlt ganz offensichtlich – trotz tausend-
facher Einwanderung junger Geflüchteter – ein Drittel
junge Generation, um die Rentenfinanzierung in Zu-

kunft bestandssicher zu machen. Die Altersarmut wird Börsch-Supan zufolge bis zum Jahr 2030 um 60 Prozent anwachsen, also von 3 auf etwa 5,4 Prozent der über 65-jährigen Deutschen, die Grundsicherung beziehen. Infolge der vorgesehenen Abschaffung des Nachhaltigkeitsfaktors läge der Beitragssatz im Jahre 2040 also um etwa 4 Prozentpunkte höher. Und wenn ein Punkt erhöhte Sozialabgaben erfahrungsgemäß 100 000 verlorene Arbeitsplätze bedeuten, so rechnet der Experte vor, dann schrumpft die zur Finanzierung der Rente so wichtige Beschäftigungsbasis um 400 000 Stellen. Alle zusätzlichen Rentenleistungen müssen die Jüngeren finanzieren. Weil die Deutschen bekanntlich immer länger leben, erhalten sie auch immer länger Geld aus der gesetzlichen Rentenversicherung; die Rentenbezugsdauer hat sich seit 1960 nahezu verdoppelt (die Frauen erhalten im Schnitt 21 Jahre lang gesetzliche Rente, ihre Rentenbezugsdauer hat sich seit 1984 um etwa 8 Jahre erhöht). Den Jüngeren bleibt nur noch das geringere Rentenniveau: Nach 2030, wenn die »Rente mit 63« ausläuft, erhält der Neurentner noch 43 Prozent des letzten Bruttoeinkommens. Die Rente mit 63 wird aus Beitragsmitteln, nicht über Steuern finanziert. Das heißt: Die Mehrheit zahlt über höhere Beiträge und geringere Renten doppelt. Die Jungen müssen folglich bis weit über 70 arbeiten, um alle vorhergesagten und vorhersagbaren Fehler des Systems auszugleichen – mit dem Resultat einer dennoch viel geringeren eigenen Alterssicherung. Oder anders gesagt: Weniger Junge müssen immer mehr Alte umlagefinanzierend versorgen. Die kommende Generation zahlt mehr in das Sozialsystem ein, hat nichts mehr davon und verschärft dadurch die eigene Altersarmut.

Allzu viel Pessimismus scheint hingegen unbegründet, denn die Löhne werden nach Ansicht der Arbeitsmarktforscher auch in Zukunft steigen – und die Renten- ist bekanntlich an die Lohnentwicklung gekoppelt. Die historische Erfahrung seit der industriellen Revolution legt nahe, dass die Produktivität nicht in Sprüngen, sondern gemäßigt um durchschnittlich 1,5 Prozent pro Jahr steigt. Die Renten entwickeln sich also dynamisch weiter, wenn auch nicht so schnell wie die Löhne. Heute liegt die Altersarmut bei 3 Prozent, die schwärzeste Prognose geht von 5,4 Prozent für die Zukunft aus, allerdings nicht bei den Älteren, sondern bei Migranten und Alleinerziehenden.

Die Generation der Babyboomer, die für einen massiven Altersquotienten sorgt, verlässt den Arbeitsmarkt um das Jahr 2040. Um dann die neue Dynamik auffangen zu können, fordern Experten seit Langem eine Dynamisierung des Rentenalters: Wenn sich die Lebenserwartung dynamisch verändere, müsse sich auch die Lebensarbeitszeit dynamisch verändern. Die sozialpolitische Grundformel 2:1 bleibt ja bestehen: Ein Jahr Ruhestand muss durch 2 Jahre längeres Arbeiten finanziert werden. 40 Jahre Arbeit sind 20 Jahre Rentenbezug. Der Dynamik der Veränderung muss also mit einer Dynamisierung der Lebensverläufe begegnet werden, und das wiederum ruft nach einem neuen Lebensarbeitszeitmodell. Und einem Mentalitätswandel.

Anzeichen einer Wertewende

Das soziale Sicherungssystem der Bundesrepublik basiert noch immer auf der Annahme eines lebenslang ungebrochenen Erwerbslebens. Die Zukunft aber wird eine Arbeitswelt hervorbringen, die mit dem alten Industrie- und Sozialmodell der Wirtschaftswunderzeit wenig zu tun hat. Wer vor diesem historischen Wechsel eine neue Arbeitszeitkultur fordert, ruft zugleich zu neuen Arbeitsnormen auf. Er fordert einen neuen Begriff von Arbeit und begründet diese Forderung mit einem Wertewandel. Der Wert der Arbeit besteht nicht länger in ihrer Erfüllung, sondern erfüllende Arbeit besteht in ihrer individuellen Gestaltung. Ein motivierter, ausgeruhter Arbeitnehmer ist für einen Arbeitgeber bekanntlich wertvoller als ein erschöpfter, der sich im inneren Exil befindet und mit Krankmeldungen und Apathie nicht nur die Effizienz, sondern auch die Kollegen belastet. Wenn die einen Kollegen früher zur Arbeit erscheinen, die anderen erst spät beginnen, die einen mehr, die anderen weniger arbeiten, bleiben Spannungen nicht aus.

Die Anerkennung des Arbeitnehmers als selbstgestalterisches Subjekt würde bedeuten, auch dessen Anspruch auf ein je subjektives Lebensarbeitszeitmodell anzuerkennen. Führungskräfte könnten in diesem Lernprozess ein Vorbild sein, wenn auch sie ihre Arbeitszeit reduzieren, also in Teilzeit führen, was vor allem für Mütter in Führungspositionen attraktiv wäre.

Vorschläge veränderter Arbeitswelten gibt es en

masse; sie stoßen, je nach Kulturkreis und Land, auf idio-synkratische Widerstände – hierzulande sind dies meist tradierte Vorstellungen von Effizienz, Präsenz und Hier-archiegläubigkeit. Veränderungen sind so gut wie im-mer struktureller Natur. Einen solch veritablen, man könnte sagen: fundamentalen Strukturwandel vollzieht zum Beispiel die »Holacracy«-Bewegung, deren Ideen samt einer sogenannten Verfassung im Jahr 2010 öffent-lich gemacht wurden. Der von der US-amerikanischen Firma »Holacracy One LLC« und seinem Gründer Brian Robertson intendierte Wandel in der Unternehmens-kultur zielt auf neue Maßstäbe im Selbstmanagement. Die Bewegung will tradierte und traditionelle Manage-menthierarchien durch ein neues »Peer-to-Peer«-System ersetzen und somit Transparenz, Leistungsverantwor-tung und organisatorische Mobilität steigern. Dynamik statt Statik, Rollen statt Stellen. In der Holacracy-Welt besetzen die Mitarbeiter mehrere Rollen in verschiede-nen Teams statt nur eines singulären Jobprofils, das, so denkt man im Holacracy-Orbit, unpräzise, überholt und für die Arbeit im Alltag irrelevant sei. Die Erweiterung des Arbeitsverständnisses, so heißt es, erlaube dem Ein-zelnen in großem Maße, seine kreativen Talente auszu-reizen, die diversen Rollen mit wachem Bewusstsein und großer Klarheit auszufüllen, wovon wiederum das ganze Unternehmen profitiert. Statt Menschen sollen Rollen und Regeln mit Autorität ausgestattet, jederzeit verändert, neu definiert und umgeschrieben werden. Die Zustimmung des Chefs ist nicht mehr nötig, die klas-sischen Managementhierarchien gibt es in Holacracy nicht mehr. Geteilte Autorität ersetzt die delegierte, kollektive Verantwortung wird geteilt. Entbürokratisierung und Auflösung der herkömmlichen Machtstrukturen sollen laut »Verfassung« der Bewegung ein Unternehmen befähigen, sich schnell an sich wandelnde Umstände anzupassen. Durch sogenannte *governance meetings* monatlich vollzogene Updates sollen die langfristigen, teils fünf Jahre dauernden ersetzen, Rollen und Prozesse in kurzen Abständen überprüft und aktuellen Entwicklungen angepasst werden. Holacracy ist ein System aus verschiedenen Kreisläufen sich selbst organisierender Teams, deren Struktur permanent verändert wird. Alle Mitarbeiter haben den gleichen Rang, es gibt keine Chefs, keine Titel, keine Boni, die Meinung aller ist relevant; das Unternehmen organisiert sich selbst.

Leicht ist zu erkennen, dass es sich hier um eine sehr US-amerikanische Einstellung zu Arbeit und Leben handelt, die mehr als die europäische und deutsche das Trial-and-Error-Verfahren gutheißt und im Versuch wie im Scheitern angewandte Kreativität walten sieht. Jenseits pauschaler Kritik an der hoch innovativen und gelegentlich ethische Maßstäbe ignorierenden Silicon-Valley-Kultur drängt sich die Frage auf: Wäre nicht ernsthaft zu eruieren, inwieweit besagter Paradigmenwechsel in der holakratischen Arbeitsorganisation auch für einen deutschen Wertewandel von Interesse sein könnte? Was würde das konkret bedeuten? Chefs ohne Chefbüro zum Beispiel; Geschäftsführer, die ihr Geschäft nicht vor Ort führen, sondern sich zwei Jahre bewusst im Ausland aufhalten, um neue Erfahrungen zu sammeln und einen »exotischen« Blick aufs eigene Unternehmen zu werfen; offene Bürolandschaften; Meditationskurse für Führungskräfte; Unternehmen, in denen alle Mitarbeiter das gleiche Gehalt beziehen; mittelständische Unternehmen, in denen das Team entscheidet, wie viel der Neuling verdient; Basis-Teamarbeit dort, wo früher einzelne Abteilungen werkelten und nach oben gehend ein Rädchen ins andere griff; regelmäßige Wahl, Neuwahl und Abwahl der Führungspersonen durch die Belegschaft und somit häufiger Wechsel der Spitze; direkte Kommunikation ohne Umwege über Termine und Vorzimmer; regelmäßiger Austausch mit dem CEO. Die neue Arbeitskultur will also Chefs, die loslassen und basisdemokratisieren, sie will Mitarbeiter, die sich trauen, Ideen einzubringen und mitzusprechen. In den vergangenen Jahren haben sich auch in Deutschland Unternehmen im holakratischen Geist gegründet, etwa die Hamburger Agentur »elbdudler GmbH«, in der die Mitarbeiter ihren Arbeitsalltag so gestalten, wie es ihnen passt. Einen Vorgesetzten gibt es nicht, die Angestellten können kommen und gehen, wann sie wollen. Die Gehälter aller sind allen bekannt, sein Gehalt bestimmt jeder Mitarbeiter selbst anhand der Fragen: Was brauche ich? Was verdienen meine Kollegen? Was kann sich die Firma für mich leisten? Das durchschnittliche Gehalt eines »elbdudler«-Markenstrategen liegt bei 4000 Euro brutto im Monat. Der Agentur-Geschäftsführer, knapp über 30, lässt sich wie folgt zitieren: »Was nützt es mir, wenn man seine Arbeit schon getan hat, aber noch nicht gehen kann, weil die Uhr noch nicht Feierabend anzeigt. Man muss die Menschen wie Erwachsene behandeln und ihnen Verantwortung geben. Nur so können lösungsorientiertes Arbeiten und Qualitätssteigerungen stattfinden.«

Die Agentur bietet digitale Strategieberatung an, Employer Branding, Kampagnenkonzentration und Markenstrategie, Social-Media-Management, Website-Entwicklung und »Performance-Marketing«. In den 9 Geboten heißt es: Wir reden miteinander (1). Unser Wissen ist dazu da, geteilt zu werden (2). Wir stellen alles infrage, auch uns (3). Wir lügen nicht, auch nicht für Umsatz (4). Für unsere Kunden tun wir alles. Wenn es sinnvoll ist (5). Wer kein Ziel hat, kann es auch nicht erreichen (6). Kompetenz schlägt Hierarchie (7). Vertrauen ist gut (8). Einfach mal machen (9). Der Claim: »Bei uns arbeiten die tollsten Menschen!« Das Selbstverständnis: Avantgarde.

Die Firma »Dark Horse Innovation« in Berlin setzt dagegen auf Interdisziplinarität. 30 Absolventen der »School of Design Thinking« an der Potsdamer Universität haben 2010 gemeinsam ein Start-up gegründet und lehren seither ihre Kunden die Parameter der neuen Arbeitswelt. Natürlich will man, kaum überraschend, die Kunden befähigen, die Chancen der digitalen Revolution zu erkennen und davon zu profitieren. Vollzeitarbeit scheint nicht nötig, und Geld wird als notwendiges Übel angesehen. Berichtet wird ferner, dass jeder der Mitarbeiter einmal im Jahr den Wunsch äußern könne, »Mönch« oder »Pilger« zu sein, was bedeutet: der Mönch arbeitet, der Pilger geht auf Reisen. Interdisziplinäres Denken sei der große Schatz des Unternehmens, gibt eine Mitarbeiterin kund, jeder Pilger bringe von einer anderen Arbeit oder einer Reise neue Ideen und Kontakte mit. Es gebe eine Grundausschüttung für alle und jeden, und wer mehr Projekte betreue, verdiene anteilig mehr. »Soziokratie« heißt das Organisationsprinzip – Entscheidungen werden durch jene getroffen, die gerade anwesend sind.

Die sich verändernde Arbeitskultur – vornehmlich im Bereich der Media-, Design-, Digital- und Werbe-Agenturen – befolgt nolens volens (oder im Gegenteil: durchaus volens) die Fundamentalkritik vieler Soziologen, Therapeuten, Psychologen und Arbeitsforscher an der bisherigen Praxis, der zufolge die Unternehmen von der Angst beherrscht seien, die Kontrolle zu verlieren, während sie aber gleichzeitig neue Freiräume forderten.

Gute Führung könnte so gesehen in Zukunft etwas ganz anderes als bisher bedeuten: mit Überforderung konstruktiv umzugehen, Arbeitsfülle klug zu reduzieren und den Leitbegriff demokratischer Gesellschaften für den Arbeitsalltag fruchtbar zu machen: Partizipation. Teilhabe durch Teilnahme, Teilnahme durch Teilhabe. Man könnte die große gesellschaftliche Aufgabe eines neuen Humanismus im mühsamen Lerneffekt der Selbstbegrenzung sehen, was freilich kein Salto mortale hinter die Individualisierung zurück ist. Vielmehr geht es darum, Strukturen und Bedingungen zu schaffen, innerhalb deren sich das zu jeder Zeit große Potenzial des Menschen nach Bedürfnissen und Vorstellungen der Menschen selbst entfalten kann. Die sozialen Faktoren Vertrauen, Zugewandtheit und Empathie müssten zu

Leitwerten einer neuen Führungskultur erhoben werden, deren Leitbegriff kulturelle Wertschöpfung heißen könnte. Wertschöpfung jedenfalls geschieht durch Wertschätzung.

Der Kapitalismus hat sich in den letzten 30 Jahren in den OECD-Ländern stark verändert. Durch die Finanzierung mittels Shareholder Values und kurzfristiger Rendite-Erwartungen ist ein hoher Bedarf an allseitiger Flexibilität, Geschwindigkeit und Schnelligkeit entstanden. Die Menschen wurden mit entsprechenden neuen Anforderungen konfrontiert: Zeitdruck, Beschleunigung und Akkumulation von Aufgaben. So begann das Problem der Enthumanisierung.

Und nun könnte der Prozess der Wiederhumanisierung einsetzen. Gemeint ist eine Zeitenwende. Ein neues System, eine *Revolution* im eigentlichen Sinne des Wortes.

Die neue Welt

Ein neuer Humanismus 4.0 will ja nichts weniger – oder mehr –, als dem Menschen das Ursprünglichste zu ermöglichen: ein gutes Leben in einer gelingenden Gesellschaft zu führen und dabei nicht hinter den erreichten Grad an Individualität zurückzufallen. Das, so scheint es nach Betrachtung aller Phänomene, erfordert eine Wandlung konventioneller Vorstellungen. Der Paradigmenwechsel zu einem neuen Lebensarbeitszeitmodell hat bereits begonnen, fundamentale Veränderungen sind im Gang. Themen, die in den vergangenen fünfzehn Jahren nur kleinere politische Zirkel beschäftigten, haben sich in der Gesellschaft ausgebreitet – die Gleichstellung der Geschlechter etwa, Arbeitszeitoptionen oder rechtliche Ansprüche auf Auszeiten. Das Recht der Väter auf Partnermonate hat mehr und mehr Männer ermutigt, in Elternzeit zu gehen. Worum geht es bei all dem in erster Linie? Um Zeit. Um Auszeit. Um eine Wertverlagerung. Um das gute Leben. Die Elternzeit ist ein erster Schritt, wie groß auch immer, zu höherer Gerechtigkeit der Geschlechter im Sinne der Gleichheit von Erziehungsaufgaben. Kluge Politik kann durchaus Maßstäbe setzen, denen sich über die Zeit Gesellschaft und Wirtschaft anpassen, und in dem Maße, in dem der rechtlich garantierte Anspruch realisiert wurde, begann das Umdenken in der Gesellschaft und Wirtschaft, in der noch immer beharrliche Kräfte der Starrheit und des Traditionalismus walten. Umdenken heißt immer auch: neu arrangieren, organisieren, konzipieren.

Das spätmoderne Individuum steckt in der Zwickmühle: durch die Unvereinbarkeit von Familie und Beruf, durch das Verhältnis von Mobilität und Flexibilität, durch die Konstruktion der Paar- und Familienbeziehungen. Die Imperative der Selbstverantwortung, der Selbstkontrolle, Selbstrationalisierung eines absoluten Individualismus führen ja bekanntlich in die Ambivalenz: Sei du selbst! Ja, aber weiß man, wer dieses Selbst ist? Werde, wer du bist! Ja, aber weiß man, WER man ist? Weiß man, was man will? Man weiß, was man tun soll, was erwartet wird, was Norm ist. Aber wer ist dieses *Ich*?

Jeder Wandel zeitigt Konsequenzen. Es verändert die Arbeitsorganisation spürbar, wenn hochqualifizierte Frauen Ansprüche an Familiengründung geltend machen. Gesetzlich garantierte Arbeitszeitoptionen, Elternzeit, Elterngeld oder Pflegezeit sind verbürgte und einklagbare Rechte; sie können anlassbezogen für zeitweilige Erwerbsunterbrechungen oder Arbeitszeitreduzierungen genutzt werden. Eine Freistellung für längerfristige Weiterbildung und Bildungsurlaub sind gesetzlicher Anspruch, und Sabbaticals können ebenso durch Tarifverträge geregelt werden wie Arbeitszeitkonten und ein flexibler Übergang in den Ruhestand. Kurz gesagt: Im internationalen Vergleich ist die *gesetzliche* Situation in Deutschland gut, *rechtlich* betrachtet fehlt hierzulande nicht mehr viel für ein gutes Leben in einer gelingenden Gesellschaft. Das Problem ist meist die unternehmenskulturelle Umsetzung. In vielen Betrieben, befindet Christina Klenner, Diplom-Ökonomin und Referatsleiterin der Genderforschung am Düsseldorfer Wirtschafts- und Sozialwissenschaftlichen Institut der gewerkschaftsnahen Hans-Böckler-Stiftung, werde noch immer stark geschlechtlich segregiert. Von 2014 bis 2016 führte Klenner das Forschungsprojekt »Arbeitszeitoptionen im Lebenslauf« durch und analysierte sechs deutsche Großbetriebe mit jeweils über 1000 Beschäftigten – zwei Polizeibehörden, zwei Krankenhäuser und zwei Industriebetriebe, über die Bundesrepublik verteilt. Die Themen:

Umsetzung von Arbeitszeitregelungen in den Betrieben, lebenslauforientierte Personalpolitik, Inanspruchnahme rechtlich garantierter Arbeitszeitoptionen. Ein konzeptionelles Muster sei nicht erkennbar, lautet die Erkenntnis, angestoßene Wandlungsprozesse seien eher zufällig. Je stärker die Veränderungen greifen, je selbstbewusster die Vertreter der nachkommenden Generation ihre rechtlichen Ansprüche auf angewandte Arbeitszeitoptionen anmelden, umso mehr wird die Forderungshaltung der Jungen für viele traditionelle Unternehmen zum Problem.

Man kann es auch anders sehen: Je häufiger die Betriebe mit den neuen Forderungen konfrontiert werden, desto mehr sind sie gezwungen, sich damit auseinanderzusetzen. Zwar gibt es nach Erkenntnis der Forscher schon heute viele Manager, die unterstützen und helfen wollen, es aber nicht können, weil sie die Verordnungen aus der höchsten Führungsetage, mit weniger oder möglichst wenig Personal auszukommen, umsetzen müssen. *Rationalisierung* heißt ja im Klartext meist: Köpfe reduzieren und Menschen entlassen, ohne entsprechende Reduzierung des Arbeitsvolumens. Die Personalausstattung ist in vielen Formen und Unternehmen so eng, dass im Krankheits- oder Urlaubsfall die entstehende Belastung von den anderen kaum noch zu schultern ist. Sollte in einer solch heiklen Situation dann jemand seinen Anspruch auf Arbeitszeitoptionen wie Bildungsurlaub, Elternzeit, Arbeitszeitreduktion oder Freistellung fürs Ehrenamt einklagen, ächzt nicht nur das ganze Team, sondern es sind Feindseligkeiten programmiert. Der moralische Fürsorgeanspruch der Führungskraft gegenüber den eigenen Mitarbeitern gerät mit der ökonomischen Output-Erwartung in Konflikt. Also müssen die Optionen erkämpft werden. Oder sie laufen ins Leere. Kein kleines Dilemma.

Darüber hinaus ist eine Großzahl der Führungskräfte noch immer davon überzeugt, dass die Arbeit ohne Anwesenheitspflicht und direkte Begegnung nicht gut organisiert werden könne. Die intellektuelle Aufgabe der Führungskräfte von morgen kommt einer operativen gleich: Sie müssen sich auf den Zusammenhang zwischen der lebensphasenorientierten Arbeitszeitgestaltung, neuer Arbeitsorganisation und veränderter Personalsituation in ihrem Unternehmen einlassen. Diese gibt es freilich nicht umsonst, aber nur eine kluge Unternehmenskultur, die frühzeitig die Weichen stellt, verspricht nachhaltigen Erfolg.

Der Benefit könnte für einen Arbeitgeber im hohen Lebensarbeitszeit-Prestige liegen, und im Ringen um begehrte Fachkräfte kann ein aufgrund seiner Lebensarbeitszeitmodelle attraktives Unternehmen Vorteile generieren. Arbeitgeber-Attraktivität lässt sich durch selbstverständlich angewandte Arbeitszeitoptionen durchaus steigern. Wer in sein Personal investiert, beugt dessen Abwanderung vor. Er bindet seine Fachkräfte. Er verhindert, dass vor allem Frauen das Handtuch werfen und lange Erwerbspausen einlegen. Von einer weitsichtigen Unternehmenskultur profitieren die Betriebe langfristig auch ökonomisch, wenn die obersten Managementetagen erkannt haben, wohin der Hase läuft.

Am Beispiel des Chefarztes einer Großklinik lässt sich illustrieren, wie sich vorausschauende Personalpolitik ausgestalten könnte.

Der Mann, der eine große Abteilung innerhalb des Klinikkomplexes leitet, ist ständig mit der schwierigen Aufgabe beschäftigt, Schwangerschaften von Assistenz- und Oberärztinnen so abzusichern, dass weder jene, die schwanger oder in Elternzeit sind, noch die, die nach der Schwangerschaft zurück in die Klinik kommen, das Gefühl haben, sie störten den Ablauf oder vergrätzten die Kollegen. Personalpolitik von morgen muss immer auch Familie mitdenken. Da das Mutterschutzgesetz nach Bekanntwerden einer Schwangerschaft bestimmte Tätigkeiten verbietet, erkämpft der Chefarzt gegen die Personalabteilung, dass für jede Frau, die auf unbestimmte Zeit ausscheidet, jemand Neues eingestellt wird – und zwar unbefristet. Er ist der Meinung, auch denen, die die Lücken füllen, eine Perspektive bieten zu müssen, was diese wiederum motiviert. Seine Überzeugung, Erfahrung und Motto zugleich, lautet: Die nächste Schwangerschaft kommt bestimmt; mit Ausfällen ist immer zu rechnen. Wie kann man dem begegnen? Entweder eine Abteilung arbeitet von sich aus mit Personalpuffern, oder sie muss sehr flexibel und kontinuierlich mit ständigen Ersatzeinstellungen operieren. Der Chefarzt verfolgt insofern eine vorausschauende Personalentwicklung, als er davon ausgeht, dass die Frauen, die er heute als Ersatz neu hereinholt, morgen selber schwanger werden können. Während der Vertretung für eine Schwangere kann sich die neue Mitarbeiterin entsprechend qualifizieren, um nach Ablauf der Vertretungszeit die Stelle jenes Kollegen zu übernehmen, der in vier Jahren in Rente gehen wird.

Eine weitsichtige, auf Motivation und Effizienz zielende Arbeitsorganisation, die einer veränderten Wirklichkeit gerecht werden will und sowohl Geschlechtergerechtigkeit im Blick hat als auch ein individualisiertes Arbeitszeitmodell, erfordert eine professionelle Qualifikations- und Personalentwicklung. Da in den Unternehmen permanent neue Bereiche entwickelt und strukturell verändert werden, hat es das Management mit einer Gesamtdynamik zu tun, die am besten mit den Prinzipien der Rotation oder Rochade umschrieben sind.

Eine bewegliche Arbeitsorganisation rechnet von vornherein mit ständigen Ausfällen und entwickelt bestimmte und spezifische Qualifikationen mehrmals – analog zum Rotationsprinzip erfolgreicher Fußballvereine. Dort sind alle Positionen doppelt oder dreifach mit hochqualifiziertem Personal besetzt. Jeder Spieler kann alle Positionen gleichermaßen spielen; sobald einer verletzt ist, greift je nach Bedarf das System der Rotation. Die Rochade wiederum geht einen Schritt weiter, weil derjenige, der ausfällt, erst gar nicht durch einen neu Eingestellten ersetzt wird. Stattdessen findet eine innerbetriebliche Umversetzung von 3 oder 4 oder 5 Leuten statt. Will heißen: Niemand hat die Garantie darauf, seine Position bis ans Lebensende zu behalten, aber jeder, der eingestellt wird, ist an anderer Stelle im selben Unternehmen einsetzbar, womit auch die gesetzliche Pflicht zur Rückkehr des Elternzeitnehmers auf einen *vergleichbaren* und gleich entlohnten Arbeitsplatz erfüllt wird. Für eine dynamische Personalgestaltung ist Mühe, Aufwand und dauerndes Studium der jährlichen Fluktuationsraten vonnöten: Wie viele gehen von sich aus, welche Stellen werden nachbesetzt, wer geht wann in Ruhestand? Gewiss, man kann – wie in vielen Betrieben vielfach schon Realität – mit sogenannten »Springern« operieren, was allerdings nach Ansicht der Arbeitsmarktforscher oft mehr schlecht als recht funktioniert, schließlich springen ja Menschen ein und keine Reservisten.

Jede gute Führungskraft agiert nach dem Fürsorgeprinzip und balanciert Personalressourcen und Aufgaben aus. Personalplanung muss mit akuten Ausfällen rechnen, und jede individuelle Arbeitszeitvereinbarung steht unter dem Vorbehalt, dass beispielsweise der sterbenskranke Vater des Mitarbeiters gepflegt werden muss oder das Kind in der Schule Probleme bekommt und Aufmerksamkeit erfordert. Vor diesem Hintergrund hat eine Abteilung im Technologieunternehmen Bosch die App »Kapaflex« entworfen, mit der der Meister die Schichten plant. Eine Gruppe von Mitarbeitern agiert in Form eines abteilungsinternen Netzwerks als eine Art Pool; wenn einer plötzlich ausfällt, stehen die anderen, per App signalisiert, kurzfristig zu einer Sonderschicht zur Verfügung; der Teamleiter findet schnell, unbürokratisch und verlässlich Ersatz. Im Falle von Bosch wird zudem auf regionale Gegebenheiten geachtet; im Werk am Standort Bühl an der deutsch-französischen Grenze haben die in Frankreich lebenden Mitarbeiter mittwochs frei, weil in Frankreich mittwochs die Kinderkrippen geschlossen sind.

Der Kulturwandel, mehr noch: der Paradigmenwechsel, lässt sich bestens studieren über den Vergleich eines herkömmlichen, sagen wir: analogen Betriebes wie ein Krankenhaus, eine Polizeistation oder ein klassisches Industrieunternehmen mit einem Digitalunternehmen der Generation Y. Der Zeit voraus – oder besser: Katalysator der Zeitenwende – war seit seiner Gründung 2003 die deutsche Digital-Plattform XING. Vieles dessen, was traditionelle Betriebe womöglich als revolutionären Bruch mit herkömmlichen Strukturen empfinden würden, ist bei XING Alltag. Vorderhand könnte man sagen: Hier arbeitet ein anderer Typ Mensch, vor allem ein wesentlich jüngerer. Das Durchschnittsalter der 900 Mitarbeiter liegt bei 30 Jahren, zur Unternehmensgründung im Jahr 2003 war die Mitarbeiterschaft im Schnitt 25 Jahre jung. XING hat 7 »Business Units«, und jede dieser Abteilungen regelt ihre Personalsituation selbst. Geschätzte 70 Prozent der Väter im Unternehmen gehen in Elternzeit, die meisten zwei Monate. Jeder Mitarbeiter kann die Arbeitszeit auf 80 Prozent reduzieren – die einen halten einen Tag in der Woche frei, die anderen gehen mittags um 15 Uhr nach Hause, weil sie ihre Söhne und Töchter aus der Kita holen wollen. 80 Prozent Arbeitszeit heißt 80 Prozent Gehalt. In einem Haus wie XING sind 80-Prozent-Verhältnisse Standard. Die Mitarbeiter nutzen diese Möglichkeit, um nebenbei einen Blog zu schreiben, gehen anderen Interessen nach oder bilden sich weiter.

80 Prozent zu arbeiten erfordert andererseits hohe Disziplin, die Gefahr der Selbstausbeutung ist groß. Zu bewerkstelligen ist das nur, wenn die Mitarbeiter einen Tag komplett freinehmen und dann weder E-Mails lesen noch *doch mal schnell* ins Büro kommen. Die Erfahrung lehrt: Wer von zu Hause aus arbeitet, arbeitet mehr als die vertraglich bezahlte Arbeit. In Relation wird mehr gearbeitet als im Vollzeitverhältnis, auch das gehört zur Wahrheit der neuen Arbeitswelt, weshalb Homeoffice-Tage ganz im Sinne der Geschäftsführung sein müssten.

Dass jede Mitarbeiterin und jeder Mitarbeiter *zu jeder Zeit* auf 80 Prozent reduzieren kann, ist den Executives ebenso wichtig zu sagen wie die Erwähnung, dass der CEO zur Zeit des Gesprächs im dreimonatigen Sabbatical sei und der Vertriebsmanager in Kürze in zwei Monate Elternzeit aufbreche. Und die weibliche Führungskraft im Bereich Human Resources zum Beispiel arbeitet in Teilzeit auf 80 Prozent sowie einen Tag die Woche von zu Hause aus.

Auch sonst ist im Hauptquartier am Hamburger Gänsemarkt einiges anders und durchaus so, wie es das New-Work-Klischee überliefert. Der eigene Hund im Hundebett am Arbeitsplatz ist ausdrücklich erlaubt, es gibt ein Café und mehrere Treffpunkträume, bei einer Stand-up-Conference stehen vier Männer in T-Shirt und Jeans um einen Apple-Bildschirm herum, per Video zugeschaltet ist der gerade abwesende Kollege in Vaterzeit, mit umgeschnalltem Baby im heimischen Wohnzimmer. Berichtet wird von einer Führungskraft, die im Homeoffice in Madrid ein Team aus fünf Mitarbeitern leitet – drei davon sitzen in Barcelona, zwei in Hamburg. Der Vorstand hat keinen Dienstwagen, noch nicht einmal ein eigenes Büro. Der CEO sitzt im Großraumbüro, weil es keine festgelegten Arbeitsplätze und persönlichen Schreibtische mehr gibt, und muss wie jeder andere auch den Meeting-Raum buchen.

Die digitale Organisation der Arbeitswelt hat nicht nur die Lebenszusammenhänge, sondern auch die Abläufe drastisch verändert. Sie macht es möglich, dass sich Arbeitsabläufe verändern lassen. Wer Digitalisierung als Chance begreift, kann so gut und leicht wie nie zuvor Arbeitszeitoptionen umsetzen und individualisierte Lebensarbeitszeitmodelle zulassen. Diese Art der Arbeit nimmt zu: im Marketing, in der Werbung, dem General Management oder in Media-Agenturen. Das hat nach Auffassung des XING-Vorstands für Produktentwicklung Timm Richter zu einer Machtverschiebung zwischen Führung und Angestellten geführt: »Wissensarbeiter bekommen eine immer größere Bedeutung. Denen ist bewusst, dass sie eine andere Rolle haben. Im ›War for Talents‹ hat sich das Machtverhältnis hochqualifizierter Wissensarbeiter ganz klar in Richtung Arbeitnehmer verlagert.« Weil die meisten Digitalunternehmen und Media-Agenturen weit mehr offene Stellen haben, als sie auffüllen können, generiert der Fachkräftemangel an Produktdesignern, Produktmanagern oder Programmierern bei Angehörigen der Generation Y ein hohes Selbstwertgefühl. »Heute erstarren die Bewerber nicht mehr dankend in Ehrfurcht, eher auf Augenhöhe in den Interviews«, sagt XING-Vorstand Richter, »da gibt es genügend, die wissen, sie können auch woanders arbeiten.«

Salopp gesagt: Die jungen Leute haben keinen Bock mehr auf die alte Welt. Sie wollen eine coole Firma. Dienst nach Vorschrift gibt es bei XING nicht, es herrscht das Prinzip der Vertrauensarbeitszeit. Wie viel jeder Einzelne trotz Arbeitszeitregelung im Vertrag tatsächlich arbeitet, hängt von ihm oder ihr selbst ab. Also sagt der Vorstand: »Wenn du Leuten heute kein Sinnangebot machen kannst, dann kommen die im Zweifel nicht zu dir.« Weshalb eine Liste weiterer Angebote an den künftigen Mitarbeiter hinzukommen kann, wie etwa Essensgutscheine, kostenloses Smartphone, Fitnessstudio-Rabatt, Tischfußball und Spielecken, Yogaräume, Betreuung durch den Werksarzt, Physiotherapie und Sozialberatung samt cooler Partys.

Ein IOS-Entwickler in seinen 20ern ist höchst begehrt, erhält jede Woche 20 Anfragen von Headhuntern und weiß, dass er, hört er bei einem Arbeitgeber auf, in der kommenden Woche aus fünf neuen Angeboten wählen und sich die für ihn attraktivste Stelle aussuchen kann. Diese heute so gefragten Fachkräfte haben Informatik studiert oder sich das Programmieren selbst beigebracht – die IOS-Technologie kann sich mittlerweile jeder aus dem Netz aufs i-Pad herunterladen. Es zählt dann allein seine Klasse, die eigene Qualität bringt ihn weiter, egal, in welchem Reichen- oder Prekariatsviertel er aufgewachsen ist. Dieser Programmierer ist ein prototypischer »Wissensarbeiter«, einer jener Arbeitnehmer der »Wissensgesellschaft«, deren Arbeit man nicht mit der Stechuhr messen kann, deren Wertschöpfung in kreativen Prozessen entsteht, deren Resultate wiederum neue Produkte sind, die es zu entwickeln gilt. Wer wollte das messen? Kreativität in der Wissensarbeit lässt sich nicht erzwingen, nicht organisieren, nicht planen, sie ist im wahrsten Sinne unberechenbar. In der Wissensarbeit gibt es keinen linearen Zusammenhang zwischen Zeiteinsatz und Endresultat. Die Frage, ob jemand »gut« ist oder nicht, zeigt sich aber durchaus im Zusammenspiel mit Kollegen und Vorgesetzten. Digitalisierung und Flexibilisierung zwingen jeden, sich besser zu organisieren. Die üblichen »Remote Teams« – mit dem Entwickler in Barcelona, dem Management in Hamburg, dem Verkauf in München – erfordern viel Reife, Disziplin und Vertrauen auf beiden Seiten, bei Arbeitgeber wie Arbeitnehmer.

Der Verschiebung des Machtverhältnisses entspricht die Verschiebung der Wertvorstellungen. Die Frage nach dem Sinn des eigenen Lebens – oder weniger philosophisch: nach dem Sinngehalt des eigenen Tuns im täglichen Leben – kann sich heute fast jeder leisten, weil das Wohlstandsniveau den Großteil der Menschen nicht mehr zur Erfüllung von Primärbedürfnissen zwingt. Wohlstand ermöglicht die Muße fortgesetzter Reflexion über das eigene Befinden und die eigenen Zukunftsaussichten, und die in den 1990er Jahren sozialisierten Zeitgenossen kamen direkt in den Genuss der bundesdeutschen Errungenschaften: Wohlstand, sozialer Friede und individualisierte Selbstbestimmung.

Die doppelte Arbeit

Unternehmen und Arbeitnehmer stehen vor denselben Zukunftsfragen: Was bleibt nach der Automatisierung, da man den Menschen doch bald weitgehend ersetzen kann? Welche Kompetenzen werden gefragt sein? In erster Linie die sozialen, die nicht ersetzbar sind, also Teamfähigkeit, Einfühlungsvermögen, Kommunikationsfähigkeit, Konflikt- und Kritikfähigkeit. Zeitverfügung ist Selbstverfügung. Das ethische Verhalten eines Unternehmens ist ebenso wie die unternehmerische Ethik zu einem Kristallisationskern für Prestige und Image geworden. CSR – also die gesellschaftliche Verantwortung eines Unternehmens durch Corporate Social Responsibility etwa mittels Finanzierung sozialer Projekte – gehört heute zum guten Ton; auch das Bekenntnis zum Gemeinwohl ist unabdingbar geworden. Weil Unternehmen nicht nur ökonomische Profit-Generatoren sind, sondern auch einen Beitrag zur sozialen Wertschöpfung leisten sollten, hat Management auch eine gesellschaftliche Funktion. Unternehmen gestalten und prägen Gesellschaften ebenso wie Märkte und leisten somit zwangsläufig einen Beitrag zum Public Value.

Der Kulturwandel hin zu einem guten Leben in der kognitiven Epoche bezieht nicht nur ethische Dimensionen in die Ökonomie ein, sondern basiert auf einem erweiterten Begriff von Arbeit. Bislang wurde unter Arbeit ausschließlich entlohnte Erwerbsarbeit verstanden, der Rest galt als Freizeit in Form von Kindererziehung und Altenbetreuung, Weiterbildung und Sport. Die kul-

turelle und politische Weichenstellung für eine fort-
schreitende Gleichstellung der Geschlechter, der Generationenvertrag und die Gerechtigkeit zwischen Alt und
Jung, die Längerlebigkeit der Menschen, der revolutio-
näre Sprung vom Analogen zum Digitalen, Vernetzung,
Verflechtung, Zeitverdichtung, der Kulturwandel in Unternehmen – all dies erfordert einen neuen Begriff von
Arbeit. Denkt man alle Entwicklungen der vergangenen
dreißig Jahre zusammen und vor allem weiter, kommt
man um dessen Neudefinition nicht herum.

Dreh- und Angelpunkt eines neuen Arbeitsbegriffs ist
die Sorge. Die Sorge versteht den Menschen als leibsee-
lisches Individuum in seiner Ganzheit, ausgestattet zu
jedem Moment mit selbstzweckhafter Würde. Sorge
um sich ist die Sorge um ein gelingendes eigenes Leben.
Jede Gesellschaft ist auf die Reproduktion ihrer selbst
angewiesen, um fortlaufend Bestand haben zu können,
und unter Sorge subsumieren sich alle Tätigkeiten, die
mit der Reproduktion von Kultur und Sozialität zu tun
haben.
   Sorge meint Pflege: die Pflege seiner selbst und der
unmittelbaren Umwelt. Jeder Mensch als Individuum ist
vergesellschaftet, und wir können uns nur um uns kümmern, wenn wir es mit den anderen zusammen tun,
selbst wenn wir die anderen als solche nicht persönlich kennen. Bedürfnisorientierung funktioniert nicht
im Investitions-Rendite-Modus, sondern als Sorge um
mich, um den anderen und damit um die Gesellschaft
als Ganze. Mit der Ausprägung der Industriegesellschaft

und ihres Leitbilds des autonomen Subjekts sind Wissen und Gespür dafür verloren gegangen, dass der Mensch als solcher existenziell abhängig und grundsätzlich bedürftig ist. Jeder braucht, um ein gutes Leben zu führen, Zuwendung und Versorgung.

Reproduktion ist ja nichts anderes als die *praktische* Sorge um sich und den anderen: Zeugung und Erziehung von Kindern, Bekümmerung und Pflege der Eltern, Aufbau und Pflege des Haushalts. All das ist gesellschaftliche Reproduktionsarbeit, die bisher nicht als Arbeit, sondern als Tätigkeit betrachtet und nicht entlohnt wurde. Laut repräsentativer Zeitverwendungsstudie des Statistischen Bundesamts ist das Arbeitsvolumen in Deutschland zu 59 Prozent nicht entlohnt und zu 41 Prozent entlohnt. Unter den entlohnten 41 Prozent sind wiederum 7 Prozent professionelle Sorgearbeit in Pflegeheimen oder Kindergärten – was den Sorgebereich als ganzen noch größer macht: zwei Drittel Sorgearbeit, ein Drittel Erwerbsarbeit. Die jüngste der alle fünf Jahre vom Statistischen Bundesamt verfassten Studien zur »Zeitverwendung der Deutschen« weist 2015 aus: Sorgearbeit nimmt mehr Zeit in Anspruch als Erwerbsarbeit. »Erwachsene verbrachten 2012/2013 durchschnittlich rund 24,5 Stunden je Woche mit unbezahlter Arbeit und rund 20,5 Stunden mit Erwerbsarbeit. Nach ersten Ergebnissen aus der Zeitverwendungserhebung 2012/2013 arbeiteten Frauen mit rund 45,5 Stunden insgesamt eine Stunde mehr als Männer. Dabei leisteten Frauen zwei Drittel ihrer Arbeit unbezahlt, Männer weniger als die Hälfte.«

Woran liegt das? Durch Kosten-Nutzen-Rationalisierung in Krankenhäusern beispielsweise werden alte wie junge Patienten viel schneller entlassen und der Obhut der Familie übergeben als früher. Vor allem Frauen haben dann einen höheren Aufwand an Pflege und einen nicht entlohnten Fulltime-Job in der häuslichen Sorgearbeit, während der Mann nach wie vor als Ernährer das Geld verdient.

Dem verbetrieblichten Arbeitskraftunternehmer im Erwerbsbereich entspricht nun der verbetrieblichte Arbeitskraftmanager im familiären Sorgearbeitsbereich. Was gestern noch als Freizeit durchging, wird morgen der Erwerbsarbeit gleichgestellte Sorgearbeit sein. Warum? Weil beide Bereiche gleiche Strukturen und Prozesse, Zwänge und Anforderungen aufweisen. Hausaufgaben der Kinder, Pflege der Eltern, Einkaufen, Kochen, Rückentraining und Ehrenamt lassen sich nicht trennen und werden deshalb unter »Sorge« geführt. Man darf die Sorge-Aktivitäten mit Fug und Recht deswegen als »Arbeit« bezeichnen, weil sie, im Gegensatz zur reinen Tätigkeit, *ziel- und zweckgerichtetes* Tätigsein sind; alles andere wäre Muße. Muße aber, so wunderbar sie ist, ist ja gerade kein zielgerichtetes Tätigsein, sondern selbstzweckbezogene Kontemplation, aus sich selbst, um ihrer selbst willen.

Der Terminus »Sorgearbeit« ist das deutsche Äquivalent zum Begriff »Care«-Arbeit, der um 1990 in den USA und in Großbritannien geprägt wurde und über die Jahre hinweg nach Europa und Deutschland kam.

Darauf basierend hat 2009 die Arbeitssoziologin, Genderforscherin und Feministin Gabriele Winker, vornehmlich mit Blick auf die Situation der Frauen, die Idee der »Care-Revolution« formuliert. Seither knüpft sich – anfangs zaghaft, in jüngerer Zeit stärker – in der Bundesrepublik ein Care-Netzwerk mit mittlerweile über 80 Kooperationspartnern und acht Regionalgruppen von Berlin bis Freiburg, was ebenso Interesse beim christlichen Arbeitnehmerverband, beim Familienbund der Deutschen Katholiken wie bei den Grünen und der Linkspartei findet.

Im Begriff »Care« vereinen sich Sorge, Fürsorge und Selbstsorge als entlohnte und vor allem unbezahlte Nichterwerbsarbeit, die als »Sorge für die gemeinsame Welt« (Hannah Arendt) sowohl Grundlage der Conditio humana als auch Fundament eines demokratischen Zusammenlebens sein sollte. Ohne soziale und also fürsorgliche Beziehungen als Grundausstattung ist der Mensch weder arbeitsfähig noch produktiv. Die Frage »Who cares«? könnte man variiert wie folgt übersetzen: »Wer sorgt für wen«? Und dem umgangssprachlichen »Wen kümmert's?« ließe sich im Sinne der Sorge begegnen mit der Antwort: »Mich.«

Wer also von Arbeit spricht, muss künftig das Verhältnis von Sorge- und Erwerbsarbeit mitdenken, und wer von Arbeitszeit redet, muss den doppelten Arbeitsbegriff im Fokus behalten. Problematisch wird es, wenn die Sorgearbeit allerdings nach den gleichen Prinzipien funktioniert wie die Erwerbsarbeit, nur ohne entlohnt zu sein. Die Erschöpfung und Entkräftung sind im Bereich der Sorgearbeit ebenso anzutreffen wie im Erwerbsarbeitsbereich; auch hier greift das Primat der Selbstökonomisierung und Selbstrationalisierung. Was wird wann wie getaktet? Die oder der Einzelne muss weit mehr als früher Verantwortung für ihre oder seine Biografie übernehmen. Auch der Kinderwunsch unterliegt der Verbetrieblichung der Lebensführung – angesichts aller Anpassungsanforderungen und widerstreitenden Ansprüche an die richtigen Zeitfenster für Kind und Karriere, Zeit und Sorge vor allem eine Frage guten Managements der jungen Frau.

Weil Sorgearbeit nicht nur Sorge um den anderen bedeutet, sondern vor allem Selbstsorge, ist jeder Individualist Typ A in der M-Zeit-Kultur westlicher Industriegesellschaften ein Sorgearbeiter. Die wichtigste Frage einer zeitgemäßen Reflexion über Gerechtigkeit als Chancengleichheit in der kognitiven Epoche 4.0 ist jene nach den *Bedingungen der Reproduktion von Gesellschaft.* Jede Gesellschaft ist auf Reproduktion ihrer selbst angewiesen, um fortlaufend Bestand haben zu können. Ohne Sorgearbeit, die jeder Bürger am Anfang, am Ende und zwischendurch immer wieder leistet beziehungsweise in Anspruch nimmt, kann eine diverse, multiethnische Gesellschaft nicht funktionieren. Sorgearbeit ist der »Sockel der Gesellschaft« (die Soziologin Karin Jurczyk), auf dem Erwerbsarbeit erst möglich wird.

Der neue Arbeitsbegriff stellt große Anforderungen an den Einzelnen, die nicht mehr in einer Tradition verankert sind. Auch die Selbstsorge findet sich im Sog des Ökonomischen. Selbst und Sorge: Wann komme ich von meinem Selbst zum sozialen Wir einer sozialen Gemeinschaft? Kritische Psychologie wie Evolutionäre Anthropologie betrachten den Menschen als prosoziales, also von vornherein auf Kooperation angelegtes Wesen. Die Sorge um den anderen ist also mein eigenes Bedürfnis. Die Bedürfnisorientierung als Sorge um das Selbst ist in den vergangenen Jahren ein wichtiger Topos in der Transformation des Glücksbegriffs geworden: Immer mehr junge Mensch wollen ein gutes Leben und verstehen darunter ein Leben in der Sorge um sich, den anderen und die natürlichen Lebensgrundlagen. Bei groß angelegten Erhebungen, etwa dem »World Values Survey« oder dem »Euro-Barometer-Survey«, wird nach der Lebenszufriedenheit der Menschen gefragt, weltweit, europaweit, deutschlandweit, so lassen sich die Bedingungen und abhängigen Variablen bestimmen. Alle Teilnehmer werden dasselbe gefragt, etwa: *Generell betrachtet: Wie zufrieden sind Sie heute mit Ihrem Leben als Ganzem?* Oder: *»Allgemein gesagt: Sind Sie sehr zufrieden, ziemlich zufrieden, nicht sehr zufrieden oder überhaupt nicht zufrieden mit dem Leben, das Sie führen?«*

In der Glücksforschung rücken mehr und mehr die Bedingungen der Zufriedenheit mit dem jeweiligen Leben in den Blick. »Glück« als »Volksglück« betrachtet, wie oben skizziert, bezieht weit stärker die äußeren Bedingungen mit ein. Dadurch wird Glück zu einem politischen Faktor, dessen Bestimmung von einer ganzen Reihe externer Einflussfaktoren abhängig ist. Der höchste Level an Wohlbefinden für jeden Einzelnen ist Ziel und Zweck der Analyse und Kritik sozialer und politischer Institutionen. *Glück* als objektiver Tatbestand ist abgelöst worden von der subjektiv verankerten Wohl-befindlichkeit des Einzelnen und ist also kein Glück als allumfassender Zustand einer tugendhaften Seele im antiken Sinn, sondern viel bescheidener: gesteigerte Zu-friedenheit. Da aber bleibt die Glücksforschung nicht stehen, sondern geht wieder hinauf ins Allgemeine. Ihr geht es zwar um das individuelle Befinden, aber nicht mehr um das Individuum, sondern um etwas Größeres: die Volksbeglückung.

In Hinsicht auf das Volksglück und die Umstände einer gelingenden Gesellschaft unter spätmodernen Bedin-gungen ist nicht länger zu rechtfertigen, dass Sorge-arbeit unterbewertet und niederrangig bleibt. Durch die Abspaltung von Care-Aufgaben aus den Wertsphä-ren des öffentlichen Raumes und ihre Auslagerung ins Private wurden Care und Weiblichkeit dauerhaft ver-knüpft. Wenn Frauen zunehmend erwerbstätig sind, sich an der Organisation und Aufteilung der Sorgear-beit aber nichts ändert, geht das zu Lasten der Frau. Die empirischen Daten des Deutschen Zentrums für Al-tersfragen zeigen deutlich, dass sich an der Aufteilung der Hausarbeit bis heute nichts geändert hat. Obwohl die Erwerbsquote bei älteren Frauen steigt und Frauen in wachsendem Maße selbst erwerbstätig sein wollen, sind es – selbst wenn sie Vollzeit arbeiten – doch immer noch sie, die Frauen, die die Hausarbeit übernehmen. Was insofern eine Vermännlichung ist, als Frauen sich an männlichen Erwerbsverläufen orientieren, Männer sich aber nicht an typisch weiblichen Aufgaben. Die arbeitssoziologischen Familienstudien sagen klipp und klar: Frauen schränken den Umfang ihrer Erwerbstätigkeit nach wie vor für die Aufgaben in der Familie ein, Männer mit Kindern hingegen haben oft sogar längere Arbeitszeiten als Männer ohne Kinder.

Das Problem der Vereinbarkeit von Erwerbstätigkeit und Sorgetätigkeit tritt ja nur auf, wenn man erwerbstätig ist. Naturgemäß ist auch das Potenzial der Frauen erschöpflich, und niemandem ist geholfen, verteilte man nur Erwerbsarbeit, nicht aber Sorgearbeit um. Es gilt also, die Anforderungen der Erwerbsarbeit in den Sorgearbeitsbereich zu übersetzen; Berufstätigkeit und Sorgearbeit müssen vereint werden, was weit mehr bedeutet als nur die schiere Vereinbarkeit von Familie und Beruf.

Die Leitidee des neuen Kapitalismus – der Geist des Arbeitskraftunternehmertums, der Selbstrationalisierung, Selbstökonomisierung und Selbstverantwortung – hat ja die Vorstellung zu einer Rationalität erhoben, dass jede erwachsene Person sich selbst zu ernähren habe. Das heißt: Der Zeitgenosse als Individualist hat sich um sich selbst zu kümmern. Er muss sich um sich sorgen, er muss sich versorgen, und er muss seine Angelegenheiten selbst besorgen. Sorge im Sinne eines neuen Humanismus aber heißt immer auch Pflege, und in der Pflege drückt sich Zuwendung und die Hoffnung auf Künftigkeit aus. Der gesellschaftliche Stellenwert der Pflege und Sorge ist in den vergangenen Jahren größer geworden, und man könnte den Lebensarbeitszeitmodus der nahen Zukunft *episodische Sorge* nennen: Sorge im Sinne nachhaltigen Sorgens um sich.

Zwei der wirkmächtigsten Philosophen des zwanzigsten Jahrhunderts haben – je unterschiedlich und beide anders als hier vorgeschlagen – den Begriff der »Sorge« ins Zentrum ihrer Überlegungen gestellt. Martin Heidegger hatte bekanntlich in der Selbstsorge den Sinn des Seins erkannt, weil Sorge nach seiner Auffassung Dasein in der Welt bedeutet. Und bei Michel Foucault ist die »Sorge um sich«, so lautet der 1989 erschienene dritte Band des Werks »Sexualität und Wahrheit«, der zentrale Topos auf der Suche nach dem moralischen Subjekt und einer Ethik der Existenz.

Eine Gesellschaft, deren reiche und nichtreiche Mitglieder nicht an sozialen Beziehungen verarmen wollen, braucht ein zeitgemäßes Sorgeleitbild und eine zukunftsfeste Infrastruktur. Um den Bedürfnissen einerseits, den technologischen und sozialen Veränderungen andererseits gerecht zu werden, bedarf es einer Neuorganisation von Zeit. Die Arbeit an Bewusstsein und Wandelfähigkeit ist Kulturarbeit und beginnt mit dem Primat physischer Zuwendung in der kognitiven Epoche. Selbst wenn Roboter Pflegearbeit erledigen und Maschinen den alten Menschen das Alltagsleben erleichtern könnten, kann kein noch so intelligenter Automat Zuwendung durch Ansprache und Berührung leisten. Sozialität entsteht durch zwischenmenschliche Beziehung; die Stimme, das Timbre, das angemessene Wort als Tonalität der Menschlichkeit können nicht prozessual durch hyperfunktionale Automation geleistet werden. Wenn Zuwendung zur womöglich perfekt programmierten Dienstleistung wird, muss sie letztlich käuflich erworben werden. Zuneigungserwerb aber ist eine armselige Nötigung. Soll Zuwendung nicht auf Knopfdruck verrichtet werden, braucht man dafür Zeit. Der achtsame Umgang miteinander, der in der Berührung, der Ansprache steckt, formuliert die große gesellschaftsethische Aufgabe der nahen und mittleren Zukunft: Die Rückeroberung des eigenen Lebens durch die Rückgewinnung von Eigenzeit. Eigenzeit heißt soziale Zeit: Zeit für die eigene Existenzsicherung und Zeit für Beziehungen, Zeit für den anderen, Zeit für Gestaltung. Nur mit Zeit für die Sorge um sich ist soziale Verantwortung denkbar. Die Rückeroberung der Zeit hat vor allem mit der autonomen persönlichen Gestaltung des Lebensverlaufs zu tun: mit der *Hoheit über das eigene Leben*.

Dieser Tage nun, da die Idee des sich selbst rationalisierenden und ökonomisierenden Arbeitskraftunternehmers auch auf den familiären und den sozialen Bereich zutrifft, kommen völlig neue Züge einer ethischen Existenz zutage, die dann zu Vorzügen werden, wenn sie die Dimension der Selbstsorge mit einbeziehen. Die Familie ist nicht länger eine Befehls-, sondern eine »Verhandlungsfamilie« (Jurczyk), die traditionale Begründung der »Normalfamilie« ist durch die je individuelle Begründung des Lebensglücks abgelöst worden. Lebensarbeitszeit lässt sich nicht länger als Erwerbsarbeitszeit begreifen. Die Verdopplung der Arbeit als zugleich Erwerbs- und Sorgearbeit zwingt jeden Bürger dazu, mehr und früher Verantwortung für die Gestaltung seiner eigenen Biografie zu übernehmen. Auf welche Weise das geschieht, ob durch strengen Zeitplan, »management by objectives« oder »management by chaos«, obliegt jedem selbst.

Die Herkulesaufgabe der erschöpften Arbeitskraftunternehmer Anfang des 21. Jahrhunderts besteht offensichtlich darin, die Berufsbiografie in Zeiten totaler Flexibilität zu entzerren und tradierte Arbeitszeitmodelle, die mit traditionellen Rollenmodellen korrespondieren, peu à peu aufzulösen. Die Vollzeiterwerbstätigkeit des *Mannes als Ernährer* und die Teilzeiterwerbstätigkeit der *Frau als Hilfskraft oder Mutter* entspricht weder den soziokulturellen Entwicklungen der vergangenen Jahre noch den Anforderungen einer demografisch sich fundamental verändernden Gesellschaft. Die Zeichen der nahenden Zukunft als Antwort auf Längerlebigkeit, Erschöpfung und Geschlechtergerechtigkeit signalisieren deutlich, dass die Zeit des Mannes als Ernährer passé ist. Der Kulturwandel führt zur zunehmenden Gleichstellung der Frau – auch wenn Frauen nach wie vor durch ein konservatives Familienmodell belastet sind.

Immer mehr Männer verstehen offenbar, dass sie als Familienvater gebraucht werden – auch zum psychischen Wohl ihrer Kinder. Aktuelle Studien aus Großbritannien belegen, wie wichtig die Liebe des Vaters, Wertschätzung und Rollenvorbild in den frühen Jahren eines Kindes sind. »Ob und wie sehr sich der Vater in den ersten Jahren eines Kindes emotional einbringt, beeinflusst das Verhalten von Kindern und Jugendlichen ungemein«, lässt sich der Studienleiter von der Universität Oxford zitieren. Resümée der Untersuchung von 6000 Fällen: Im Alter von neun bis elf Jahren waren jene Kinder seelisch stabiler und weniger verhaltensauffällig, deren Väter sich in ihrer Vaterrolle wohlfühlten, dem Kind zugewandt waren und Betreuungsverantwortung übernommen hatten. Leitende Wertvorstellungen haben sich bemerkenswert geändert und sind dabei, sich abermals zu ändern. Es sind Schritte welcher Größe auch immer auf dem Weg zu einem individuellen Lebensarbeitszeitmodell der Sorge. Ethisch und moralisch wie auch politisch und zunehmend juristisch führt dieser Weg in die Lebenswelt einer sorgenden Gemeinschaft im Sinne der Reproduktion kultureller Wertschöpfung.

Zeit und Sorge

Jeder Versuch einer Neubestimmung von Lebensarbeitszeit wird an einer Reduzierung von Arbeitszeit nicht vorbeikommen. Ohne Verkürzung der Arbeitszeit ist die Überforderung des Einzelnen nicht auszuhebeln.

Besteht das Ziel in einem individualisierten, ja personalisierten Lebensarbeitszeitmodell, muss Arbeitszeit im je eigenen Lebensverlauf subjektiv unterschiedlich gestaltet werden können. Die steigende Langlebigkeit der Menschen und die gute Gestaltung dieser zusätzlichen Lebenszeit im Alter erfordern kluge Konzepte der Pflege, aber auch der Entlastung junger Menschen, die nicht nur für die wachsende Zahl der potenziellen Rentner aufzukommen haben, sondern für sich selbst die Frage nach dem Verhältnis von Erwerbs- und Sorgearbeit beantworten müssen. Der Hyperfunktionsmodus der Erwerbsarbeit hat den Arbeitskraftunternehmer der M-Zeit-Kultur offensichtlich an seine Grenzen gebracht, der Zwang zur Flexibilisierung im Erwerbsleben hat zum Verlust von Flexibilität im Leben geführt. Was fluid sein sollte, scheint jetzt erstarrt. Wenn der Lebensverlauf löchriger, entzerrter und im Sinne der Münchner Arbeitssoziologin Jurczyk »atmend« werden soll, wenn es über die Biografie hinweg mehr Räume und also Zeiten zur freien Verfügung geben soll, ist eine andere, neue Verzahnung von Erwerbsarbeit und Lebenszeit nötig. Wenn es stimmt, dass die Subjektivierung der Erwerbsarbeit durch das Arbeitskraftunternehmertum des Einzelnen zu einer Verdichtung der Arbeit geführt hat, ist die logische Folge eine Vermehrung des Arbeitsvolumens. Reduktion der Arbeitszeit muss also eine Reduktion des Arbeitsvolumens sein, sonst hätte man ja nichts gewonnen. Es wäre töricht, von acht auf sechs Stunden pro Tag zu reduzieren und nicht ebenso die Menge der zu erledigenden Aufgaben zu reduzieren. Vor allem Frauen sind häufig in der bislang nicht entlohnten Sorgearbeit mit einer Verdichtung und Verzerrung konfrontiert, wenn sie, wie so oft, drei Jobs in einem erledigen, womit der geschlechtergerechten Gleichstellung von Frau und Mann wahrlich nicht gedient ist.

Wer über atmende Lebensläufe spricht, muss auch über forcierte Prozesse in der globalisierten Ökonomie reden. Unternehmen müssen oft und schnell sehr viel mehr leisten, um permanent wettbewerbsfähig zu sein – immerhin konkurriert jede Firma mit jeder anderen auf der Welt und in gewisser Weise jeder Arbeitnehmer mit jedem anderen. Wettbewerbsdruck lässt sich nicht wegwünschen oder nationalpolitisch aufkündigen. Er ist da. Man kann Globalisierung nicht zurückdrehen und am Bismarck'schen Sozialstaatsmodell festhalten. Geraten Modelle mit der Wirklichkeit in Konflikt, ist selten die Wirklichkeit schuld; Modelle lassen sich ändern. Eines der Grundprinzipien guter Institution besteht darin, die veränderte Lebenswirklichkeit der Menschen zu erkennen und die Konsequenzen aufzufangen, die Rahmenbedingungen zu gestalten, die Prozesse zum Teil zu steuern. Politik kann heute nicht mehr von einer ungebrochenen Erwerbsbiografie ausgehen, sondern muss auch deren Brüche berücksichtigen.

Die falsche Kopplung von Zeit und Arbeitspensum hat in die Überforderung, die Überforderung in die Erschöpfung, die Erschöpfung in die Krankschreibung geführt. Unter den verschärften Bedingungen des demografischen Wandels, der Langlebigkeit bei gleichzeitigem Kinderschwund, wird ein gutes Leben nur unter dem Vorsatz einer neuen Definition von Arbeitspensum pro Zeiteinheit gestaltbar.

Kein Arbeitgeber kann ein Interesse an Krankheit und Erschöpfung seiner Mitarbeiter haben; andererseits lässt sich kaum leugnen, dass dort, wo Vertrauensarbeitszeit herrscht und man den Beschäftigten die Verantwortung für ihr Produkt überträgt, oft weit mehr gearbeitet wird. Welcher Kompromiss wäre denkbar?

Zum Beispiel die Verständigung über die Qualität von Arbeit und Arbeitsprozess. Jeder Arbeitnehmer soll, darf und kann mehr arbeiten – aber nur dann, wenn er es möchte. Arbeit wird an die Bedürfnisse der subjektiven Zeitgestaltung angepasst, ohne quantitative Einbußen zu erleiden – mit der begründeten Hoffnung auf höhere Qualitätserfüllung. Das allerdings, keine Frage, bevorteilt jene, die sich eine Entzerrung der Lebensläufe leisten können, will sagen: Wie überall sonst haben die Bürger auch hier unterschiedliche Startvoraussetzungen und Gestaltungsmöglichkeiten. Stressbelastung, Zeitnot und Erschöpfung empfinden ausnahmslos alle sozialen Gruppen; eingekaufte Sorge und Pflege können sich nicht alle leisten, was zu einem Gefühl von Ungerechtigkeit bei denen führen könnte, die der Verschärfung schutzlos ausgeliefert sind. Wer sich private Kinderbetreuung leisten kann, kann sehr wohl seinen Tag nach eigenem Gusto gestalten. Er kann sich Entlastung kaufen.

Natürlich haben es, wie immer in Fragen sozialpolitischer Güteklasse, die skandinavischen Länder bereits verstanden. In Schweden ist die erwerbstätige Mutter eine Selbstverständlichkeit und Gleichberechtigung seit Langem Staatsziel, während Deutschland noch immer am familialistischen Sozialstaatsmodell festhält, das die Allzeitverfügbarkeit der Frau in der Sorgearbeit voraussetzt und statt einer Individualbesteuerung lieber die Ehe privilegiert – was vergleichbar übrigens nur noch im hochkatholischen Polen der Fall ist. Stimmt aber die These von der Verweiblichung der Bildungsverläufe, nehmen wir als plausibel an, dass mit den Prinzipien Netzwerk, Kooperation und Integration in Zukunft vornehmlich weibliche Kompetenzen gefragt sind und erkennen wir schließlich an, dass immer mehr Frauen in puncto Bildung und Berufsabschluss mit Männern gleichziehen oder dieselben gar überholen – dann ist es doch ein allzu sinnvolles und gerechtfertigtes Ansinnen, sowohl Bildungsabschlüsse als auch Lebenswirklichkeit in Beruf samt Einkommen und ebenso ein gutes Leben umzusetzen.

So verstörend wie faszinierend ist die – im Übrigen europaweit festzustellende – Tendenz, dass hochgebildete Frauen ein anderes Verpartnerungsverhalten als Männer an den Tag legen. Zu diesem Ergebnis kommt die in 25 europäischen Ländern durchgeführte Studie »Families in Societies«. Nachdem sich über die vergangenen Jahrzehnte hinweg Frauen und Männer ihre Partner in derselben Schicht auf gleichem Level gesucht haben, rutschen Frauen – je mehr sie aufsteigen und je mehr Geld als die überholten Männer sie verdienen – in eine andere Rolle.

Überspitzt gesagt: Erfolgreiche Frauen verpartnern sich nach unten; die Wissenschaftlerin ehelicht den Schreiner. Je weiter oben die Frau, desto dünner die Auswahl an möglichen Partnern, weil sich Männer meist nach unten orientieren. Im Umkehrschluss heißt dies nichts anderes, als dass hohe Bildung die Frau daran hindert, ein Kind zu bekommen.

Die Verschiebung der Lebenszeiträume zwischen den Generationen innerhalb einer Familie lässt sich empirisch klar belegen. Personen um die 50 Jahre haben infolge der gestiegenen Lebenserwartung noch weit länger lebende Eltern als früher. Mit der steigenden Lebenserwartung wächst auch der Aufwand an Sorgearbeit innerhalb der Familie. Eltern werden meist erst pflegebedürftig, wenn die Kinder bereits längst aus dem Haus sind. Die veränderte Problematik der Vereinbarkeit von eigener Berufstätigkeit und eigenen Kindern, die lange Zeit für die erste Lebenshälfte diskutiert wurde, zeichnet sich jetzt viel stärker für die zweite Lebenshälfte ab. Ältere Frauen betreuen trotz andauernder Erwerbstätigkeit auch noch ihre Enkelkinder. Trotz verbesserter Kita-Situation steigt der Anteil der Kinderbetreuung durch die Großeltern. Die intergenerationellen Familienbeziehungen, lautet einer der zentralen Befunde des Deutschen Alterssurveys 2014, sind intakt und selten konflikthaft. Diese Beobachtung deckt sich mit den Ergebnissen einer repräsentativen vom Meinungsforschungsinstitut Forsa im Auftrag der Körber-Stiftung im Oktober 2016 durchgeführten Umfrage. Der Gleichklang zwischen den Generationen in Deutschland, heißt es, sei überraschend groß: 37 Prozent der unter 30-Jährigen und 38 Prozent der Älteren finden die nachkommende Generation zu stark belastet. Nur eine knappe Mehrheit der Deutschen hält den Generationenvertrag noch für gerecht, vor allem die Rentner selbst sehen die

Entwicklung kritisch. Die Älteren erklären sich, so lautet ein Rückschluss der Studie, erstaunlich oft mit den Jungen solidarisch.

Um den verhängnisvollen Zusammenhang zwischen niedriger Mortalitäts- und niedriger Fertilitätsrate wie höherer Belastung der weit wenigeren Nachkommen auszugleichen, sollen die Menschen in Dänemark nicht mehr als 15 Jahre des Lebens im Ruhestand verbringen. Das Renteneintrittsalter wird dort an die Lebenserwartung gekoppelt. Das heißt: Alte arbeiten länger. Es könnte aber genauso gut heißen: Alle arbeiten kürzer.

In Schweden wird gerade ein neues Arbeitszeitmodell getestet, das politische und ökonomische Sprengkraft besitzen könnte. Über eine Laufzeit von zwei Jahren hinweg wird in verschiedenen Unternehmen der Stadt Göteborg ein neues Arbeitszeitmodell erprobt. In den vergangenen Jahren haben Wissenschaftler immer wieder eine geringere Wochenarbeitszeit gefordert – der Gesundheit der Arbeitnehmer und, wenn man es zu Ende denkt, auch der Ehen, Familien und der Gesellschaft zuliebe. Mehr als 25 Stunden Arbeitszeit die Woche, haben Arbeitspsychologen herausgefunden, seien schlecht für das Gehirn. Der Mensch könne sich nur bis zu fünf Stunden konzentrieren, er könne also nur fünf Stunden am Tag produktiv arbeiten.

In Göteborg stellen Unternehmen projektweise auf einen 6-Stunden-Tag um, um ihren Mitarbeitern mehr Freizeit und mehr Familienzeit einzuräumen – bei gleichem Gehalt und vollem Lohn. Ein Pflegeheim etwa hat die Schichten seiner 82 Mitarbeiter und Krankenschwestern reduziert, wodurch sich in der Folge, wie es heißt, die Betreuung der Patienten offenbar deutlich verbessert hat. Die Mitarbeiter seien voller Lob für die Initiative ihres Arbeitgebers, und eine Assistenzschwester ließ sich mit dem Satz zitieren, früher sei sie ständig erschöpft gewesen, nun hingegen sei sie weitaus aufmerksamer, habe mehr Energie für ihre Arbeit und auch für ihre Familie – und das bei Bezug des vollen Lohns.

Ein Göteborger Krankenhaus probt den 6-Stunden-Tag und hat 15 neue Mitarbeiter eingestellt; über die zunächst sehr teure Umstrukturierung lässt die Geschäftsleitung verlauten: Seit dem Wechsel in das neue Arbeitszeitmodell sind offenbar weniger Angestellte krank, konnten mehr Operationen durchgeführt werden, ist die Wartezeit für Patienten verkürzt worden. Die Mechaniker eines Automobilwerks und die Informatiker eines IT-Start-ups arbeiten schon seit mehreren Jahren nur noch 30 Stunden die Woche, und in beiden Fällen, so ist zu hören, sei sowohl Produktivität als auch Gewinn gestiegen. Die Autowerkstatt hat jetzt 12 statt 8 Stunden geöffnet, Kunden erhalten schneller einen Termin, die Mitarbeiter freuen sich über geschenkte Zeit. Im ersten Jahr ist der Profit offenbar um 25 Prozent gestiegen. Arbeitgeber, Arbeitnehmer, Volksgesundheit, Sozialstaat – alle profitieren gleichermaßen. Die Erfahrungen verweisen darauf, dass der Mensch mehr im Sinn hat, als nur zu arbeiten – die Muße, anderen Interessen nachzugehen etwa und sein Leben durch für ihn sinnhafte Tätigkeiten aufzuwerten.

Die Kosten-Nutzen-Rechnung, die dem Göteborger Arbeitszeitmodell zugrunde liegt, hat etwas Bestechendes: Wer die Produktivität erhöhen will, muss die Arbeitszeit verkürzen. Entscheidend sind nicht Präsenzzeit und unbedingte Kostenreduktion bei gleichzeitiger Erhöhung von Druck und Leistungserwartungen, sondern Motivation, Gesundheit und Konzentration der Mitarbeiter. Was neu klingt, ist so neu gar nicht. Das Göteborger Experiment hatte einen seinerzeit kaum zur Kenntnis genommenen Vorläufer im eigenen Land. Der Gemeinderat der Bergbaustadt Kiruna im äußersten Norden Schwedens hatte seinen 250 Angestellten des städtischen Pflegepersonals bereits Ende der 1980er Jahre den 6-Stunden-Tag angeboten. Weil es aber keine Vergleichsdaten gab und die Stadt Kiruna zu spät Kosten und Nutzen gegenüberstellte, entschied der Gemeinderat 2005, die Arbeitszeit nach 16 Jahren wieder zu verlängern.

Was lehrt das schwedische Doppelexperiment? Anfangs kostet das neue, gesundheits- und menschenfreundlichere Arbeitszeitmodell mehr Geld, aber nach einer gewissen Zeit ist es günstiger und bringt unverhoffte Rendite: Motivation, Zufriedenheit und einen geringen Krankenstand. Das wiederum steigert den Profit. Ein solches Arbeitszeitmodell funktioniert nur auf der Basis von Nachhaltigkeit, Langfristigkeit, Geduld und Vertrauen, schließlich liefert das Experiment den Beweis, dass Arbeitgeber ihren Mitarbeitern vertrauen können. Wer Zeit bekommt, investiert sich selbst umso mehr; keine innere Kündigung und kein seelisches Ab-

driften ins innere Exil behindern dann die Identifikation des Arbeitnehmers mit den Inhalten seiner Arbeit.

Sollte man also nicht besser das sture Beharren auf
der Präsenzkultur aufgeben und mit neuen Arrangements individuelle Lebensarbeitszeitmodelle aufbauen?
Jeder Mensch arbeitet anders, hat andere biologische
Voraussetzungen für Konzentration zu unterschiedlichen Tageszeiten, eigene Vorstellungen eines Ausgleichs
von Arbeit und Leben. Aber je mehr jeder Einzelne in die
Lage versetzt wird, *selbst* über die Bedingungen seiner
Arbeit zu bestimmen, desto motivierter und besser wird
er sich einsetzen, das ist die Lehre der schwedischen
Tests. Natürlich muss das Bedürfnis der Menschen nach
einer Reduzierung der Arbeitszeit gegeben sein – was,
glaubt man einer Arbeitsmarktstudie des Statistischen
Bundesamtes von 2015, gar nicht in dem Maße vorhanden ist, wie stets angenommen wird. Drei Millionen
deutsche Arbeitnehmer würden sogar gerne mehr arbeiten, nur 0,9 Millionen ihre Arbeitszeit lieber reduzieren. Passt das ins Bild des vorherrschenden Narrativs?
Ja, wenn man die Zahlen differenziert. *Vollzeitbeschäftig-
te* würden gern ihre Arbeitszeit stärker reduzieren, *Teil-
zeitbeschäftigte* würden sie lieber aufstocken. 90 Prozent
der Vollzeitbeschäftigten mit einer durchschnittlichen
Wochenarbeitszeit von 42,5 Stunden würden gern im
Schnitt um 11 Wochenstunden verringern und dafür
Einkommenseinbußen akzeptieren.

Vor dem Hintergrund des demografischen Wandels
ins Jahr 2030 gedacht, kommt man um die Erkenntnis

nicht herum, dass die nachkommende Generation bei steigender Pflegebedürftigkeit immer älter werdender Menschen und gleichzeitig niedriger Reproduktionsraten und Einkindfamilien fundamental betroffen sein wird. Mehr Frauen wollen mehr arbeiten, mehr Männer stärker an der Familie teilhaben. Die nachkommende Generation begreift Flexibilität als mehr Eigenzeit, dem Wertewandel zufolge besitzen tradierte Rollen und Statusvorstellungen eine immer schwächer werdende Bindekraft. Die *grundsätzliche* Frage nach dem guten, gelingenden Leben wird also zwangsläufig eine sehr *spezifische* nach sich ziehen.

Agilität und Silberschopf

Der Deutsche Alterssurvey von 2014, die groß angelegte, vom Bundesfamilienministerium finanzierte Studie des Deutschen Zentrums für Altersfragen, untersucht die gesellschaftlichen Entwicklungen mit Blick auf das Altern in Deutschland. Die zentralen Befunde des Berichts sind überraschend positiv: Die Erwerbstätigenquoten steigen an; die Individuen sind gut in soziale Beziehungen eingebunden; Eltern und Kinder haben eine hohe Beziehungsqualität. Obwohl sich die Sozialstrukturen der Familien stark verändert haben, hat dies keinen Einfluss auf die Qualität der Beziehungen zueinander. Altersbilder werden positiver, heute sehen die Bürger mit mehr Zuversicht ins Alter. Getrübt ist das Bild hingegen, wenn es um die Ursachen für Unterschiede geht: Krankheit und Verschlechterungen der körperlichen Konstitution lassen sich nicht wegorganisieren, viele andere zwischen alten Menschen bestehende Unterschiede hingegen sind auf deren Bildung zurückzuführen. Immer weniger Menschen gelingt der nahtlose Übergang in den Ruhestand; immer mehr haben vor dem Ruhestand eine Phase der Arbeitslosigkeit. Besonders deutlich ist das bei den Niedriggebildeten, wenn man unter Bildung die jeweilige Kombination aus Schul- wie Berufsausbildungsabschluss versteht. Die Armutsquoten der Hochgebildeten haben sich über die letzten 20 Jahre überhaupt nicht verändert, die Armutsquote unter den Niedriggebildeten hingegen steigt stark an. Vor- und Nachteile, die mit Bildung verknüpft sind, kumulieren über den Lebensverlauf hinweg (Gesundheitsverhalten, Gesundheitswissen, Partnerschaftswahl, Weiterbildung, Position) und zeigen immer noch bis ins hohe Alter große Effekte. Wer über hohe Bildung verfügt, resümiert das Max-Planck-Institut für Demografische Forschung in Rostock die jüngste Entwicklung, lebt in der Regel einige Jahre länger als Personen mit niedrigerem Bildungsgrad; die Lebenserwartung hochgebildeter Bevölkerungsschichten liegt oft sogar über dem weltweiten Rekordniveau, das in Ländern wie Japan oder der Schweiz erreicht wird.

Alte sind im Alter heute eher jung. In der wie üblich anglifizierten Rhetorik der Zukunftsforscher heißt die Erneuerung des Alters im Sinne einer Rückeroberung des Lebens *Downaging*. Jahrzehntelang war der Ruhestand die am stärksten ersehnte Lebensphase. Mit neuen

Lebensverläufen aber löst sich der Ruhestand als Segment ebenso auf wie die Biografie des Individualisten als berechenbare Erwerbslaufbahn.

Weitaus mehr Ältere als früher sehen dieser Tage zuversichtlich ins Alter. Sie erleben ihr Älterwerden anders als früher, die Älteren kommen vermehrt in den Genuss einer besseren Gesundheit und der technologischen Entwicklungen. Fürs Alter kann das Internet der Dinge hervorragend geeignet sein: »Smart Homes« mit automatischer Energie- und Heizungssteuerung, Rauch- und Bewegungssensoren am Herd, Wassersensoren gegen Überflutung, Überwachungskameras innen und außen, Erfassung von Raumtemperatur und Luftfeuchtigkeit, Überwachung und Steuerung von Stromverbrauch und Licht, Hausnotruf – alles per Blick auf das Display von Smartphone oder Tablet. Intelligente Haustechnologie und die Verknüpfung von Technik und Dienstleistung ermöglicht alten Menschen, in den eingewohnten vier Wänden auch mit zunehmendem Alter wohnen bleiben zu können. Von den »Assistenzsystemen« werden Signale im Problem- oder Krisenfall an Nachbarn oder die Familie gesendet, was für alleinstehende Senioren ein Segen selbständiger Lebensgestaltung ist, wenn die traditionellen Familienverbünde durch Flexibilität und Mobilität in starkem Maße aufgelöst sind und Eltern, Kinder und Enkelkinder an verschiedenen Orten leben.

Das gesellschaftliche Altersbild hat sich gewandelt. Früher wurde Alter von der Gesellschaft wie vom Individuum gleichermaßen als erzwungener (manchmal ersehnter) Rückzug aufgefasst. Man ist heute anders alt als früher, aktives Altern gilt als guter Lebensstil. Was früher grau war, ist heute silbern. Lange Lebensverläufe sind nicht mehr assoziiert mit grauen Haaren, dem Rückzug in die Ruhe-Ständigkeit, sondern mit dem Silberschopf der Mobilität: dem flatternden Haar während der Easy-Rider-Motorrad-Tour mit 72. Das Motorrad ist für die einen eine reale Option, für die anderen, die meisten freilich, nur eine Metapher. Die Umwidmung der Lebensfarbe von Grau zu Silber meint eigentlich: Gold. Der Wandel durch die 68er-Generation hat, sinngemäß, zum neuen Selbstverständnis der heute 68-Jährigen geführt. Die in der Trendforschung »Silver Driver« genannten Rentner auf dem Motorrad sind die Angehörigen der »Silver Society«-Generation 60plus. Auch im Alter ist sinnlich-augenblickliches Leben denkbar. Alter sei immer eine Konstruktion, eine Frage der Haltung und Übereinkunft, befindet der Psychiater und Psychotherapeut Michael Lehofer, und weit mehr als die Weisheit der Binse »Man ist so alt, wie man sich fühlt« steckt im neuen Selbstverständnis der Älterwerdenden die Aufwertung des individuellen Selbstwertgefühls in den späten Jahrzehnten eines Lebens. Wenn das so ist, dann ist Alter ja eine Identitätszuschreibung, die der sozialen Konstruktion unterliegt und veränderbar ist. Das Alter hat sich nach hinten verschoben. Um das bereits zitierte Beispiel ein weiteres Mal aufzugreifen: Bei Bosch, einem Unternehmen mit 107 000 Mitarbeitern in Deutschland, dessen Arbeitskonzepte als zukunftsweisend gelten und dessen familienfreundliche Arbeitskultur 2016 mit dem New Work Award prämiert wurde, gibt es seit einigen

Jahren die »Seniorexperten« – auch um den Mitarbeitermangel infolge der Rente mit 63 ausgleichen zu können. 1600 Mitarbeiter des Unternehmens, die als Pensionäre bereits im Ruhestand und zum Teil weit über 70 sind, arbeiten freiwillig für das Unternehmen weiter. Sie lassen sich für befristete Projekte anstellen, in Rücksprache mit dem Finanzamt und mit Rücksicht auf die Rente. Zu einem Drittel sind dies ehemalige Führungskräfte oder Ingenieure, deren Expertise, Erfahrung und Zeit gebraucht und geschätzt wird, wenn etwa in Tschechien oder Vietnam eine neue Fertigungslinie hochgefahren wird und nicht genügend qualifiziertes Personal zur Verfügung steht. Die Seniorexperten begleiten den Aufbau des entsprechenden Projekts für mehrere Monate, andere organisieren eine Personalabteilung im neuen Werk in Vietnam und setzen die Verträge für die neuen Mitarbeiter vor Ort auf. Seniorexperten sind Menschen, die gern arbeiten und über reichlich Erfahrung verfügen, die sie teilen wollen, sollen und können. Boschs Leiterin der Abteilung »Mitarbeiterentwicklung, Vielfalt und Chancengleichheit« berichtet von großem Zulauf, weshalb man das Projekt auch auf Sekretärinnen, die aus dem Ruhestand zurückgeholt wurden, ausgeweitet hat.

Ist es nicht ein Fortschritt, dass der Mensch seine Lebenserfüllung nicht mehr, wie früher, im rein biologischen Ziel der Vermehrung, Paarung, Aufzucht von Nachkommen und alles in allem in der Erhaltung der eigenen Art erkennt? Die Situation der Menschen im Alter zwischen 40 und 85 Jahren hat sich von 1996 bis 2014 deutlich verändert, und die Erwerbstätigkeit der Menschen ab 54 Jahren hat signifikant zugenommen; und auch im Ruhestand gehen immer mehr Menschen einer Erwerbstätigkeit nach. Den Ergebnissen einer 2015 vom renommierten Fachblatt »Lancet« beauftragten Studie zufolge war das Wohlbefinden älterer Menschen ab 55 Jahren – zumindest in den englischsprachigen Ländern – erstaunlich hoch: mit weniger Sorgen und weniger Stress als bei ihren jüngeren Mitbürgern.

Weitgehend gesetzt scheint die Übereinkunft, dass durch Medizin, Hygiene und infolge der allgemeinen Gesetze der Evolution die Menschen in den westlichen Industrie- und Postindustriegesellschaften statistisch betrachtet immer älter werden. Man stirbt später, als man denkt, weil der Verfall eines beschleunigten Lebens verlangsamt werden kann. Vor 5000 Jahren starb ein Mensch im Schnitt mit 50 Lebensjahren; in 5000 Jahren könnte ein Mensch im Schnitt bis zu 150 Jahre alt werden. Nach den Berechnungen des Alterssurveys hat ein im Jahr 2060 geborener Junge eine statistische Lebenserwartung von 85 Jahren, ein 2060 geborenes Mädchen eine solche von 90 Jahren. Im Fall des Jungen sind dies sieben Jahre mehr als heute, im Fall des Mädchens acht. Heute hat ein 40-Jähriger im Schnitt noch vier Jahrzehnte der zweiten Lebenshälfte vor sich.

Der heutige Mensch wird im Schnitt auch deswegen 15 Jahre älter als 1950, weil die Medizin Stoffwechselstörungen, Herz- und Kreislauferkrankungen erfolgreicher behandeln, vermindern und verhindern kann. Organe werden ersetzt, Volkskrankheiten durch Gentherapie womöglich bald besiegt. Zudem sorgt zunehmende Sensibilisierung für bevorzugt pflanzliche Ernährung, konstante körperliche Aktivität und Tabakverzicht für ein längeres Leben. Das heißt: Der Mensch wird nicht nur länger alt, sondern er wird *besser* länger alt. Er gewinnt Lebenszeit und mit Lebenszeit auch Qualitätszeit. Was für eine Verheißung!

Was für eine Belastung! Eine alte und stets weiter alternde Gesellschaft verursacht hohe Gesundheitskosten und verlangt ein hohes Maß an stabilen Renten. Die sozialpolitisch ernüchternde Rechnung lautet: In den zehn Jahren vor seinem Ableben liegen die Kosten pro Bundesbürger zwischen 50 000 und 100 000 Euro. Um die Kosten verheißungsvoller Langlebigkeit zu tragen, wäre ein Beitragssatz von 15 Prozent des Einkommens, im Jahr 2040 aller Voraussicht nach einer zwischen 20 und 30 Prozent nötig. Die »monetäre Medikalisierung« (der Medizinprofessor Tilman Sauerbruch) zeigt, dass gewonnene Lebensjahre vermehrt in Krankheit verbracht werden. Die Hoffnung auf eine Kompression der Morbidität – indem die Kosten zur Gesundheitsverbesserung durch demografische Veränderungen aufgefangen werden – ist bis auf Weiteres Illusion.

Eine niedrige Sterbe- bei gleichzeitig niedriger Reproduktionsrate führt in das Dilemma einer hochentwickelten Zivilisation: Weil die Menschen später sterben, stirbt die Gesellschaft in ihrer bislang bekannten Form und Zusammensetzung Stück für Stück aus. Bekanntlich ist in Deutschland der Altenquotient nicht konstant. Die Vereinten Nationen prognostizieren, dass im

Jahr 2025 etwa 45 000 Deutsche 100 Jahre alt sein werden, im Jahr 2050 sogar 115 000. Jeder fünfte deutsche Staatsbürger ist schon heute älter als 65, und neben Japan ist Deutschland das Land mit der weltweit ältesten Gesellschaft.

Zugleich hat Deutschland eine der weltweit niedrigsten Geburtenraten vorzuweisen, und zwar kontinuierlich seit vier Jahrzehnten. Den Deutschen gehen also die Menschen aus, die Zahl der Geburten liegt unterhalb der Bestandserhaltungsgrenze, nach dem Jahr 2020 wird die Geburtenzahl kontinuierlich abnehmen. Obwohl die Deutschen immer älter werden, sterben dennoch immer noch mehr Menschen, als geboren werden. Man kann diese Abwärtsspirale durchaus drastisch nennen und mit ihr einige der strukturellen Probleme erklären. Der Generationenvertrag einer umlagefinanzierten Rente ist in Gefahr, und mit ihm der Gesellschaftsvertrag, der auf sozialem Frieden, generationengerechtem Ausgleich, struktureller Solidarität und zunehmender Sorge gründet.

Das Problem wird nur um eine Generation verschoben. Mehr geborene Kinder bedeuten – eine Generation nach vorn gedacht – mehr Rentner. Und im Umkehrschluss: Die schwache Geburtenrate einer Generation entlastet die nachfolgende Generation, selbst bei höherer Langlebigkeit der dann Alten. Aber: Ökonomische Nachhaltigkeit erfordert demografische Nachhaltigkeit und kann durch Einwanderung allein nicht erreicht werden. Was folgt aus den Studien der Demografie-Soziologen? Erstens müsste Politik Rahmenbedingungen schaffen, unter denen Familien Nachwuchs produzieren können, ohne dass einer der Partner seine beruflichen Ambitionen aufgibt und seine Arbeitsbiografie einschränkt. Zweitens erfordert die Vereinbarkeit von Beruf und Familie eine weit größere Flexibilität der Märkte; starre Strukturen könnten vor allem Frauen zu einer Priorisierung der Sorgearbeit zwingen. Drittens müssten Regierungen in die vollzeitliche Kleinkindbetreuung ebenso wie in die nachschulische Schulkindbetreuung investieren, um die durch unterschiedliche sozioökonomische Hintergründe entstehende Differenz zwischen den Kindern und ihrer Bildungschancen zu verringern.

Das gute Leben der Alten

Lauten die Grundfragen eines neuen Humanismus nicht wie folgt: Wie viel Individualismus darf ich mir gestatten, bevor er nicht mehr sozialfähig ist? Wie viel Eigensinn und Widerstand gegen den Arbeitsmarkt sind möglich? Und wie viel Konkurrenzprinzip schadet der gemeinschaftlichen Gestaltung einer gelingenden Gesellschaft? Oder radikal subjektiv: Was tut *mir* gut? Was möchte *ich* gerne? Was ist für *mich* wichtig? Was sind *meine* Lebensziele? Wie viel Schicksalsergebenheit will *ich mir* leisten?

Wir hätten die Zeit zur Kontemplation, aber wir lassen uns keine Zeit mehr zu erkunden, wer wir sind. Wir geben uns keine Zeit mehr, zu erfahren, wer wir sind. Wir werden so alt wie noch nie zuvor, und was machen wir? Erfinden das Speed-Dating. Eigentlich unfassbar, aber ein deutlicher Fingerzeig auf organisierte Zeitverdichtung, die eine der psychischen Präfigurationen des zeitgenössischen Lebens geworden ist.

Zeit beherrscht unser Leben durch ihre Knappheit, durch Mangel und Verdichtung. Wir organisieren uns in Zeitfenstern, arbeiten nach Wochenarbeitszeiten, erledigen Arbeit per Zeitmessung. Kindergärten, Schwimmbäder, Ämter haben strikte Öffnungszeiten, der Staat legt die Lebensarbeitszeit fest. Gewonnene Zeit heißt, dass sich Väter ihren Kindern und nicht nur als Rentner-Opa den Enkelkindern widmen könnten. Es heißt, dass eine zweite Ausbildung möglich und erwünscht ist, weil sie neue Perspektiven eröffnet. Es heißt, dass der Mensch Zeit zur Erkundung der Welt und Stabilisierung sozialer Beziehungen und zu gesellschaftlichem Engagement hätte. Untersuchungen des Deutschen Alterssurveys belegen eindeutig, dass Sorgetätigkeiten und Ehrenamt an Bedeutung gewonnen haben und immer mehr Menschen beides mit Erwerbstätigkeit vereinbaren. Die Studien führen zur Erkenntnis, dass vor allem Menschen in der zweiten Lebenshälfte unbezahlte Sorgetätigkeiten und ehrenamtliche Aufgaben übernehmen und so eine wesentliche Stütze des sozialen Friedens, gesellschaftlichen Zusammenhalts und funktionierenden Gesellschaftsvertrags sind. Man kann diese Arbeit nicht hoch genug würdigen und auf die Schweizerische Verfassung von 1999 verweisen, in deren Präambel es als Staatsziel heißt: *»Die Stärke eines Volkes misst sich am Wohl der Schwa-chen und ermöglicht jedem Bürger Wohlbefinden.«*

Rebellion heute ist ja nicht das waghalsige Piercing oder sichtbare Tattoo, sondern der Widerstand gegen die allgemeine Dynamisierungsspirale, in der den eigenen Rhythmus bewahren zu können zur großen Kunst wird. Kann der Einzelne selbst etwas tun? Er kann die Arbeitszeit verkürzen. Er kann die Arbeitszeit aber auch verlagern, ohne sie zu verkürzen. Eine Verlagerung über den Lebensverlauf hinweg hieße, den Lebensverlauf zu entzerren und anders zu takten.

Die klassischen Rollenmodelle lösen sich zunehmend auf: Männer wollen Zeit für Kinder und Familie, Frauen wollen zu ihren Konditionen arbeiten. Die für Traditionalisten gute alte Zeit der Vollzeit scheint vorbeizugehen. Die Soziologin Jutta Allmendinger, Präsidentin des Wissenschaftszentrums Berlin, hat jüngst den Vorschlag einer gerechten Teilzeit für Männer wie Frauen unterbreitet. Statt die klassische 40-Stunden-Woche für Männer und die 24-Stunden-Woche für Frauen aufrechtzuerhalten, solle die Arbeitszeit zu gleichen Teilen über den Erwerbsverlauf hinweg zu einer 32-Stunden-Woche für jeden der beiden Partner aufgeteilt werden. Nach Allmendingers Ansicht ist das Arbeitsmodell der Zukunft eine familiengerechte, niedrigere Teilzeitregelung für Männer und Frauen, wovon nicht nur infolge eines höheren Gesamtvolumens der gearbeiteten Stunden die Wirtschaft profitiert, sondern vor allem Frauen profitieren, denen so eine Karriere ermöglicht werde.

In Deutschland verzichten Frauen zunehmend auf Kinder. Das Statistische Bundesamt meldet, dass jede fünfte Frau zwischen 40 und 44 Jahren kinderlos ist (was einer Zunahme um zwei Prozent innerhalb von vier Jahren entspricht). Überalterung ist Zeugungsmangel; Zeugungsbereitschaft wiederum hängt von sozioökonomischen Faktoren ab. Zwischen Fertilität und dem Bildungsgrad beider Partner besteht ein signifikanter Zusammenhang. Hochqualifizierte Paare schieben die erste Schwangerschaft der Frau stets weiter nach hinten; Mann und Frau mit gleicher und gleich hoher Bildung bekommen ihr erstes Kind immer später. Der auf den Daten von 2012 basierende Report »Geburtentrends und Familiensituation in Deutschland« fördert zwei wesentliche Erkenntnisse zutage: die Kinderlosenquote bei Akademikerinnen in den westlichen Bundesländern ist auf einem Höchststand von 30 Prozent angekommen – beinahe jede dritte akademisch gebildete Frau in Deutschland ist keine Mutter. Die Familiengründung setzt immer später ein, die Geburtenhäufigkeit der Frauen im jüngeren gebärfähigen Alter ist rückläufig, das erste Kind kommt im Schnitt erst nach dem 30. Lebensjahr der Frau, was die Anzahl der zweiten und dritten Kinder schrumpfen und die Geburtenrate insgesamt fallen lässt. Die Quote der aktiv erwerbstätigen Väter liegt zwischen 82 und 85 Prozent, woraus zu schließen ist, dass die Begleitung der Geburt und die Erziehung der Kinder die Erwerbstätigkeit von Männern keineswegs einschränkt.

Bei aller Problematik und Dramatik der Entwicklung ist dennoch eine günstige »demografische Dividende« einzustreichen: Ein Geburtenrückgang führt eine gewisse Zeit lang zu einer höheren Zahl an Erwerbstätigen. Warum? Weil zu gleicher Zeit die Generation der Kinder kleiner wird, die ins Erwerbsleben nachrückenden Jungen aber zahlreicher als jene Älteren sind, die aus dem Berufsleben ausscheiden. Ganz abgesehen von der anderen, die lebensweltliche Situation reflektierenden Gleichung, dass weniger Menschen bei steigendem Verkehrsaufkommen und steigendem Bedarf an Wohnraum eine Entlastung bedeuten. Diese Entwicklung ist nachhaltig, denn die Single-Rate wächst bekanntlich kontinuierlich. Die soziologischen Grunddaten über die Gegenwart teilen mit, dass jeder fünfte Deutsche allein lebt. Im Vergleich zu 1991 sind das bei den Männern um 80 Prozent mehr, bei den Frauen nur 16 Prozent mehr Menschen in Einpersonenhaushalten. Und die Frauen, da oft verwitwet, leben meist erst im hohen Alter allein.

Was lehren die Zahlen aus dem »Mikrozensus« des Statistischen Bundesamts? Dass die Lebensform des Alleinseins auch – und es wäre die Frage, in welchem Maße – den Arbeitsformen, längeren Arbeitszeiten und den Anforderungen an Flexibilität und Mobilität geschuldet sind. Die Bundesrepublik liegt mit diesen Zahlen hinter Schweden auf Platz zwei der Einpersonenhaushalte in Europa, wohingegen etwa auf Zypern und Malta nur 6 Prozent der Bevölkerung allein leben. In den eher protestantisch geprägten »Nordländern« leben weit mehr Menschen in Single-Haushalten als im noch immer katholisch geprägten Südeuropa.

Altern ist letztlich auch eine Frage des Geldes. Arme sterben früher, und je mehr Altersarme es gibt, desto weniger Menschen werden älter. Laut Sozialstruktur-analyse wird nur eine wohlhabende Gesellschaft immer älter. Jene Menschen, die über ihr 65. Lebensjahr hinaus-kommen, sind statistisch gesehen nicht arm. Folglich haben wohlhabende Gesellschaften wie die deutsche es in Zukunft mit einer relativ wohlhabenden Schicht alter Menschen zu tun. Wohlhabend ist offizell, wer durch gesetzliche Rentenzahlung mehr als 1500 Euro im Monat erhält. Damit liegt die Bundesrepublik auf dem Durchschnittsniveau der EU-Mitgliedsländer.

Eine höhere Lebenserwartung erhöht auch die Pflege-bedürftigkeit der Menschen. In Anbetracht der Baby-boomer-Kohorte der geburtenstarken Jahrgänge ist in den kommenden 10 bis 20 Jahren eine erhebliche Stei-gerung der Pflegefälle vorhersagbar. Wie könnte die Ge-sellschaft, wie könnten Politik und Staat dem Defizit begegnen? Immer wieder wird – analog zum einstigen Wehrdienst – ein verpflichtendes Pflegejahr diskutiert: Junge widmen sich der Pflege der Alten, finanziert über Steuern, ohne dass zusätzliche Pflegeversiche-rungskosten die Arbeitgeber belasten. Auf diese Weise könnten Schulabgänger ihre mögliche Berufung für die Pflege als Beruf entdecken, womit allen Seiten gedient wäre.

Wenn man die Gesamtgesellschaft für einen Moment in drei Segmente teilen möchte, stehen zwischen den Millennials und den Alten die Mittleren. Auch an ihren Überzeugungen lässt sich der Wertewandel bestens ablesen und rechtfertigt die Hoffnung auf die praktizierbare Utopie eines neuen Humanismus. Die mehr als 35 Millionen 30- bis 59-Jährigen in Deutschland stellen 70 Prozent der Erwerbstätigen dar und erwirtschaften 82 Prozent der steuerpflichtigen Einkünfte. Diese »Generation Mitte« versammelt nicht nur die Leistungsträger der Republik, sondern, wie beschrieben, auch die Erschöpften, Kranken und zunehmend Depressiven. Mitten im Berufsleben, in der Rushhour ihres Lebens stehend, zeugen sie zugleich Kinder, erziehen künftige Beitragszahler, finanzieren die sozialen Sicherungssysteme und sorgen mit der Reproduktion für die künftige Stabilität des Sozialstaats. Natürlich wird auch dieser Bevölkerungsschicht der Puls gefühlt, und also erforscht das Institut für Demoskopie Allensbach im Auftrag des Gesamtverbandes der Deutschen Versicherungswirtschaft Jahr für Jahr deren Einstellungen, Erwartungen und Ängste. Die repräsentative Untersuchung für das Jahr 2016 überbrachte die frohe Botschaft, dass die »Generation Mitte« ihre Lebensqualität äußerst positiv bewertet. Drei von vier Befragten bezeichnen sie als gut oder sehr gut; 36 Prozent geben an, dass sich ihre Lebensqualität in den letzten fünf Jahren verbessert habe, nur 21 Prozent erkennen eine Verschlechterung. Für 39 Prozent der Befragten hat sich die wirtschaftliche Lage in den vergangenen fünf Jahren verbessert, für

20 Prozent verschlechtert. Die 30- bis 59-Jährigen sehen sich überwiegend als Wohlstandsgewinner, 42 Prozent von ihnen erkennen für sich persönlich einen sozialen Aufstieg, nur 10 Prozent einen Abstieg. Einer der grundlegenden Werte dieser Kohorte ist Lohngleichheit, die Überzeugung also, dass jeder vom Lohn für seine Arbeit auch leben kann und dass für die gleiche Arbeit das gleiche Geld gezahlt wird.

Gleichheit der Löhne wird als Exempel sozialer Gerechtigkeit verstanden und bringt jene Idee ins gesamtgesellschaftliche Gespräch ein, die nicht nur umstritten ist und polarisiert, sondern in ausgesuchten Ländern bereits getestet wird.

Exkurs über das Bedingungslose Grundeinkommen

Schnell führt die Reflexion über soziale Gerechtigkeit zu Idee und Aporie des Bedingungslosen Grundeinkommens. Wenn wir einerseits alle später sterben, länger leben, das Alter gut gestalten wollen und andererseits durch Robotik und Automation in einigen bis vielen Branchen künftig weit weniger Arbeit und Arbeitsplätze verfügbar haben werden (obwohl die Produktion der Waren und Güter stark ansteigen wird) – könnte dann das Bedingungslose Grundeinkommen nicht hilfreich sein, das gute Leben in Zukunft ein Stück weit abzusichern?

Jeder Bürger hätte, sagen wir, 800 oder 1000 Euro pro Monat vom Staat zur freien Verfügung, ohne dass er dafür irgendetwas leisten oder mehr tun müsste als nur Bürger dieses Landes sein. Für viele würde diese Summe mehr oder weniger den existenziellen Grundbedarf abdecken und wäre eine große Entlastung. Man müsste sich um Arbeit und Einkommen nicht mehr primär kümmern und könnte, allen Entfremdungszusammenhängen zwischen Leben und Arbeit enthoben, zu einem sorgenden Menschen werden. Wäre man dann nicht dem irdischen Paradies ein Stück näher in einem Leben ohne Leistungszwang, Effizienz-Ideologie und Burnout-Risiko? Und haben nicht Generationen vor uns von just solch einem Leben geträumt?

Jahrtausendelang war das gesamte Sinnen und Trachten der irdischen Alltagsbürger freilich auf Mangelverwaltung ausgerichtet, da dem oft kranken oder defizitären Leben jeder weitere Tag mühsam abgerungen werden musste. Ein vom Staat garantiertes Einkommen ohne Gegenleistung ermöglichte, dass sich jeder ohne den Druck einer ökonomischen Haushaltung seine Lebenszeit nach eigenem Gusto planen und verwenden kann. Eltern hätten Zeit für ihre Kinder, Arbeitslose entkämen dem sozialen Stigma der Abhängigkeit von Sozialleistungen, niemand müsste einer schnüffelnden Staatsbürokratie gegenüber seine Bedürftigkeit nachweisen, und vielleicht entstünde durch das Bedingungslose Grundeinkommen ja irgendwann auch eine neue Spezies: der Kulturbürger, der sich in großer Muße mit Literatur, Theater, Kunst, Nachbarschaftshilfe, Ehrenamt und Diskurs beschäftigt. Zeit und Zuwendung würden höher bewertet als Geld, was per se ein reizvoller Gedanke ist.

Die Befürworter erkennen im Bedingungslosen Grundeinkommen die Voraussetzung für eine neue Gesellschaftsordnung und die unvermeidliche Armutsprävention in unteren sozialen Schichten. Die Existenz von Mensch und Gesellschaft könnte insofern gesichert werden, als immer mehr Maschinen den arbeitenden Menschen ersetzen und immer mehr ersetzte Menschen keine entlohnte Erwerbsarbeit mehr haben. Mit einem Grundeinkommen von 1000 Euro pro Kind wäre vermutlich auch die Geburtenrate wieder höher.

Von der humanistischen Überlegung ausgehend, dass man jedem Menschen, der auf die Welt kommt, existenzielle Grundsicherung geben und Teilhabe am gesellschaftlichen Leben ermöglichen muss, könnte das Bedingungslose Grundeinkommen weit mehr als eine Utopie sogar die schiere Notwendigkeit sein, den sozialen Frieden zu sichern. Es könnte Wohlstand in Lebensqualität für alle umwandeln und den Menschen aus erstarrten Strukturen, Angst und der permanenten Konkurrenzsituation befreien. Die fällige Arbeitszeitreduzierung führte zu einem anderen Leben. Bei einer vom Grundeinkommen abgedeckten 20-Stunden-Woche könnte man sich um die Alten und Kinder gleichermaßen kümmern, ohne Druck und Zwang, sich in industrieller Erwerbsarbeit zu verschleißen. Jedes Jahr müsste sich das Grundeinkommen selbst finanzieren, durch den Wegfall von Bafög, Kindergeld oder Sozialtransfers ließe sich vieles gegenrechnen und quasi sanktionsfrei der bürokratische Wasserkopf abschaffen. Für Thomas Straubhaar, Ökonom, Direktor des Europa-Kollegs Hamburg und ehemaliger Präsident des Hamburgischen WeltWirtschaftsInstituts, ist das Bedingungslose Grundeinkommen eine große Steuerreform, bei der alle Zahlungen der Menschen an den Staat und zurück harmonisiert würden. Diese »negative Einkommenssteuer« (Milton Friedman) empfinden nach Straubhaars Auffassung die meisten Menschen als gerecht.

Für die Gegner des Grundeinkommens ist es der Motivationskiller par excellence, da durch negative Anreize die Arbeitsmotivation sinkt und unter dem Deckmantel der Freiheit für alle die Verantwortung zur Finanzierung der Gesellschaft an alle anderen delegiert wird. Sie sehen darin den fatalen Aufruf zur »Hängematten-Mentalität«. Axel Börsch-Supan, Leiter des Munich Center for the Economics of Aging (MEA) am Max-Planck-Institut für Sozialrecht und Sozialpolitik, prophezeit, dass dann das Nichtarbeiten attraktiver und der Arbeitsinput geringer werde. »Wenn es die Möglichkeit gibt, weniger zu arbeiten, nehmen die Leute das in Anspruch«, befindet Börsch-Supan, »die Mehrheit der Frühverrenteten hat in einer unserer empirischen Umfragen gesagt: Ihre Entscheidung zur Frühverrentung war falsch.«

Das Bedingungslose Grundeinkommen spaltet die Meinungen in Politik, Wirtschaft, Wissenschaft und der gesamten Gesellschaft. In einer repräsentativen Forsa-Umfrage vom Oktober 2016 über Lebensarbeitszeitvorstellungen sprachen sich 38 Prozent der Deutschen dafür, 43 Prozent dagegen aus. In jedem Fall ermöglicht die Reflexion über das Bedingungslose Grundeinkommen einen neuen Diskurs über die Begriffe Arbeit, Arbeitsmoral und Arbeitszeit.

Um die Diskrepanz zwischen altem Sozialstaat und neuer Arbeitswelt aufzulösen, hat Finnland einen Modellversuch aufgesetzt. Am Beispiel von Sozialhilfeempfängern soll die Frage geklärt werden, ob das Bedingungslose Grundeinkommen den Menschen eher lähmt oder motiviert und ob sich das Leben so im Allgemeinen verbessern lässt. Nicht Wohlstand für alle steht dabei im Vordergrund, sondern die möglicherweise verbesserte Effizienz der sozialen Sicherung. Anders gesagt: Über das Bedingungslose Grundeinkommen passt sich der alte Sozialstaat der Industriegesellschaft den postindustriellen Arbeitsverhältnissen der kognitiven Epoche an.

Als Teil des Regierungsprogramms hat der finnische Premierminister Juha Sipilä die staatliche Sozialversicherungsbehörde KELA beauftragt, innerhalb von zwei Jahren zu eruierten, ob ein Grundeinkommen von 800 Euro pro Monat eine Vereinfachung des sozialen Sicherungssystems ermöglicht. Stellt der Mensch dann die Arbeit ein, oder erhält er im Gegenteil dadurch zusätzliche Arbeitsanreize? Und lassen sich bei einem staatlich garantierten Grundeinkommen auch Rentenansprüche erwerben? Die Antwort hängt von der Höhe des Bedingungslosen Grundeinkommens ab. Je höher das Einkommen, desto unwahrscheinlicher vermutlich die Jobsuche. Da eine valide Aussage über das Verhalten der Menschen vor dem Hintergrund dieser Alternative erst nach der sozialwissenschaftlichen Feldforschung und empirischen Datensätzen möglich ist, bleibt alles andere Spekulation. 69 Prozent der finnischen Bevölkerung (mit hohem Anteil von Wählern der Linken, Grünen und Sozialdemokraten) befürworteten das Bedingungslose Grundeinkommen, das, sind die evaluierten Ergebnisse günstig, im Jahr 2020 eingeführt werden könnte. Glückte das Experiment, träfe dies in erster Linie auf Finnland zu, auf finnische Verhältnisse, auf das finnische Wirtschaftssystem. Jedes andere Land – ob Japan, Frankreich, Deutschland oder die Schweiz – müsste seine Eigentümlichkeiten berücksichtigen. Die deutsche Ordopolitik der Haushaltsdisziplinierung etwa ist gänzlich anders ausgerichtet als die italienische oder griechische Schuldenpolitik. Der deutsche Kapitalismus in der Tradition der föderalen, sozialen Marktwirtschaft und der französische Kapitalismus in der Tradition des zentralistischen Interventionismus sind schwer zu harmonisieren; protestantisch geprägte Länder richten sich anders aus als stark vom Katholizismus geprägte; der Geist des Kapitalismus ist von einer entweder ängstlichen oder einer eher hedonistischen Einstellung zum Leben abhängig.

Schließlich ist die Verhältnisbestimmung von Gesamtbevölkerung und Wirtschaftsleistung des jeweiligen Landes entscheidend: In Finnland leben 5,5 Millionen, in Deutschland 80,1 Millionen Menschen. Votieren in Finnland 70 Prozent für das Grundeinkommen, ha-

ben 60 Prozent der Schweizer hingegen das Grundeinkommen per Volksbefragung im Juni 2016 ebenso klar
abgelehnt.

Auf dem harten Boden des irdischen Daseins angekommen, steht letztlich eine nicht ganz unwichtige
Frage im Raum: Wer finanziert das voraussetzungslose
Einkommen? Wer speist wie viel in welchen Topf ein,
aus dem wer dann wie viel für alle entnehmen kann?
Bei 1000 Euro für jeden Deutschen etwa kostete das
Grundeinkommen den verteilenden Staat mehr oder
weniger 80 Milliarden Euro pro Monat, etwa 900 Milliarden pro Jahr. Das würde, rechnen die Befürworter
vor, das bundesdeutsche Sozialbudget von jährlich etwa
850 Milliarden egalisieren. Die relative Entsprechung
von Sozialleistungen und Grundeinkommen trifft auch
auf Finnland zu, das für ein Bedingungsloses Grundeinkommen geschätzt 47 Milliarden Euro pro Jahr benötigt. 800 Euro monatliches Grundeinkommen beziehen
sich auf aktuell bestehende Sozialleistungen in Finnland und entsprechen der derzeitigen Arbeitslosenhilfe
inklusive Kindergeld. Diskutiert wird auch ein partiel-
les Grundeinkommen: 560 Euro plus Wohngeld.

Zwar ist nicht ausgemacht, dass bei einem Bedingungslosen Grundeinkommen niemand mehr arbeitet – das Einkommen aufzustocken bliebe ja allen freige-
stellt: Jeder, der will, kann Leistungsträger bleiben und
weitere Millionen scheffeln. Aber selbst Befürworter
sagen höhere Steuersätze voraus, und zudem würde die
tarifautonomische Aushandlung der Löhne zwischen
Arbeitgebern und Arbeitnehmern – die ja auch eine

Verhandlung gegenseitiger Verantwortung und Rechtfertigung ist – quasi obsolet.

Die Illusion einer arbeitsfreien Gesellschaft ist so ver-
lockend wie problematisch, denn Arbeit schöpft Sinn,
schafft soziale Norm, stiftet Gemeinschaft, konstituiert
menschliche Beziehungen, strukturiert den Alltag, gibt
Individuen eine Aufgabe und generiert über Lohn und
Gehalt Wertschätzung, Anerkennung und das Gefühl,
gebraucht zu werden. Die das Leben vieler Menschen
so stark beherrschende Existenzangst wäre vom Tisch,
in der finanziell abgedeckten Ruhe und garantierten
Sicherheit könnte sich Gründergeist entfalten, könnte
Raum und Muße für Innovation entstehen, könnten
Künstler und Kreative sorgenfreier denken, schreiben,
programmieren, komponieren, ohne dass mittels einer
aufwändigen Bürokratie der Staat den Leistungswillen
oder die Hilfebedürftigkeit seiner Bürger bemisst und
überwacht. Finnland, Kanada und die Niederlande zeigen, dass es einen Versuch wert wäre, in kommenden
Zeiten einer Freisetzung der Menschen durch Technik
zu einer, wie der Ökonom Straubhaar fordert, »Revolution« des Sozialstaats zu kommen, somit »radikale«
Gerechtigkeit zu schaffen und den sozialen Frieden zu
wahren.

Die anhängige Debatte um sozialen Frieden, Chancengleichheit und garantiertes Grundeinkommen flankiert
auch ein Vorschlag des Makro-Soziologen und Ungleich-
heitsforschers Steffen Mau. Mau bringt einen »Lebenschancenkredit« in Form eines »Anrechtsguthabens« ins
Spiel, welches, anders als das Sozialerbe, nicht in den in-

dividuellen Konsum fließen kann, sondern ausschließlich für Bildung, Zeitsouveränität und die Kompensation besonderer sozialer Risiken eingesetzt werden soll. Der diskussionswürdige Kredit soll für alle Bürger und Bürgerinnen gleich hoch ausfallen, unabhängig von aktuellen Bedarfen oder sonstigen Erwägungen. Denkbar ist Mau zufolge eine Größenordnung zwischen 20000 und 60000 Euro. Der Soziologe bietet zur Plausibilisierung folgendes Rechenexempel an: »Zwischen 1991 und 2010 wurden in Deutschland 14 Millionen Kinder geboren. Nehmen wir einmal an, der Staat hätte seit 1991 für jeden/jede dieser jungen Bürger/innen ab der Geburt jährlich 1000 Euro auf ein Guthabenkonto eingezahlt, hätte dies im Jahr 2010 insgesamt 14 Milliarden Euro gekostet. Ein 1991 geborenes Kind hätte dann bis zum Zeitpunkt seines 20. Geburtstags 20 einzelne Sparraten erhalten. Rechnet man – bei allen Unsicherheiten der langfristigen Verzinsung – einen dreiprozentigen Zins und Zinseszins mit, stünden dann fast 28000 Euro auf dem Guthabenkonto. Ab dem 20. Lebensjahr bliebe diese Summe auf dem Guthabenkonto stehen, ohne weitere staatliche Überweisungen. Mit großer Sicherheit würden die wenigsten Empfänger/innen das Geld dann auf einen Schlag ausgeben, da es ja an bestimmte Zwecke gebunden ist und nicht direkt ausgezahlt werden kann, so dass ein weiteres Wachstum des Guthabens zu erwarten wäre (bis zum 45. Geburtstag wären es dann knapp 58000 Euro usw.).«

Mau will den Lebenschancenkredit durch eine veränderte Erbschaftssteuer finanzieren. Bei einer Summe von geschätzt 350 Milliarden Euro vererbtem Vermögen bis 2025 käme man bei einer Erhöhung des effektiven Steuersatzes auf zehn Prozent zu Einnahmen von 25 Milliarden Euro. Das bringt nach Ansicht des Soziologen die wenigsten Erben in Bedrängnis oder in Armut. Da Menschen oft am besten wüssten, wann und wofür sie Unterstützung brauchen, werde ihnen mit einem Anrechtskredit deutlich mehr Entscheidungsspielraum eingeräumt als bei konventionellen Transferprogrammen. Der Lebenschancenkredit sei universell, mache also keine Unterschiede zwischen sozialen Gruppen und individuellen Lebenslagen und könnte vor allem für Migranten und Flüchtlinge eine Chance zur Selbstintegration sein – je länger die Aufenthaltsdauer in Deutschland, befindet Mau, desto größer der Anspruch. »Ähnlich wie beim Staatsbürgerschaftsrecht sollte ein mehrjähriger Aufenthalt einen Anspruch begründen.«

Wie auch immer Pro und Kontra zum Bedingungslosen Grundeinkommen zu werten sind – an frühkindlicher Förderung, ständiger Weiterbildung des Einzelnen und der Idee einer Arbeitsversicherung, die den Arbeitnehmer auf Augenhöhe mit dem technologischen Wandel durchs Leben begleitet, führt kaum ein Weg vorbei, will ein Land, will eine Nation ihre Reproduktion durch kulturelle wie soziale Wertschöpfung sicherstellen. *Wertschöpfung* könnte der Leitbegriff eines neuen Humanismus 4.0 sein.

Wertschöpfung und Kultur

Wertschöpfung ist das Gegenteil von Abschöpfung und zielt auf Nachhaltigkeit und Langfristigkeit. Als wertschöpfend könnte man bezeichnen, was dem Gemeinwohl zugutekommt. So gesehen ist die entscheidende Frage nicht, um wie viele Prozentziffern das Bruttoinlandsprodukt – der Wert aller in Deutschland hergestellten Güter und Dienstleistungen – anwächst, sondern in welcher Relation dasselbe zum Gemeinwohl steht. Statt materieller Wohlstandsmehrung hätten wir Mehrung des menschlichen Wohlstands durch Lebenszufriedenheit und Sittlichkeitssteigerung aller Mitglieder der Gesellschaft, was das Glück eher befördern könnte als reine Akkumulation von Geld und Gütern: indem der Mensch wieder ins Zentrum aller politischen, kulturellen und ökonomischen Überlegungen gestellt wird, in Räumen, in denen er sich gerne aufhält, in Kreisläufen, in denen er kommuniziert und Gemeinschaft erfährt, in der Gegenseitigkeit der Anerkennung, die weder Wachstum noch Steigerung benötigt, sondern Einfühlung, Inspiration und Kreativität.

Wertschöpfung ist Schöpfung am Menschsein durch das, was dem Menschen als solchem zuträglich und gut ist. Wertschöpfung ist also das Hervorbringen, Herstellen und Durchführen von *Wert in Zeit*. Wertschöpfung impliziert immer auch Rückbindung – nicht im Sinne von Religion oder Rückkehr zum Glauben, sondern als wechselseitige Teilnahme am Prozess einer gemeinsam entworfenen Statik. Wertschöpfungsgerechtigkeit ist soziale Gerechtigkeit, die dem Einzelnen die Organisation seiner Zeit *selbst* überlässt, seine Freiheit und mit ihr den *Wert des Lebens* steigert, solange diese Freiheit der eigenen Zeitgestaltung nicht die Freiheit der Eigenzeitgestaltung des anderen einschränkt oder verletzt. Der sogenannte flexible Mensch ist nicht derjenige, der sich am besten den Imperativen einer flexibilisierten Wirtschaft anpasst; der flexible Mensch muss der sein, der selbst bestimmt, wann, wo und wie er seine Zeit und seine Kraft investiert. Wertschöpfungsethisch betrachtet ist Wohlstand letztlich Zeitwohlstand, und Selbstbestimmung ist Eigenzeitbestimmung. Für das Gemeinwohl hat Zeit als internes Organisationsprinzip eine immense Bedeutung.

Jeder, ob Gruppe oder Individuum, muss in seinem eigenen Tempo vorangehen dürfen. Eigentempo ist auch Resultat von Pädagogik und der Erziehung zu einem *Zeit-Bewusstsein*. Erfahrung geschieht immer erst in der Zeit, also wäre *Zeit-Bewusstsein* zurückgewonnene Souveränität. Erst wer Zeit als solche wahrnimmt, erkennt ihren wahren Wert. Oder andersherum: Erst wer den Wert der Zeit erkennt, kann sie bewusst wahrnehmen. Durch gewonnene *Zeit-Souveränität* erfährt das Leben eine Bewusstseinssteigerung.

In den vergangenen zehn bis fünfzehn Jahren sind neue Formen gemeinschaftlicher Selbstorganisationen und Lebensentwürfe entstanden, die einem Bewusstseinswandel zur Wertschöpfung nahe kommen. Es sind – nach zweihundert Jahren Flucht des Individuums aus

der Gemeinschaft mittels zunehmender Individualisierung seit der Aufklärung – Versuche neuer Wir-For-
mationen. All das findet mitten in den Städten statt, in
urbanen Habitaten, bei denen es allerdings gerade nicht
auf Abschöpfung, Gewinnerwartung und Umsatz-Ratio-
nalität ankommt, sondern auf Gemeinwohl, Güvertei-
lung und Gemeinsamkeit. Diese Entwicklungen lassen
sich unter die Bewegung der »Commonisten« subsumieren. Mit Kommunismus hat der Commonismus nichts
zu tun, vom Geist des hippieesken Kommunardentums
ist man weit entfernt. Zu einer solchen »Wir-Crowd« gehört jeder, der dies will; auf eine Ideologie muss sich
niemand verpflichten; ein kompaktes Weltbild gibt es
nicht. Individualität muss nicht ins Kollektiv einge-
passt werden, und Verschiedenheit ist gewollt. Bei den
Commonisten geht es nicht mehr um das atomische,
genialische Unternehmersubjekt, dessen Geist des Ökonomischen alles, sogar Sozialbeziehungen, Moral und
Liebe, nach Kosten-Nutzen-Dividenden betrachtet. Es
geht nicht darum, zielstrebig eigene Pläne und Absich-
ten umzusetzen, sondern um die Bereitschaft, sich in
einen Fluss von Ereignissen zu begeben, die immer wieder neu anzustoßenden Prozesse sozialer Verbindung
im Geiste des »Do it yourself«-Prinzips: Dinge selber machen, nicht bereits hergestellte Dinge konsumieren –
Dinge, die man wirklich braucht und nicht massenhaft
produziert, um die Begehrlichkeit erst zu stimulieren
und dann auszubeuten.

Sein statt Haben – das wäre die Matrix einer nicht
mehr egozentrischen, egoistischen, individualisierten,

auf Eigentum und Steigerung basierenden, sondern einer auf Teilen und Tauschen bezogenen Lebenswelt. Eigentum und Privatbesitz müssen nicht länger ausgebaut und verteidigt werden, da es gilt, einen möglichst großen und breiten Zugang zum Notwendigen zu schaffen. Praktisch erfordert das »Creative Commons«- Prinzip auf der »Do it yourself«-Basis die Fähigkeit zur Interaktion, in der die Beteiligten gegenseitig ihre Differenz tolerieren.

Die Commons-Bewegung gründet in Strukturen, die der Betrieb nicht mehr hervorbringt. Aus spontanen Ideen erwachsen Prozesse, in denen es immer auch um die Rückbindung an reale Güter geht und die Rücksicht auf die tatsächlichen Bedürfnisse der Menschen. Jenseits materieller Massenproduktion und dem Primat der Produktivität gilt es, sich in Prozessen der Produktion von Gütern anzunähern. Der Vorgang der Herstellung erhält einen weit höheren Stellenwert als das verkaufbare Endprodukt.

Die Commons sammeln sich zum Beispiel in urbanen Gemeinschaftsgärten, wo sich Wissen und nicht Kapital akkumuliert. »Himmelbeet« heißt der erste deutsche Gemeinschaftsgarten auf dem Dach eines Einkaufszentrums in Berlin-Wedding, wo seit 2013 Gemüsebeet, Bienenstock, Café und Restaurant samt Umweltbildungsworkshop ein anderes Abbild sozialer Wirklichkeit vermitteln und die Währung der gesellschaftlichen Gratifikation verändert werden soll: Lebensqualität statt Geldzuwachs, Gemeinschaftlichkeit statt Kapitalakkumulation, Zeit statt Wachstum.

Durch getauschtes und geteiltes Wissen, aus dem sich sonst in der Wissenschaftsgesellschaft kein Kapital schlagen lässt, wird Anerkennung produziert. Gerade in den Großstädten hat diese Form der Wertschätzungsproduktion für immer mehr junge Menschen offensichtlich einen hohen sozialen Mehrwert: Sie nutzen, was sie vorfinden, und schaffen daraus gemeinschaftlich etwas Neues. Wer hinzukommt, schreibt das Vorgefundene wiederum fort und setzt sich in Beziehung zum anderen. Der eine hat eine Tischlerlehre gemacht, die andere ist Ingenieurin. Einer hat eine Gärtnerausbildung, der andere baut Maschinen. All die unterschiedlichen Wissensformen werden synthetisiert. Die Formen von Wissensproduktion und Wissenstransfer, der Güterproduktion und Verteilung – all das wird anders gestaltet, experimentell, basal. Diese Bewegung einer rationalen Avantgarde ist indirekt eine Gegenbewegung zur Kontrolle von außen, zu Beschleunigung, Kommerzialisierung, Privatbesitz und Einverleibung des Öffentlichen durch das Private. Die Commonisten zielen darauf, die vorgefertigten, allesamt über den Markt vermittelten Welten, in denen sie aufgewachsen sind, zu durchbrechen, um sich undefinierte Orte anzueignen und mit undefinierten Bedingungen umzugehen. Sie teilen sich also die *Commons*, die Grundgüter, und verschieben die Grenzen der eigenen Privatsphäre zugunsten einer Kooperation mit denen, die gerade da sind. Produzieren statt konsumieren – so entsteht eine neue Art Wohlstand, der als postmateriell und dennoch materialistisch verstanden werden kann. Material, Dinge, Ge-

genstände also werden repariert, Zivilisationsmüll wird auf Gebrauch hin begutachtet, Ausgedientes wiederverwertet. Jenseits der Renaissance alter Kulturtechniken wie Einkochen, Ernten oder Stricken steht hinter dem Commonismus der Geist des Teilens und Verteilens: Durch neue Formen gemeinsamer Hervorbringung und Verräumlichung von Arbeit entstehen kleine, flexible Einheiten – etwa beim Teilen von Arbeitsräumen auf Zeit, sogenannten Coworking-Spaces. In offenen Hightech-Werkstätten werden mit computergestützten Maschinen wie der CNC-Fräse, dem 3-D-Drucker oder dem Lasercutter Produkte für alle hergestellt. Das Konzept der »Open Design City« stellt sich als postmoderne Karawanserei der globalen Web-Avantgarde vor, und in offenen Werkstätten wie dem Münchner »Haus der Eigenarbeit« soll jeder, ob Anfänger oder Könner, unter Fachberatung seine eigenen Projekte umsetzen.

Es ist eine konsumkritische, aber konstruktive und mittlerweile vor allem kollektive Bewegung, die auf Worte und Parolen verzichtet und sich selbst vom Konsumenten zu einem sinnlich aktiven Menschen gewandelt hat. Womöglich sind die unter Profit- und Konsumverzicht arbeitenden Kooperativen der Stadtgärten, Allmenden oder FabLabs der deutschen und europäischen Großstädte Teile einer Bewegung, die erkannt hat, was Denken und Handeln in Zukunft bestimmen wird. Teilen wird dann nicht nur erste Christenpflicht sein, sondern womöglich erste Bürgerpflicht. Es geht dann um mehr als nur um Foodsharing, Kleidertausch und Carpooling oder andere internetbasierte Formen

des Tauschens, der gemeinsamen Nutzung von priva-
ter und öffentlicher Infrastruktur mittels Smartphone-
App. In den Projekten der Commonisten werden post-
materielle Lebensentwürfe jenseits von Egoismus und
Nutzwertmaximierung erprobt, und die zentrale sozialpolitische Frage von morgen könnte dementsprechend
lauten: Wie verteilt man den Wohlstandsgewinn, der
aus der Arbeit 4.0, der digitalen Ökonomie der Zukunft
erwächst, möglichst gerecht auf viele um?

Man könnte diese neuen Orte der Subsistenzproduk-
tion oder des Do-it-yourself durchaus als Laboratorien
bezeichnen, weil Arten und Weisen des Miteinanders
und des Umgangs mit den Dingen erprobt werden, die
in Zukunft möglicherweise in den Mittelpunkt rücken
werden. Warum? Weil wir mehr und mehr merken, dass
alles in Beziehung zueinander steht. Weil das Öl knapp
wird. Weil Weitblickende verstanden haben, dass man
Gemüse nicht mehr aus wasserarmen Gegenden impor-
tieren kann. Der an mehreren internationalen Hoch-
schulen und Universitäten lehrende Organisationspsychologe Niels Van Quaquebeke stellt seit etwa fünf
Jahren einen Gesinnungswandel unter seinen Studenten fest. »Viele studieren heute nicht mehr Wirtschaft,
um persönlichen Gewinn oder Gewinn für ein Unternehmen zu maximieren, sondern um alternative Wirt-
schaftsmöglichkeiten zu finden.« Lässt sich Unternehmertum begründen, das gut für die Gemeinschaft ist,
die Gesellschaft nicht beraubt und sich dennoch im
marktwirtschaftlichen Wettbewerb behauptet? Zunehmend mehr Studenten machten sich Gedanken über

soziale Wirtschaftsmodelle oder das, was man Social Entrepreneurship nennt.

Es scheint, als bilde sich gerade ein neues Zusammengehörigkeitsgefühl aus, als Gegenmittel zur bislang gefeierten Egozentrik des radikalen Individualismus. Sich um sich selbst zu kümmern heißt dann auch, sich um andere und das öffentliche Wohl zu kümmern. Bedürfnisorientierung als Sorge ums Ich und die Frage nach Sinn und Grenze von Wachstum spielen vor allem bei immer zahlreicher werdenden »Degrowth-Bewegungen« – wie etwa die Commonisten – eine entscheidende Rolle.

Die Commonisten haben verstanden, dass jede Form von Wachstum nicht nur demokratisch legitimiert, sondern auch partizipativ organisiert werden muss. Sie arbeiten in den Laboratorien neuer Stadtgesellschaften, in denen sich in Zeiten permanenter Migration die Vorstellungen aller Kulturkreise harmonisieren. Immer mehr Junge der nachkommenden Generation versuchen, mit dem, was vorhanden ist, offene, kosmopolitisch geprägte Orte zu gestalten. In verstärktem Maße dehnen sich die Commons-Netzwerke jetzt auch auf den Sorgebereich aus. Die Commons-Care-Revolution (und man darf im Sinne eines grundstürzenden Wandels durchaus von revolutionär sprechen) transformiert Arbeit und Zeit. Generationenvielfalt, Bildungsniveaus und Herkunft sollen sich abbilden können, Gesellschaft soll grundlegend aus der Idee der Sorge gedacht werden. Zugrunde liegt der sozialen Reproduktionsarbeit die simple Annahme des offensichtlich Existenziellen:

Jeder wird krank, jeder braucht Pflege, jeder ist auf Bekümmerung angewiesen, jeder wird alt. Investiert wird in soziale Beziehungen und Menschen statt in Material, und gestaltet werden – jenseits der globalisierten Konsumgüterindustrie – neue Räume von Subjektivität, die Verfügungsraum für alle und zugleich Geborgenheitsraum für das Individuum sind, das sich wiederum dem Gemeinwohl und damit auch dem anderen Individuum verpflichtet fühlt. So bestimmt sich die Souveränität des Subjekts neu: als teilhabend und zugleich teilnehmend. Kooperation statt Konkurrenz. Konnektivität statt Kollektivität. Kreativität statt Konsumismus.

Die Kreativen können ihr Unternehmen von überall aus führen. Sie arbeiten in Cafés oder zu Hause am Laptop, ihrer mobilen Produktionsmaschine; sie brauchen nur ein funktionierendes WLAN. Wirtschaftliche Innovation in der kognitiven Epoche ist nicht mehr ausschließlich auf Konzernstrukturen angewiesen. Die Macht über die Produktionsmittel hat der einzelne Kreative durch seinen Laptop. Innovation basiert auf dem Prinzip genialischer Wertschöpfung, vornehmlich nach der Devise des Do-it-yourself. Diese Entwicklung hat Ende der 1990er Jahre zur »Kreativen Klasse« geführt und den Urbanisten Richard Florida berühmt gemacht. Seine These damals: In Zukunft gehe es nicht nur um Steuern, Sozialabgaben und den klassischen Standortfaktor, entscheidend seien die sogenannten 3 T: Talente, Technologien, Toleranz. Wer diese besonders produktiv in Balance zu bringen versteht, wer sich tolerant gegenüber Minderheiten verhält und attraktiv für Talente von außen macht, wer für seine eigenen Mitarbeiter genug unternimmt und gleichzeitig ein positives Verhältnis zu neuen Technologien entwickelt, wird langfristig erfolgreicher als diejenigen sein, die das vernachlässigen.

Wenn Commons, Care und Kreative einen Bund eingehen, könnte Gesellschaft neu begründet und Sorge-Arbeit zivilgesellschaftlich dezentral gedacht werden. Beispielsweise in Quartier-Programmen, wo Ältere länger zu Hause wohnen. Die Bewohner eines Viertels oder Ortsteils nehmen die Gestaltung ihres Quartiers in die eigenen Hände und arbeiten anhand der Bedürfnislage Strukturen aus. Diese neuen sozioökonomischen Kooperationsformen – dezentralisiert auf der Parzelle, Scholle, in kleinen Einheiten – finanzieren sich über soziale Kreisläufe selbst. Wenn viele Commons gegründet werden, ist das eine neue, alternative ökonomische Basis zur Leistungsethik in der kognitiven Epoche. Das Commons-Care-Netzwerk wächst, langsam zwar, aber stetig, zwischen Berlin und Freiburg entfalten sich immer mehr Projekte. Kinderläden, in den 1970er Jahren von den Eltern aus dem Boden gestampft und staatlich unterstützt, bildeten die Vorläufer, jetzt folgen sogenannte Polikliniken in deutschen Großstadtvierteln. Die Hamburger Poliklinik Gruppe, bestehend aus Ärzten, Anwälten und Sozialwissenschaftlern, beschäftigt sich laut Eigenbeschreibung seit mehreren Jahren mit dem Aufbau eines Stadtteilgesundheitszentrums als Kollektivgut. Eine Gesundheitsversorgung umfasse heute mehr als die rein medizinische Versorgung und Vorsorge, heißt es, daher breche ihr Konzept die herkömmlichen Strukturen der Gesundheitsarbeit auf und orientiere sich an den Bedürfnissen und Problemlagen der Menschen in ihrer sozialen Gemeinschaft. Wie, fragt man sich, wirken sich Lebensumstände, also Wohnverhältnisse, Einkommen, Infrastruktur, Versorgung und Bildung, auf den Gesundheitszustand der Bewohner aus? – und setzt sich zum Ziel, Gesundheit interdisziplinär, individuell und kollektiv zu be- und verhandeln.

In besagten Kliniken etablieren sich, analog zu Medienräten, sogenannte Care-Räte. Die Idee von Räten findet seit geraumer Zeit auch bei Politikwissenschaftlern wieder Anklang. Für bessere Partizipation an demokratischen Prozessen schlagen Demokratieforscher »Zukunftsräte« vor, um wichtige Fragen künftiger Gesellschaften nicht im Ad-hoc-Modus der Politik zu bearbeiten. Ein Zukunftsrat ist eine Gruppe von Menschen, die, so charakterisiert es die Politologin und Partizipationsforscherin Patrizia Nanz, auf der lokalen und regionalen Ebene 15 bis 20 Leute umfasst (respektive 40 bis 50 auf der bundespolitischen oder europäischen Ebene), deren Mitglieder per Zufall gewählt werden und die Wahlbevölkerung abbilden. Der Zukunftsrat ist ein Zusammenschluss aus freiwilligen Bürgern und holt den Bürgerverstand mit in die Entscheidungsfindung herein.

Sein in Zeit

Wann gelingt das Leben? Immer schon ging es um nichts anderes als das gute Leben, heißt es eingangs dieses Essays, und ausgangs desselben haben wir festzustellen: Es lassen sich sehr wohl konkrete Kriterien eines guten, gelingenden Lebens in der späten Moderne unserer Tage formulieren. In der kognitiven Epoche einer globalisierten Arbeitswelt 4.0 muss eine lokalisierte Sozialwelt 4.0 äquivalent sein. Gehen wir davon aus, dass alles mit allem zusammenhängt – wodurch ein System freilich definiert ist –, lautet die Gretchenfrage des 21. Jahrhunderts: Wie kann der Mensch ein geschlossenes System, in dessen Zentrifugalkraftbewegung er sich befindet, individuell verändern?

Lag die Priorität in den vergangenen Jahren auf der Vereinbarkeit von Arbeit und Leben, so ist das heutige Desiderat die Vereinbarkeit von Berufsleben und Sorge. Nehmen wir an, jeder Erwerbstätige hätte ein »Care-Zeit«-Budget, aus dem er – je nach Lebenslage – anlässlich der für ihn wichtigen Ereignisse und Tätigkeiten Zeiteinheiten »ziehen« könnte. Wem das allzu utopisch vorkommt, der sei auf das real existierende Wertkontenmodell der Berliner Wasserbetriebe verwiesen. Dort wird seit Anfang 2015 unter dem Titel »My time« die Idee der Ziehungskonten in die Tat umgesetzt. Das Wertkonto ist eine rechtlich komplexe Angelegenheit und erfordert ebenso den Sachverstand vieler Experten wie die Rücksprache mit der Arbeitnehmervertretung, da die Wasserbetriebe der Hauptstadt eines der größten

kommunalen Unternehmen der Republik und als An-
stalt des öffentlichen Rechts an die tarifvertragliche Ver-
ankerung seiner Dienstvereinbarungen gebunden sind.

Zwei Überlegungen liegen dem Wertkonto zugrunde. Erstens: Die öffentliche Hand braucht Fachkräfte
und konkurriert hier mit der Privatwirtschaft; sie muss
also etwas Besonderes bieten, da der Kreis der Anbieter
größer ist jener der Nachwuchsbesten. Zweitens: Die
Forschung – wie im Übrigen auch der gesunde Men-
schenverstand – legt nahe, dass der für einen Monat aus-
geklinkte Mitarbeiter motivierter, erholter und ausgeruhter an seinen Arbeitsplatz zurückkehrt – und für das
Unternehmen insofern auch leistungsfähiger ist. Wer
seinem Lebensentwurf und seinen Bedürfnissen folgen
darf, ist weniger krank, weniger gestresst und weniger
erschöpft. Sämtliche Erfahrungen sprechen dafür, dass
sich Strukturen und Verhaltensweisen dauerhaft nur
verändern, wenn sich für beide Seiten eine Win-win-
Situation ergibt.

Die öffentlichen Anstalten wissen um ihr Problem
eines zu hohen Altersschnitts. In den kommenden Jahren werden sehr viele Mitarbeiter das Unternehmen
verlassen; um den dann begehrten Nachwuchs zu gewinnen, braucht ein kommunales Unternehmen eine
gute Arbeitgebermarke – ein Jüngerer, dem alle Möglichkeiten offenstehen, wählt nicht die verstaubte An-
stalt, sondern weit eher ein Start-up-Unternehmen wie
etwa XING, wo er auch von zu Hause aus arbeiten kann.
Um eine Lebensplanung bis zur Rente, das hat die Perso-
nalchefin der Wasserbetriebe in zahllosen Bewerbungs-

gesprächen gelernt, machten sich die Jungen keinerlei Kopf, Angst vor der Zukunft sei nicht festzustellen.

Das Durchschnittsalter der 4500 Beschäftigten der Berliner Wasserbetriebe liegt bei 50 Jahren. Aufgrund vieler Tätigkeiten im Bereich der Schwerarbeit wie etwa der Kanalfach- oder Wechselschichtarbeit muss das Unternehmen jederzeit mit gesundheitlich angeschlagenen und körperlich belasteten Mitarbeitern rechnen. Je älter die Mitarbeiter, desto häufiger die gesundheitlichen Gebrechen. Seit Langem bieten die Wasserbetriebe einen ganzen Strauß an Möglichkeiten an, unter denen der Mitarbeiter wählen kann: Gleitzeitkonten (Zeit ansparen ohne Urlaub bis zu einer Woche), Teilzeitregelungen, Altersteilzeit, 63er-Lösung und Tele-Arbeit, das speziell ausgedachte »Vollzeit-Flex«-Modell (Verzicht auf 3 Prozent des Jahreseinkommens für 10 Tage mehr Urlaub, also insgesamt 40 Urlaubstage). Und schließlich das Wertkonto: Als »Vario-Wertkonto« mit der vorübergehenden Absenkung der Arbeitszeit bei vollem Entgelt; als »Sabbatical-Wertkonto« mit der Freistellung von einem bis maximal 12 Kalendermonaten; als »Ruhestands-Wertkonto« mit der vorgezogenen Vollfreistellung oder einem gleitenden Übergang durch schrittweise Absenkung der Arbeitszeit.

Ein Wertkonto ermöglicht dem Arbeitnehmer den früheren Ruhestand, eine Weltreise oder den sukzessiven Ausstieg und dem Arbeitgeber die Einstellung neuer, junger Mitarbeiter.

Jeder Mitarbeiter also kann auf das unternehmenseigene und im Unternehmen verwaltete Wertkonto einbezahlen. Es ermöglicht entweder einen früheren oder den stückchenweisen Ausstieg aus dem Arbeitsleben, wenn der Arbeiter mit 60 in eine 4- und später eine 3-Tage-Woche geht. Das Wertkonto ist entweder eine Art Zeit- oder ein Ruhestandskonto. Für beides gilt: Will der Arbeitnehmer im Laufe seines Arbeitslebens entweder zwei oder drei Jahre vor dem offiziellen Renteneintritt aussteigen, muss er sich die entsprechende Zeit über die Biografie hinweg zusammengespart haben: Geld gegen Zeit. Der Mitarbeiter zweigt einen Teil seines monatlichen Einkommens direkt auf sein persönliches Wertkonto im unternehmenseigenen Kontensystems ab. Dort liegt das Guthaben, wird (derzeit) zu 2 Prozent verzinst, in manchen Fällen durch Arbeitgeberzuschüsse von 10 Prozent auf jede Einzahlung aufgestockt und kumuliert so im Laufe der Jahre eine Summe, die auf den Wert von Stunden und Tagen umgerechnet und dann als Zeit ausgezahlt wird. Konkret könnte das wie folgt aussehen: Wer bei einem Monatsgehalt von 4000 Euro brutto in einem Jahr einen Monat zu Hause bleiben will, muss davon monatlich 333 Euro direkt auf das Wertkonto überweisen lassen. Konteninhaber zahlen Bruttoentgelte verschiedener Arten ein, wie Zuschläge, 13. Monatsgehälter, das Weihnachtsgeld oder steuerfreie Entgeltbestandteile. Geht der *vor* Steuern einbezahlte Bruttobetrag direkt auf das Wertkonto, wird weiterhin ein sozialversicherungspflichtiges Arbeitsverhältnis fingiert, und der Mitarbeiter ist während seiner Freistellung krankenversichert, was bei Sonderurlauben früher nicht der Fall war. Voraussetzung eines Wertkontos ist eine Frist von sechs Monaten zur Ankündigung. Mit diesem Planungsvorlauf wie mit der Planungssicherheit für das Unternehmen lässt sich die komplette Arbeit eines technischen Ingenieurs beispielsweise im entsprechenden Zeitraum auf vorhandene Mitarbeiter verteilen. All das heißt aber auch, dass man sich ein Wertkonto auch leisten können muss.

Seit 2006 die damalige rot-grüne Bundesregierung das »Flexi-II-Gesetz« beschloss, ist es nicht mehr möglich, nur Zeit auf ein Konto »einzuzahlen«, weil von da an Zeit in Geld umgewandelt werden musste. Zeit konnte also nicht mehr als Zeit, sondern nur in Form eines Geldbetrags gespeichert werden. Warum? Weil eine Entgeltstunde bei Höhergruppierung der Entgeltgruppe 6 weniger wert ist als in der Entgeltgruppe 10. Das »Gesetz zur Verbesserung der Rahmenbedingungen für die Absicherung flexibler Arbeitszeitregelungen« sieht vor, den Wert der Tage gleich zu halten, wenn beispielsweise ein Unternehmen insolvent geht. Insolvenzgesichertes Geld hingegen kann nicht verloren gehen. Entscheidend ist schließlich die Konvertibilität: die Umrechnung der Währungen Zeit und Geld. Das Kontensystem und die Ziehungsrechte sind für einige Firmen bereits zum Geschäftsmodell avanciert. In der »Deutschen Beratungsgesellschaft für Zeitwertkonten und Lebensarbeitszeitmodelle« wie auch der gemeinnützigen »Arbeitsgemeinschaft Zeitwertkonten« setzen sich, wie es heißt, Unternehmer, Experten und Berater zum Ziel, ein Zeitwertkonten-System als wesentliches Element der Lebensarbeitszeitgestaltung zu fördern und zu verbreiten.

Wer einen dauerhaft motivierten Arbeitnehmer gewinnen will, darf man folgern, lässt ihn über Arbeitszeit
und Auszeit mitbestimmen. Das Wertkonto könnte den
begehrten Ingenieur in ein neues Arbeitsverhältnis lo-
cken, weil ihm das Unternehmen Freizeitwünsche etwa
für den Bau eines Hauses, für die Erziehung der Kinder,
für eine Weltreise oder auch der Erfindung und dem
Bau eines eigenen Elektroautos erfüllt.

Zufriedenheit schafft Mitarbeiterbindung, und je
mehr junge Arbeitnehmer all dies facebooken, twittern
oder instagrammen, desto höher, so die Hoffnung des
Unternehmens, sind Image und Prestige als Arbeitgeber,
dessen Gehaltsmöglichkeiten als öffentlicher Betrieb
bekanntlich beschränkter als jene im digitalen Start-
up-Bereich sind.

Die höchste Güteklasse des öffentlich-rechtlichen
Arbeitgebers ist also nicht Geld, sondern Zeit und Flexibilität auf der Basis von Selbstbestimmung ebenso wie
die Möglichkeit zur Weiterbildung und persönlichen
Weiterentwicklung. Vorausschauende Personalpolitik
ist vorausschauende Anpassung an die Bedürfnisse und
Wünsche potenzieller Mitarbeiter. Aus Sicht des Perso-
nalvorstands ermöglicht das Wertkonto der Wasserbetriebe zugleich Loyalität: des Mitarbeiters gegenüber
dem Unternehmen und umgekehrt. Win-win also.

Die sorgende Gemeinschaft

Die individuelle Gestaltung der Lebensarbeitszeit ist die wahre Freiheit des unternehmerischen Selbst, die weit entfernt ist von Fremdbestimmung durch Selbstausbeutung. Auf der Basis dieser Erkenntnis könnte sich das soziale Leitbild einer kommenden Gesellschaft weiterentwickeln: das Selbstverständnis des Einzelnen nicht als »adult worker«, sondern als »earner-carer«. Es entstünde das Bild der Gesellschaft als »sorgende Gemeinschaft«. Eine neue Lebensarbeitszeitrechnung ist simpel: Durch die Entzerrung der Lebensverläufe gewinnt das Individuum über die gesamte Lebensspanne hinweg mehr Zeit zur Selbstverfügung.

Erwerbsbiografie und Lebensverlauf sind nicht mehr durch drei Blöcke oder Phasen bestimmt, sondern durch Episoden und Koexistenz. Die Gesellschaft der nahen Zukunft könnte ein Verbund an vielfältigen sorgenden Gemeinschaften sein und griffe damit die Struktur sozialer Netzwerke auf – allerdings analog, leibhaftig, im realen Raum. Der exzessive Individualismus, das Selbstbezüglichkeitsregime des selbstgesteuerten und selbstverantwortlichen Individuums, ist heute an seine Grenzen gestoßen. Das Sozialverhalten des Menschen von morgen könnte also stärker auf den Zusammenhalt kleinerer Gemeinschaften ausgerichtet sein: Nachbarschaftlichkeit, Kooperativen, Kommunalquartiere und Mehrgenerationen-WGs sind Beispiele für sorgende Gemeinschaften und definieren den Begriff der Solidarität neu. Solidarität heißt ja: Menschen setzen sich für ihre

gemeinsamen Interessen gemeinsam ein. Im Umkehrschluss heißt dies: Wo kurzfristige Eigeninteressen verfolgt werden, werden die Lebensbedingungen für alle
schlechter – weil das gemeinsame Interesse an einem
funktionsfähigen Staat, an einer gut ausgebauten Infrastruktur, an einer umfassenden Gesundheitsversorgung, von der alle gleichermaßen profitieren, verloren
zu gehen droht.

Der Ökonom und Organisationspsychologe Peter
Ferdinand Drucker stellte bereits in den 1950er Jahren
fest, keine Strategie könne erfolgreich sein, wenn sie
nicht von einer Unternehmenskultur getragen werde.
Unternehmenskultur, so definieren sie die Sozialethiker
McLean und Larkin, ist die »Sammlung von Traditionen,
Werten, Regeln, Glaubenssätzen und Haltungen, die einen durchgehenden Kontext für alles bilden, was wir in
dieser Organisation tun und denken«.1954 erschien Druckers wegweisendes Buch »Management by Objectives« –
Führen durch Zielvereinbarungen im Sinne von Entwicklung zur Eigeninitiative. Im Jahr 1959 sagte Drucker
die Entwicklung zu einer »Wissensgesellschaft« voraus,
von ihm also stammt der so neu klingende Begriff des
»Wissensarbeiters«. Mit seinen Voraussagen und Vorstellungen hat der amerikanisch-österreichische Ökonom
die moderne und postmoderne Unternehmensführung
maßgeblich geprägt und das Verständnis von Organisation der gesamten Gesellschaft als »Management« geprägt. Bereits Mitte der 1950er Jahre wollte Drucker die
Mitarbeiter auch der unteren Unternehmensebenen an
Entscheidungsprozessen beteiligt sehen und das »Kom-

mando-und-Kontroll-Prinzip« ausrangieren. »Verantwor-
tungsvolles Management«, ließ er verlauten, »ist die Alternative zu und unser einziger Schutz vor Tyrannei.«
Wissen sei die wichtigste Ressource, wichtiger als Land,
Arbeit und finanzielle Vermögenswerte. Fünfzig Jahre
später sind Druckers Ideen sozioökonomische Realität,
deren Paradigma dieser Tage zu wechseln beginnt.

Im Jahre 2040

Blicken wir nicht zurück, sondern abermals nach vorn
und leisten uns für die kognitive Epoche analogen Op-
timismus. Die möglicherweise schöne neue Welt des
Jahres 2040 ist in Zügen schon jetzt erkenn- oder vorhersagbar. Neu wird sie sein, das ist sicher, aber wird sie
auch schön? Wie immer liegt das im Auge des Betrachters. Im Jahr 2040 haben Frau und Mann in Deutschland
die Möglichkeit, ihren Lebensverlauf je so zu gestalten,
dass, unabhängig vom Geschlecht, die Basis ihrer Existenzsicherung die Erwerbsarbeit darstellt. Der Mensch
in zwanzig Jahren hat die Möglichkeit, je nach Bedarf
und subjektiver Stimmigkeit seine Erwerbsarbeit zu
unterbrechen oder zu reduzieren. Um eine insgesamt
verlängerte Lebensarbeitszeit gelingend zu gestalten,
ist ein entzerrter Lebenslauf vonnöten. Rechtliche Rah-
mengesetzgebung ermöglicht durch Ziehungsrechte
von Zeit individuelle Flexibilität im Umgang mit Eigenzeit.

Nehmen wir an, eine Frau hat eine abgeschlossene Ausbildung und sich vor Antritt des Jobs genügend Zeit für eine lange Reise genommen. Sie steigt mit Ende 20 ins Erwerbsleben ein. Im Laufe der Jahre wird es ihr ermöglicht, sich weiterzubilden, weil die Berufsausbildung für gestiegene Erwartungen der kognitiven Epoche nicht mehr ausreicht. Sie bekommt ein erstes Kind, nimmt sich dafür zwei Jahre Sorgezeit oder koordiniert die Betreuung mit dem Partner oder der Partnerin, ohne massiv auf Einkommen verzichten zu müssen. Sie nimmt sich so viel Zeit, wie es den Anforderungen entspricht, und macht dies davon abhängig, was ihr Kind braucht, ohne unter Druck zu geraten. Weil der Partner einen großen Teil der weiteren Betreuung übernimmt, steigt sie wieder voll ins Erwerbsleben ein und 15 Jahre später erneut aus, weil das Kind in einer bestimmten Phase seiner Pubertät unvermutet kompliziert wird und reichlich Zuwendung braucht. Sie zieht weitere Elternzeit oder verkürzt die Arbeitszeit deutlich. Irgendwann will sie sich abermals beruflich weiterqualifizieren und nimmt eine weitere Auszeit, die sie über Wertkonten oder das Grundeinkommen selbst organisiert. Wenn ihre Eltern krank oder pflegebedürftig werden, kann sie aus ihrem Zeitbudget abermals Zeit ziehen, ohne später in Altersarmut zu geraten. Sie wäre jederzeit gut versorgt. Im Alter von 60 merkt sie, dass sie bis in ihre 70er Jahre hinein arbeiten möchte, solange sie an der Arbeit Freude hat und der Arbeitgeber Freude an ihr. Nach der Pensionierung verfolgt sie weitere Ideen und kann über ihre Rente hinaus so viel verdienen, wie sie möchte, und arbeiten, solange sie Lust und Kraft hat.

Insgesamt hat sie, sagen wir, 43 Jahre lang gearbeitet, aber nicht am Stück. Ihre Erwerbsarbeitszeit zieht sich über den gesamten Zeitraum ihrer Biografie und wurde mehrmals teils für längere Zeit unterbrochen.

Ist das realistisch? Nach allem, was diesem Essay zugrunde liegt, durchaus ja. Wir haben es mit nichts Geringerem als einer kopernikanischen Wende zu tun: Die Arbeitsweise wird dem Lebensstil angepasst, nicht mehr der Lebensstil der Arbeitsweise. Damit ist klar benannt, wodurch sich der Paradigmenwechsel definiert: Die alte Linienhierachie ist ein Auslaufmodell, die Zukunft gehört selbstorganisierten Netzwerken. Und: Die Schwerpunkte verschieben sich von Stabilität und Effizienz zu mehr Autonomie, Flexibilität und Selbstbestimmung.

All das erfordert einen mündigen Arbeitnehmer, der Nein sagt. Der herkömmliche Vertrag »Zeit gegen Geld« ist so passé wie das Modell einer lebenslangen Zugehörigkeit zu einem Betrieb auf dem verschulten Weg mit passablen Leitplanken. Jenes alte Geschäftsmodell stellt auch die Gewerkschaften vor die große Herausforderung eines neuen Selbstverständnisses. Der Arbeitnehmerschutz durch interne Betriebsräte mit Betriebsvereinbarungen und externen Gewerkschaften mit Tarifverträgen sind jedoch nach wie vor wichtiges Kulturgut; zunehmend weniger Beschäftigte haben schon heute einen Betriebsrat oder eine Interessenvertretung. Durch Flexibilisierung, individualisierte Arbeitszeit und

New-Work-Modelle scheinen dieselben geradezu obsolet geworden zu sein, da durch ein personalisiertes Lebensarbeitszeitmodell jeder Arbeitskraftunternehmer quasi sein eigener Betriebsrat ist. Idealerweise wacht der Beschäftigte selbst über die Grenzen seiner Arbeit.

Dort, wo Betriebsräte den Paradigmenwechsel verstanden haben, weder stänkern noch rückwärtsblickend der Entwicklung hinterherlaufen, schließen sie beispielsweise Vereinbarungen zum mobilen Arbeiten. Immer mehr Unternehmen schaffen eine Basis für verschiedene Arbeitszeitmodelle, in manchen Unternehmen werden es 100, sogar 200 sein. Womöglich setzen die Unternehmensführungen sie nicht mit höchster Begeisterung um, sondern aus der nüchternen Abwägung und Erkenntnis heraus, um die nachkommende Generation werben zu müssen. Sie wissen nur zu gut, dass sie in Zeiten des Geburtenrückgangs die Fachkräfte der Generation Y und Z brauchen, dass sie, um im internationalen Wettbewerb um Image, Prestige und die besten Arbeitsbedingungen mithalten zu können, den Bewerbern etwas bieten müssen. Jeder Arbeitgeber, der auch in Zukunft attraktiv sein möchte, wird sich um soziale Einbettung kümmern und Angebote formulieren, die über Kinderbetreuung oder Teilzeit hinausgehen. Viele Unternehmen und Arbeitgeber haben sich seit Längerem auf die Bedürfnisse nach mehr Flexibilität nicht nur der weiblichen Mitarbeiter eingestellt.

Jeder Kulturwandel muss zur Würdigung und Wertschätzung der Arbeitnehmer – vor allem der älteren – beitragen. Der soziale Frieden, der Voraussetzung für reibungslose Produktivität ist, bleibt freilich nur gewahrt, wenn der Mensch in der Lage ist, Lebenszufriedenheit und Wohlbefinden zu empfinden.

Die Vision eines neuen Humanismus 4.0 fasst die bestehende Zivilität und bis heute gesetzlich verankerten und rechtlich einklagbaren Ansprüche mit der Idee eines individualisierten Lebensarbeitszeitkontos zusammen. Ein gutes Leben in der gelingenden Gesellschaft einer kognitiven Epoche sieht vor, dass jeder Bürger der Bundesrepublik Deutschland bei einer eigens dafür eingerichteten Zentralstelle für Wertkonten (eine neue Behörde oder beispielsweise die bestehende Deutsche Rentenversicherung) auf ein zentral geführtes Konto einzahlt. Er besitzt also sein je persönliches Wertkonto und führt es eigenverantwortlich. Um eine gerechte Umrechnung zu garantieren, muss das Konto von einem Arbeitgeber auf den nächsten übertragbar sein. Wenn nun, wie es sich bei vielen Jungen andeutet, ein Arbeitnehmer nicht mehr ein Leben lang bis zur Rente bei einem einzigen Arbeitgeber bleiben möchte, muss das Wertkonto, damit es nicht verfällt, auf den folgenden Arbeitgeber übertragen werden können. Es muss möglich sein, an allen Orten von allen Anstellungen aus auf das zentral geführte Konto einzuzahlen. Durch hohe Fluktuation und Kurzzeitverbindlichkeit ist die Übertragbarkeit auf den Folgearbeitgeber wesentliche Voraussetzung, dass mit lebenslangen Erwerbsbiografien ebenso wenig gerechnet werden kann wie mit lebenslanger Betriebszugehörigkeit. Jeder Arbeitgeber wäre allein schon aus Imagegründen gezwungen, dem System der Wertkonten beizutreten und die Übertragung der Konten zu akzeptieren.

Der Bürger einer neuen Lebensarbeitszeit erkauft sich seine Zeit. Zeit ist das Ergebnis seiner Arbeit, obwohl er weiterhin für Geld arbeitet. Er spart und speichert entsprechende Summen, die er sich wieder auszahlen lassen kann. Nun hat Zeit bei einem Unternehmen wie XING einen anderen Wert als bei Bosch oder den Berliner Wasserbetrieben. Wenn aber der Wert von Zeit bei verschiedenen Arbeitgebern verschiedener Branchen verschieden hoch ist – wie viel Zeit kann ich mir dafür bei einem neuen Arbeitgeber kaufen? Der Gesetzgeber könnte eine Einheitswährung in Zeit festlegen. Entgelt für Zeit zu Hause muss angemessen sein. Sagen wir: zwischen 70 und 130 Prozent des Durchschnittes der letzten 12 Monate vor der letzten Freistellung. Konkret heißt das: Wer jeden Monat 4000 Euro verdient (entsprechend 100 Prozent), könnte sich selbst zwischen 70 und 130 Prozent davon auf sein Wertkonto einzahlen – nicht weniger als 70, nicht mehr als 130 Prozent. Das könnte man als angemessen deklarieren. Bei einer Ausgangsbasis von 5000 Euro eines neuen Arbeitgebers erhöht sich im Rahmen der 70- bis 130-Prozent-Regel entsprechend die Summe.

Kurzum: Die Utopie eines individualisierten Lebensarbeitszeitmodells basiert auf einem individuellen Lebensarbeitszeitkonto. Jeder Bundesbürger könnte seine Lebensbruttosumme bei der Rentenversicherung oder der entsprechend neuen Einrichtung als Einheitswährung parken und das Geld dann abheben, wenn er Zeit für den eigenen Bedarf braucht. Die Konvertibilität ist zu jeder Zeit garantiert, das heißt: Zeit muss immer in Geld getauscht und gespeichert werden, um das Geld wieder als Zeit ziehen zu können.

Das Ethos der Solidarität

Wenn die Arbeitswelt 4.0 der kognitiven Epoche vornehmlich auf Kooperation und Netzwerk basiert, wird die Gesellschaft von morgen den Begriff der Solidarität neu definieren müssen. Der Soziologe Hartmut Rosa stellt dem real existierenden Kapitalismus des Arbeitskraftunternehmertums unserer Tage die fällige Diagnose: Es kranke am fehlenden sozialen Umgang miteinander. Anerkennung und Wertschätzung durch den Arbeitgeber ist nach wie vor selten vorhanden. Wer sie dauerhaft entbehrt, begehrt früher oder später auf, um schließlich ins innere Exil zu fliehen und sich damit völlig zu verweigern. Das wäre schlechtes Unternehmertum mit schlechter Führung.

Der Kerngedanke eines von christlicher Sozialethik geprägten Unternehmertums besteht seit jeher darin, den Mitarbeiter nicht als reinen Produktionsfaktor, sondern als Person mit Wert und Würde zu begreifen. Es wäre fatal zu vergessen, dass der Wohlstand Europas – und eben auch der über alle Selbst- und Weltverhältnisse hinaus errichtete Wohlstand, dessen Zerfall jetzt beklagt wird – erst durch die *soziale* Marktwirtschaft ermöglicht wurde. Es wäre aber ebenso fatal zu vergessen, dass soziale Marktwirtschaft immer auch eine sozialethische Marktwirtschaft ist. Der ethische Mensch hat stets zu fragen, wie hoch die sozialen und ökologischen Folgekosten seines Handelns sind. Er hat aufzuklären, ob sein Handeln oder Nichthandeln zu Wohlergehen oder Risiko von Beteiligten und Nichtbeteiligten beiträgt. Ist ein anderer ursächlich durch sein Handeln gezwungen, die Möglichkeiten seiner Teilnahme an der Gesellschaft einzuschränken, ist das nicht zu rechtfertigen. Die sozialethische Maxime der Zukunft könnte und müsste lauten: Die Konsequenzen eines Handelns dürfen weder *auf Kosten anderer* noch *zum Schaden anderer* erfolgen. Ironischerweise ist dies eine Paraphrase des Grundgedankens von Adam Smith, der seinem Klassiker »Wohlstand der Nationen« zugrunde liegt: dass das ständige Streben des Menschen, sein Los in einer Welt der Knappheit und materiellen Enge zu verbessern und sich um Anerkennung unter den Mitmenschen zu bemühen, mit dem Ziel sozialer Koexistenz und zum Wohle des Gemeinwesens die maßgebliche Bedingung für ein gutes Leben sei. Die entscheidende Triebfeder für den Wohlstand eines Landes, befand Smith bekanntlich, sei die Eigenliebe, die durch den *Sinn für* Gerechtigkeit diszipliniert werde. Was allerdings seiner, Smiths, Ansicht nach nicht ausreichte, weswegen ein System positiver Gesetze Regeln der Gerechtigkeit erzwingen muss, wofür es gemeinsame Institutionen, will heißen: den Staat, geben müsse.

Smith führt Ethik und Gerechtigkeit nicht auf Vernunft und Rationalität, sondern auf Gottes Weisheit zurück, was heute ein wenig altmodisch klingen mag. Dennoch ist und bleibt er für eine Philosophie der gerechten Ordnung von großer Bedeutung, da er im Geiste der Aufklärung Ökonomie und Ethik zusammendenkt und seine Nationalökonomie auf einer Theorie ethischer Gefühle basiert: auf Sympathie, Pflicht- und Mitgefühl des Einzelnen.

Das Problem aller Exzesse ist nicht der Kapitalismus als Geisteshaltung, sondern die Ökonomisierung des Geistes als Haltung dem Leben gegenüber: das fraglos plausible Arbeitskraftunternehmertum des Einzelnen, das er nicht in Freiheit und Selbstbestimmung wählt, sondern das er zu wählen gezwungen ist. Damit ist er zur Freiheit gezwungen und in den größtmöglichen Widerspruch verheddert: die Unfreiheit der Freiheit. Die Externalisierung der Verantwortung auf das übergeordnete *Man* des Systems, der Gesellschaft, hat in den vergangenen 30 Jahren zu einer Mentalität der permanenten Vorteilsnahme bei permanenter Rückgabeweigerung geführt. Jenseits von Betrug und Geldgier ist das Abzocken und Ausquetschen zu hoffähigem Verhalten geworden – getreu der variierten Formatierung des transzendentalen Ichs: Wenn jeder es tut, ist es richtig, dass auch ich es tue. Der nur sich selbst gegenüber verantwortliche Arbeitskraftunternehmer mit seinem hohen Grad an Ambivalenz nimmt asoziales Verhalten in Kauf, um im Spiel der Sieger zu bleiben und die eigenen Vorteile zu maximieren. Er lebt ein paradoxales Leben,

dessen Paradoxon darin besteht, Widersprüche scheinbar widerspruchsfrei zu vereinen. Das gilt freilich nicht
für alle, aber für viele, womöglich sehr viele und womöglich für immer mehr. Eine allgemeinverbindliche,
handlungsleitende Moral scheint ebenso dünn geworden zu sein, wie der Verlust von Wertorientierungen
eklatant ist.

Vor allem Wissenschaftlerinnen haben den Solidari-
tätsbegriff der katholischen Soziallehre gegen den Egoismus in den vergangenen Jahren weitergedacht und he-
ben unter dem Stichwort »Otherness« auf das Konzept
des Anderen ab. Es besagt: Ohne den anderen gibt es kein
Selbst. Jedes *Ich* braucht ein *Du* für ein gemeinsames *Wir*.
Otherness begreift den anderen und das Andere als Teil
des Ganzen, zu dem jeder Einzelne gehört. Der Mensch
ist Teil eines größeren Naturzusammenhangs, und in
dieser holistischen, alles umfassenden Ethik soll versucht werden, die Nichtmänner und Nichtfrauen, die
unbelebten Lebewesen, die belebten Nichtmenschen
(also Tiere und Pflanzen) und auch die Nichtwestlich-
keit anderer Kulturkreise als neue Perspektive denkbar
zu machen.

Die Utopie eines Humanismus 4.0 fällt ins Jahr 2017 und
somit in die Regeneration der Reformation, deren von
Martin Luther vor 500 Jahren ausgelöste Fernwirkung
bis heute spürbar ist. Der Aufruf der protestantischen
Ethik zur innerweltlichen Askese war eine der prägenden Antworten auf die Umbrüche des 16. und 17. Jahrhunderts in Europa und begründete den Aufstieg der

Arbeit als Beruf im Sinne einer Konkretisierung der Berufung des Menschen durch Gott. Der Philosoph und Soziologe Georg Simmel hat Anfang des 20. Jahrhunderts mustergültig beschrieben, wie Geld allmählich Gott ersetzte und als absolutes Mittel zu einem absoluten Zweck selbst vergöttlicht wurde, mehr noch: wie die Geldwirtschaft neben der Verstandesherrschaft durch Rationalisierung und Bürokratisierung nicht nur den Feudalismus abschaffte, sondern zur Grundlage aller modernen Demokratien wurde. Der Wert eines Produkts basiert auf subjektiver Wertschätzung; der Symbolwert ist höher als der Materialwert. Ein rundes Stück materiell wertloses Metall zum Beispiel generiert seinen Wert als Münze durch die Übereinkunft aller hinsichtlich des Tauschwerts und wird so gleichsam zur Hostie des Kapitalismus. Humanismus und Reformation haben durch die Verschwisterung von Arbeit, Askese und kapitalistischem Geist, wie Max Weber es bis heute unübertroffen beschrieb, die Fundamente der europäischen Moderne (und des modernen Europa) gelegt. In jener Zeit prägten sich Zivilität und Individualethik aus, die Menschen begründeten sich selbst als freie Bürger. Mit der Ersetzung Gottes durch die Lohnarbeit wurde die moralisch-theologische Verurteilung des Profitstrebens, die jahrhundertelang in den Köpfen der Menschen steckte, aufgehoben. Diese Aufhebung ermöglichte die unbegrenzte Akkumulation von Kapital, sie entzog sie der göttlichen Verdammnis und definierte Arbeit und Leistung als asketisches Ideal zur individuellen Erlösung auf Erden.

Die religiöse Begründung des Unternehmertums ist bis heute zu erkennen: Arbeit als persönliche Erlösung und asketisches Ideal, als Selbstrechtfertigung der eigenen Zufälligkeit – der Mensch ist ja *kontingent*: Er ist da, müsste es aber nicht sein. Das kapitalistische System braucht, um aus sich heraus existieren zu können, eine immanente Rechtfertigung; da es seinem Wesen nach frei von äußerem Zwang ist, ist es durch sich selbst rechtfertigungspflichtig. Für den Fortbestand der Welt braucht man den einzelnen Menschen nicht. Wie also erhält er den Selbstwert zugeschrieben, etwas zu gelten, mit der Umwelt in einem sinnhaften Zusammenhang zu stehen, gebraucht zu werden? Wie schafft man es, das Gefühl der eigenen Austauschbarkeit zu vermeiden? Und worin besteht der Sinn der Arbeitsanstrengung des Einzelnen?

Morgenröte

Eine der den heutigen Menschen am meisten prägenden Ängste ist die Verlustangst. Die Angst, Verlierer zu sein. Verlierer in einer Gewinnergesellschaft. Verlierer angesichts eines teilweise nötigenden Erfolgskults. Deuten wir die Zeichen richtig, empfinden sich zunehmend mehr Menschen in den westlichen Postindustriegesellschaften als Verlierer. Was bringt es dem irdischen Wesen, im Herzen rein zu sein, wenn es draußen dreckig zugeht? Verelendet der Mensch, selbst wenn es nur das relative *Gefühl* der Verelendung ist, greift er bekanntlich gern zur Waffe. Zu verlieren hat er nichts, also geht er auf die Barrikaden.

Das hehre meritokratische Versprechen der liberalen Demokratien – jedermann habe die Chance zu persönlichem Aufstieg, Wohlstand und Teilhabe – wird für zunehmend mehr Mitbürger nicht mehr eingelöst. Jetzt müssen die lange verwöhnten Wohlstandsgarantie-Gesellschaften begreifen, dass das individuelle Opfergefühl durch verlockende Grandiositätsversprechen kompensiert wird und der Hedonismus nicht mehr verfängt. In den vergangenen Jahrzehnten hat eine ganz eigene Art der Evolution stattgefunden, in deren Verlauf Personen mit einem bestimmten Mindset vorselektiert wurden, das darin besteht, bei Überbelohnung keine Schuldgefühle auszubilden. Therapeuten und Psychologen kritisieren seit Langem das nicht auf Förderung von Intelligenz und Fähigkeit, sondern auf Selektion ausgerichtete deutsche Bildungssystem, vor allem beim Übergang von der Grundschule zum Gymnasium. Der Selektionsprozess ist bis in die Vorschulen hinein vorverlagert worden, Frühförderkarrieren, Bildungskarrieren, Berufskarrieren setzen immer früher ein und fördern den Anpassungsdruck, während Therapeuten immer wieder darauf hinweisen, dass der Mensch für alle Schritte seiner Entwicklung Zeit braucht. Er braucht Zeit für Konflikte, Irrwege und die Möglichkeit zu scheitern, um aus Erfahrungen zu lernen. Die Dominanz der kognitiven Bildung mit ihren intellektuellen Konstrukten reduziert den Menschen auf einen reinen Leistungsträger und vernachlässigt die emotionale Bildung, die in allen Formen sozialer Beziehungen unentbehrlich ist – die Kenntnis der eigenen Gefühle wie auch das Verständnis für die eigenen Gefühle. Erst dieses Wissen von sich selbst ermöglicht das Wissen um den Anderen. Die Fähigkeit, die eigenen Gefühle einschätzen und regulieren zu können, sind Voraussetzung für die Fähigkeit zur Empathie: sich einfühlen zu können, um die Textur einer sozialen Beziehung zu verstehen. Bezogen auf die Lebensführung heißt das nichts anderes, als dass wir uns heute keine Zeit mehr für die Erkundung dessen zugestehen, wer wir eigentlich sind.

Allgemeiner Wohlstandszuwachs, der allen zugutekommt, war lange die theoretische Rechtfertigung einer Moral des Gemeinwohls. Offensichtlich trifft das heute nicht mehr zu – zumindest in den Augen von immer mehr Menschen, die Widerstand gegen *das System* zu leisten beginnen und sich, wie die Studie der Bertelsmann-Stiftung über die Wähler rechtsnationalistischer und reaktionärer Parteien in Europa im Dezember 2016 nahelegt, mehrheitlich als »Globalisierungsverlierer« betrachten. Wenn das unveränderte Ziel einer guten Gesellschaft in der Chance zur Selbstbefähigung und in der Gleichheit dieser Chancen für möglichst alle Mitglieder besteht, muss jeder Einzelne als demokratischer Staatsbürger innerhalb der bestehenden Ordnung partizipieren können. Teilnahme durch Teilhabe und Teilhabe durch Teilnahme sind neben kultureller Wertschöpfung die grundlegenden Artikel eines humanistischen Selbstverständnisses und zielen auf den Begriff der Zeitsouveränität: Jede und jeder soll den ihr und ihm gemäßen Rhythmus, das ihr und ihm gemäße Tempo, das ihr und ihm gemäße Wohlbefinden eigenverantwortlich und so weitgehend wie möglich selbst bestimmen können.

Ideen und Vorschläge liegen vor. Die Kommission für Arbeits-, Gleichstellungs- und Wirtschaftsrecht im *Deutschen Juristinnenbund e.V.* beispielsweise hat Leitgedanken für ein künftiges *Wahlarbeitszeitgesetz* formuliert. Dessen erste Paragrafen, Stand Februar 2016, lauten wie folgt:

- Das Gesetz setzt auf regulierte Selbstregulierung. Betriebliche Arbeitszeitkonzepte werden unter Einbeziehung von Betriebsräten und Gewerkschaften auf kollektivrechtlicher Ebene erarbeitet; sie stellen garantierte Optionen für die Ausgestaltung von Wahlarbeitszeit in jeweils konkreten Betrieben her.

- Daneben erhalten Arbeitnehmer/innen einen rechtlichen, individuell durchsetzbaren Anspruch auf Änderung ihrer Arbeitszeit (sowohl hinsichtlich der Lage und Dauer als auch des Orts).

- Das Gesetz vermeidet Formalismus und Bürokratie und schreibt den Betrieben nicht im Einzelnen vor, welche und wie viel Zeitsouveränität sie ermöglichen müssen. Das entscheiden diejenigen, die bereits nach geltendem Recht die betrieblichen Regeln bestimmen.

- Das Gesetz gilt für alle Betriebe aller Größen und aller Branchen; die Besonderheiten kleiner Betriebe und bestimmter Tätigkeitsbereiche können in den betrieblich angepassten Arbeitszeitkonzepten berücksichtigt werden.

- Das Gesetz bestimmt Ziele, Beteiligte und Verfahren bei der Entwicklung von Wahlarbeitszeitkonzepten.

- Das Gesetz ergänzt die bestehenden Mitbestimmungsrechte des Betriebsrats.

- Das Gesetz erweitert die bestehenden individuellen Rechte zur Veränderung der Arbeitszeit in Bezug auf Erhöhung, Verteilung und Lage der Arbeitszeit und des Arbeitsortes. Die Einwände des Arbeitgebers oder der Arbeitgeberin können sich auf dringende betriebliche Gründe stützen.

- Wird im Betrieb kein Wahlarbeitszeitkonzept erarbeitet und ein Wunsch nach Arbeitszeitänderung nicht erfüllt, liegt die Durchsetzungs- und Beweislast wie auch die vollständige Kostentragung bei dem oder der Arbeitgeber/in.

Sollen in naher und mittlerer Zukunft Revolten oder gar eine Revolution ausgeschlossen werden (da Aufstand und Gewalt weder wünschenswert noch konstruktiv sind), muss sich unsere Erzählung von und über uns ändern. Eine Gesellschaft im digitalen wie demografischen Wandel braucht neue Heldengeschichten. Es wären Geschichten von Reduzierung und Wertverlagerung, von Sorge und Solidarität, von Wertschätzung und Kooperation. Vieles deutet darauf hin, dass sich – ohne voneinander zu wissen – mehr Menschen als vermutet bereits auf den Weg gemacht haben, diese Geschichte zu schreiben – im Geiste eines Kulturwandels zu kultureller Wertschöpfung und sorgender Gemeinschaft, die das gute Leben als Recht wie als Möglichkeit zu einer individuellen Lebenslaufplanung versteht und Selbstverantwortung und Selbstrationalisierung nicht auf Arbeitskraft, sondern auf Lebenskraft beziehen. Die nicht auf Pensum und Präsenz, Effizienz und Steigerung, sondern auf Selbstschutz und Zeitsouveränität abhebt.

Trotz Prekarisierung bestimmter Branchen und nervöser Angst derer, die sich als Verlierer einer scheinbar Wohlstand und Freiheit versprechenden Globalisierungsökonomie sehen, trotz Abstiegsfurcht und Armutsangst kann das Leben in naher und mittlerer Zukunft gut gelingen – nicht für alle gleichermaßen gut, nicht im gleichen Maß für die meisten und nicht immer umstandslos. Der deutsche Sozialstaat wird in den kommenden Jahren zweifelsohne harte Verteilungskämpfe auszufechten haben.

Ungleichheit und Ungerechtigkeit, wie auch immer sie in je spezifischen Sozialverhältnissen, Nationen und

Gesellschaften beschaffen sein mögen, lassen sich nicht vollständig abschaffen, eine Gleichheit für alle idealen Verhältnisse lässt sich nicht organisieren, strukturelle Ungleichheit ist jeder pluralistischen Gesellschaft zwangsläufig inhärent. Für einen Humanismus 4.0 braucht man keine Revolution und das Echo gewaltiger Fanfarenstöße. Man braucht den Geist der Erkenntnis und den Mut zur Einsicht, dass die eigene Freiheit immer die Freiheit des anderen ist. Solidarität ist mehr als ein sozialistischer Kampfruf wider die besitzende Klasse, die Oligopole, Magnaten und neuen Feudalherren der digitalen Epoche. Solidarität ist die allgemeine Sehnsucht nach Zeit und Sorge, nach Zuwendung, Gemeinsinn und vor allem Sicherheit. Sie entsteht gerade auf neue Art in Netzwerken und durch Projekte einer neuen Architektur ökonomischer Wertschöpfung. Die Schlüsselwerte der künftigen Arbeitsethik und Sozialmoral sind Werte der zwischenmenschlichen Verbindlichkeit: Loyalität, Vertrauen, Treue. Vor dem Hintergrund der Gefahr für jeden Einzelnen, ausgeschlossen, austauschbar und überflüssig zu sein, stellt die Utopie eines neuen Humanismus 4.0 die Idee einer Gesellschaft vor, in der der Mensch nicht auf ein verhandelbares, handhabbares, funktionales Produkt reduziert, sondern jeden Menschen unabhängig von seiner Leistungsfähigkeit als Person mit Wert und Würde begreift. Jedem das Seine, allen das Beste – das wäre das Glück eines guten Lebens von morgen.

Eine Utopie ist das sehr wohl, gewiss, aber sie hat schon längst begonnen, Realität zu werden. Tempora mutantur, nos et mutamur in illis – die Zeiten ändern sich, und wir ändern uns in ihnen. Blickt man zuversichtlich nach vorn, lässt sich der Schimmer einer zarten Morgenröte erkennen. Wir haben die Zeit. Nutzen wir sie.

Sabine Donauer

Zeithistorikerin

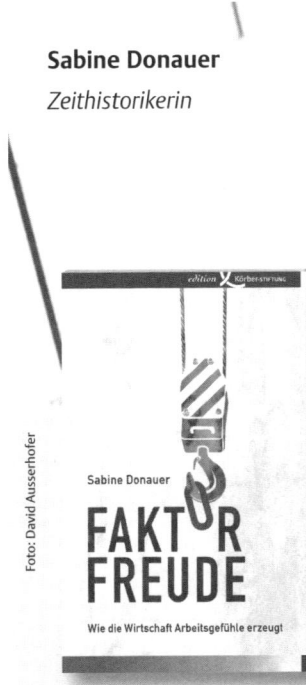

Sabine Donauer
Faktor Freude
Wie die Wirtschaft
Arbeitsgefühle erzeugt

248 Seiten | Klappenbroschur
Euro 16,– (D)
ISBN 978-3-89684-171-1
Auch als E-Book erhältlich

Fröhlich, fleißig – ausgebrannt

Woher stammt die Überzeugung, dass Arbeit Erfüllung bieten
soll? Die Historikerin Sabine Donauer weist nach, wie sich im
20. Jahrhundert unsere Haltung zur Arbeit verändert hat. Die
Aufwertung unserer Arbeitsgefühle vom notwendigen Brot-
erwerb zur innerlich motivierten Beschäftigung entspringt einer
geschickten Absicht der Unternehmen: Weil es ihnen gelungen
ist, die Arbeitnehmer emotional an ihre Arbeit zu binden, haben
sie höhere Leistungen erreicht und Arbeitskämpfe weitgehend
vermieden – ohne mehr bezahlen zu müssen.

www.edition-koerber-stiftung.de

Mehr Bäume.
Weniger CO₂.
www.cpibooks.de/klimaneutral

MIX
Papier aus verantwor-
tungsvollen Quellen
FSC® C083411